AF895056

JUDITH LIMBERGER

Probleme des vorläufigen Rechtsschutzes bei Großprojekten

Schriften zum Öffentlichen Recht

Band 481

Probleme des vorläufigen Rechtsschutzes bei Großprojekten

Die regelmäßige Anordnung der sofortigen Vollziehung durch die Verwaltungsbehörden und die Prüfung der Erfolgsaussichten des Rechtsbehelfs in der Entscheidung nach § 80 Abs. 5 VwGO

Von

Dr. Judith Limberger

DUNCKER & HUMBLOT / BERLIN

CIP-Kurztitelaufnahme der Deutschen Bibliothek

Limberger, Judith:
Probleme des vorläufigen Rechtsschutzes bei Grossprojekten: d. regelmässige Anordnung d. sofortigen Vollziehung durch d. Verwaltungsbehörden u. d. Prüfung d. Erfolgsaussichten d. Rechtsbehelfs in d. Entscheidung nach § 80 Abs. 5 VwGO / von Judith Limberger. — Berlin: Duncker und Humblot, 1985.
(Schriften zum Öffentlichen Recht; Bd. 481)
ISBN 3-428-05779-1
NE: GT

Gedruckt 1985 bei Buchdruckerei A. Sayffaerth - E. L. Krohn, Berlin 61
Printed in Germany

ISBN 3-428-05779-1

Vorwort

Bei zahlreichen Großprojekten, wie z. B. Kernkraftwerken, größeren Industrie- oder Flughafenanlagen, erstreckt sich das vorläufige Rechtsschutzverfahren über mehrere Jahre. Regelmäßig wird die sofortige Vollziehung der Genehmigung solcher Projekte nach § 80 Abs. 2 Nr. 4 VwGO schon bei deren Erlaß angeordnet. Die gerichtlichen Verfahren nach § 80 Abs. 5 VwGO haben bei Großvorhaben häufig den Umfang von Hauptsacheverfahren.

Diese Besonderheiten des vorläufigen Rechtsschutzes bei Großprojekten lassen sich zum Teil aus der großen Bedeutung erklären, die wirksamer vorläufiger Rechtsschutz dort für die Beteiligten hat. Die Frage, ob die Praxis der Verwaltungsbehörden und der Gerichte den Anforderungen an wirksamen vorläufigen Rechtsschutz tatsächlich gerecht wird, ist Gegenstand der vorliegenden Arbeit.

Ich danke Herrn Professor Dr. Hans Meyer für seine Anregung, sich mit der Problematik des vorläufigen Rechtsschutzes bei Großprojekten zu befassen und für seine Unterstützung bei der Durchführung.

Die Arbeit lag im Sommer 1984 dem Fachbereich Rechtswissenschaft der Johann Wolfgang Goethe-Universität in Frankfurt am Main als Dissertation vor.

Frankfurt am Main, Dezember 1984

Judith Limberger

Inhaltsverzeichnis

Kapitel 4

Vorläufiger Rechtsschutz nach § 80 Abs. 5 bei Großprojekten

Abkürzungsverzeichnis

a. A.	=	anderer Ansicht
Abs.	=	Absatz
AG	=	Aktiengesellschaft
Anm.	=	Anmerkung
AöR	=	Archiv des öffentlichen Rechts
Art.	=	Artikel
AtR	=	Atomrechtlich
Az.	=	Aktenzeichen
BauR	=	Baurecht
BayVBl.	=	Bayerische Verwaltungsblätter
BB	=	Betriebsberater
BGB	=	Bürgerliches Gesetzbuch
BGHZ	=	Entscheidungen des Bundesgerichtshofs in Zivilsachen
BImSchG	=	Bundesimmissionsschutzgesetz
BK	=	Bonner Kommentar
BR-Drucks.	=	Bundesrats-Drucksachen
BRS	=	Baurechtssammlung, Rechtsprechung des BVerwG, der OVG der Länder und anderer Gerichte zum Bau- und Bodenrecht
Beschl.	=	Beschluß
BT-Drucks.	=	Bundestags-Drucksachen
BVerfGE	=	Entscheidungen des Bundesverfassungsgerichts
BVerwG	=	Bundesverwaltungsgericht
BVerwGE	=	Entscheidungen des Bundesverwaltungsgerichts
bzw.	=	beziehungsweise
ders.	=	derselbe
d. h.	=	das heißt
DÖV	=	Die öffentliche Verwaltung
DVBl.	=	Deutsches Verwaltungsblatt
ebd.	=	ebenda
ESVGH	=	Entscheidungen des Hessischen Verwaltungsgerichtshofs und des Verwaltungsgerichtshofs Baden-Württemberg
ET	=	Energiewirtschaftliche Tagesfragen
FAZ	=	Frankfurter Allgemeine Zeitung
FMG	=	Flughafen München Gesellschaft
FN	=	Fußnote
FR	=	Frankfurter Rundschau
FStrG	=	Bundes-Fernstraßengesetz
GewArch	=	Gewerbearchiv
GG	=	Grundgesetz
GmbH	=	Gesellschaft mit beschränkter Haftung

hessVGH	=	Hessischer Verwaltungsgerichtshof
HGO	=	Hessische Gemeindeordnung
Hrsg.	=	Herausgeber
i. V. m.	=	in Verbindung mit
JA	=	Juristische Arbeitsblätter
JuS	=	Juristische Schulung
Kap.	=	Kapitel
KJ	=	Kritische Justiz
KKW	=	Kernkraftwerk
lt.	=	laut
MDHS	=	Maunz/Dürig/Herzog/Scholz, Kommentar zum GG
m. w. N.	=	mit weiteren Nachweisen
NJW	=	Neue Juristische Wochenschrift
Nr.	=	Nummer
nw	=	nordrheinwestfälisch
nwGemO	=	nordrheinwestfälische Gemeindeordnung
OVG	=	Oberverwaltungsgericht
RN	=	Randnummer
Rspr.	=	Rechtsprechung
S.	=	Seite
Sächs. OVG	=	Sächsisches Oberverwaltungsgericht
StaatsR	=	Staatsrecht
u. a.	=	unter anderem
VerwRspr.	=	Verwaltungsrechtsprechung
VG	=	Verwaltungsgericht
VGH	=	Verwaltungsgerichtshof
vgl.	=	vergleiche
VkBl.	=	Verkehrsblatt
Vorbem.	=	Vorbemerkung
VR	=	Verwaltungsrundschau
VVDStRL	=	Veröffentlichungen der Vereinigung der deutschen Staatsrechtslehrer
VwGO	=	Verwaltungsgerichtsordnung
VwPO	=	Verwaltungsprozeßordnung (Entwurf)
VwR	=	Verwaltungsrecht
VwVfG	=	Verwaltungsverfahrensgesetz
VwVfR	=	Verwaltungsverfahrensrecht
WiVerw	=	Wirtschaft und Verwaltung (Gewerbearchiv Beilage)
zit.	=	zitiert
zugl.	=	zugleich

Kapitel 1

Einleitung

I. Anlaß der Untersuchung

Der vorläufige Rechtsschutz ist bei Großprojekten für alle Beteiligten und Betroffenen von großer Bedeutung. Fast ausnahmslos werden Genehmigungen von Großprojekten, wie Kernkraftwerke oder konventionelle Kraftwerke, große Industrieanlagen, Flughafenanlagen oder größere Straßenbauvorhaben angefochten und ebenso oft folgen behördliche oder gerichtliche Verfahren um die sofortige Vollziehbarkeit oder um den Aufschub der Vollziehung dieser Genehmigungen. Wegen Art und Ausmaß der Auswirkungen eines Großprojektes auf seine Nachbarschaft und Umwelt kann die sofortige Vollziehung seiner Genehmigung leichter zu vollendeten Tatsachen und irreparablen Schädigungen bis zum Abschluß der durch Kompliziertheit und Umfang der zu beurteilenden Materie meist langwierigen Hauptsacheverfahren führen, als es bei Normalprojekten in der Regel der Fall ist. Mit dem Aufschub aber sind meist auch erhebliche finanzielle Einbußen und die Zurückstellung wichtiger öffentlicher und privater Interessen an Errichtung und Betrieb der Großprojekte verbunden.

Der vorläufige Rechtsschutz gegen die Genehmigung von Großprojekten ist gegenüber sonstigen Verfahren nach § 80 VwGO durch mehrere Besonderheiten gekennzeichnet.

Auffällig sind zunächst Dauer und Umfang gerichtlicher Aussetzungsverfahren und der Umfang der Beschlüsse[1]. Wer davon ausgeht, das vorläufige Rechtsschutzverfahren habe die Aufgabe, alsbaldigen, vorläufig sichernden Rechtsschutz zu gewähren[2], wird von der Praxis des

Die im folgenden Text angeführten Paragraphen ohne Gesetzesangabe sind solche der VwGO.

[1] Nach Gelzer, BauR 1977, 1, 3 beansprucht das gerichtliche Aussetzungsverfahren bei Anfechtung der Genehmigung eines industriellen Großprojektes oder eines Kernkraftwerkes insgesamt durchschnittlich 1 Jahr, vgl. dazu die Beispiele Gelzers ebd.; als Beispiel aus dem Bereich des (Fern-)Straßenbaus sei auf den Beschluß des VG Wiesbaden v. 7. 12. 83 zur Eltville-Umgehung verwiesen (bisher unveröff., Az. V/1 H 153/83), der ein 10monatiges Verfahren in Anspruch nahm und 55 Seiten stark ist.

vorläufigen Rechtsschutzes bei Großprojekten überrascht sein. So weist z. B. der Aussetzungsbeschluß des VGH München im Rechtsschutzverfahren gegen die Genehmigung des Flughafens München II[3] einen Umfang von mehr als 200 Seiten auf. Die Dauer des für ein Großprojekt noch relativ raschen Beschwerdeverfahrens betrug ca. 6 Monate.

Noch mehr als dieses für den vorläufigen Rechtsschutz normalerweise untypische Erscheinungsbild der Aussetzungsverfahren geben jedoch die folgenden Besonderheiten der behördlichen und gerichtlichen Praxis Anlaß, Funktion und Ausgestaltung des vorläufigen Rechtsschutzverfahrens bei Großprojekten zu erörtern.

Zum einen wird nahezu jede Genehmigung eines Großprojektes schon bei Erlaß oder kurz danach von der Genehmigungsbehörde für sofort vollziehbar erklärt und die aufschiebende Wirkung von Widerspruch oder Anfechtungsklage nach § 80 Abs. 1 dadurch ausgeschlossen[4]. Zum anderen werden in den gerichtlichen Aussetzungsverfahren nach § 80 Abs. 5 bei Großprojekten sehr häufig umfangreiche Untersuchungen der Erfolgsaussichten des Rechtsbehelfs in der Hauptsache als Grundlage der Entscheidung durchgeführt[5].

Beides ist unter dem Gesichtspunkt der Gewährung wirksamen vorläufigen Rechtsschutzes problematisch. Gegenüber der regelmäßigen Anordnung sofortiger Vollziehung bei Großprojekten bestehen Bedenken, weil sie den automatischen Eintritt der aufschiebenden Wirkung in einer ganzen Fallgruppe nach § 80 Abs. 1 nahezu völlig beseitigt und die Rechtsbehelfsführer[6] regelmäßig zwingt, vorläufigen Rechtsschutz durch eine behördliche oder gerichtliche Entscheidung zu erwirken.

Die Praxis der gesteigerten Prüfung der Erfolgsaussichten ist nicht etwa nur problematisch, weil durch sie die Aussetzungsverfahren unter Umständen wegen der erforderlichen Sachverhaltsermittlungen umfangreicher und langwieriger werden können, sondern vor allem, weil die

---

[2] So auch Finkelnburg, RN 4; vgl. zu den Anforderungen an effektiven vorläufigen Rechtsschutz, die an die VwPO zu stellen sind, Kopp, Gutachten, S. 109 f.

[3] VGH München, Beschl. v. 16. 4. 81 — Az. 20 CS 80 D. 61 — abgekürzt veröffentlicht in BayVBl. 81, 401.

[4] Vgl. dazu Papier, Rechtsfragen, S. 88; Martens, Suspensiveffekt, S. 21, der dieser Praxis zustimmt; ablehnend dagegen Gelzer, BauR 77, 1.

[5] z. B. OVG Lüneburg, Beschl. v. 7. 8. 1956, VkBl. 1956, 755 (Straßenbau), OVG Lüneburg, Beschl. v. 1. 6. 1961, DVBl. 1961, 520 (Straßenbau), OVG Lüneburg, Beschl. v. 20. 2. 1975, GewArch 1975, 303 (Chlorothene), OVG Lüneburg, Beschl. v. 28. 12. 1976, DVBl. 1977, 347 (Chlorgas), VGH Mannheim, Beschl. v. 20. 5. 1974, DÖV 1974, 706 (Dampfkessel), VG Wiesbaden, Beschl. v. 7. 12. 1983 V/1 H 153/83 soweit ersichtlich bisher unveröff. (Umgehungsstraße Eltville).

[6] Der Begriff des Rechtsbehelfsführers wird hier und im folgenden Text als Oberbegriff für Widerspruchsführer und Anfechtungskläger benutzt.

damit verbundene Rechtmäßigkeitskontrolle ein Element des Hauptsacheverfahrens in den vorläufigen Rechtsschutz bringen könnte und der Argwohn naheliegt, daß dieses mehr dazu dienen soll, die gerichtliche Entscheidung nach § 80 Abs. 5 abzusichern und gewissermaßen „hauptsacheverfahrensfest" zu machen, als den wirksamen Rechtsschutz der Beteiligten zu verbessern. In dieser Arbeit soll daher vor allem untersucht werden, wie die geschilderte Praxis des vorläufigen Rechtsschutzes bei Großprojekten zu bewerten ist und ob die Bedenken zutreffen.

II. Gang der Untersuchung

Der Wortlaut des § 80 enthält nur eine sehr sparsame Regelung des vorläufigen Rechtsschutzverfahrens durch Behörde oder Gericht. Weder für den vorläufigen Rechtsschutz gegen Verwaltungsakte mit Drittwirkung, die die Genehmigungen von Großprojekten meistens sind, noch gar für den vorläufigen Rechtsschutz gegen die Genehmigung von Großprojekten bestehen bisher besondere gesetzliche Regelungen[7]. Ansatzpunkt für diese Untersuchung muß daher die Frage sein, auf welche Weise die Funktion des § 80 bei Großprojekten wirksam erfüllt werden kann, insbesondere ob die von Genehmigungsbehörden und Rechtsprechung entwickelten geschilderten Praktiken dieser Aufgabe gerecht werden. Dabei ist mit der allseits konsentierten Feststellung, § 80 habe der nach Art. 19 Abs. 4 GG verfassungsrechtlich gebotenen Gewährung effektiven Rechtsschutzes der Rechtsbehelfsführer zu dienen, noch nicht viel zur Lösung des Problems gewonnen, da sie die entscheidende Frage offen läßt, was effektiv, d. h. wirksam, schützt. Nicht verwunderlich ist es daher, daß sich in den vorhandenen Äußerungen zu dem Themenkreis beide Seiten, Befürworter und Gegner der jeweiligen Praxis der Gewährung vorläufigen Rechtsschutzes bei Großprojekten, auf die Notwendigkeit der Gewährung effektiven Rechtsschutzes berufen[8].

Während sich die bisherigen Untersuchungen und Meinungsäußerungen zur Frage der Zulässigkeit der regelmäßigen Anordnung der sofortigen Vollziehung bei Großprojekten — neben einem Hinweis auf die Notwendigkeit effektiven Rechtsschutzes durch § 80 — mehr oder

---

[7] Der Entwurf einer VwPO, BR/Drucks. 100/82 sieht zwar in § 136 eine Sonderregelung für vorläufigen Rechtsschutz bei Verwaltungsakten mit Drittwirkung vor, diese enthält jedoch gegenüber der mittlerweile herrschenden Praxis der Gerichte fast keine Änderungen, vgl. zum vorläufigen Rechtsschutz in der VwPO u. a. Kopp, Gutachten, S. 109 f.

[8] Vgl. die etwas bissige aber durchaus wohl auch der Einschätzung vieler Rechtsschutzsucher entsprechende Bemerkung Rencks vom „aleatorischen Charakter" des effektiven Rechtsschutzes im Rahmen des vorläufigen Rechtsschutzverfahrens, DVBl. 1982, 216.

weniger auf die Frage beschränken, ob darin eine unzulässige Umkehrung eines Regel-Ausnahme-Verhältnisses zwischen aufschiebender Wirkung und sofortiger Vollziehung zu sehen ist[9], wird in dieser Arbeit die Lösung des Problems der zulässigen Anordnungspraxis bei Großprojekten mit Hilfe des Zwecks der Regelung des § 80 gesucht. Dabei wird berücksichtigt, daß die Beantwortung der Frage, ob eine bestimmte Verfahrensweise oder Anordnungspraxis dem Zweck des vorläufigen Rechtsschutzverfahrens gerecht wird, nicht nur die Kenntnis der Funktion der Gewährung effektiven Rechtsschutzes vorausgesetzt, sondern auch die Feststellung der besonderen Umstände, die eine spezielle Schutzbedürftigkeit des Beteiligten bei vorläufigen Rechtsschutzverfahren gegen Großprojekte begründen. Dies erfordert nach einer generellen Darstellung von Elementen und Voraussetzungen eines wirksamen vorläufigen Rechtsschutzes eine gründliche Untersuchung der Schutzbedürftigkeit der für Großprojekte typischen Interessen an Aufschub und Vollzug, die sich auf die Ausgestaltung des effektiven vorläufigen Rechtsschutzverfahrens auswirken könnten.

Die Problematik der Ausgestaltung des gerichtlichen Aussetzungsverfahrens bei Großprojekten, insbesondere des zulässigen Umfangs der Einbeziehung von Erfolgsaussichten des Rechtsbehelfs in die Aussetzungsentscheidung wurde zwar in Rechtsprechung und Literatur schon mehrfach diskutiert[10] und es wurden zahlreiche Argumente für und Bedenken gegen die vor allem vom OVG Lüneburg[11] propagierte, inzwischen weit verbreitete Praxis aufgeworfen, die in dieser Arbeit ebenfalls erörtert werden sollen. Die bisherigen Untersuchungen legen jedoch zu wenig Gewicht auf die entscheidende Frage, ob die Erfolgsaussichtenprüfung, die mit Argumenten des Schutzes des Rechtsbehelfsführers und in jüngerer Zeit auch des Schutzes der Unternehmer befürwortet wird, die behauptete positive Auswirkung auf den vorläufigen Rechtsschutz des Beteiligten tatsächlich hätte. In dieser Arbeit soll dagegen im Rahmen der Erörterung der Grundlagen und des Maßstabes der gesetzlich kaum geregelten gerichtlichen Entscheidung nach § 80 Abs. 5 Satz 1 und 2 untersucht werden, was unter effektivem Rechtsschutz durch das Aussetzungsverfahren nach § 80 Abs. 5 bei Großprojekten zu verstehen ist, um dann Notwendigkeit und Zulässig-

---

[9] Sahl, 5. AtR. Symposium, S. 334; Häusler, WiVerw 1977, 184, 197; Martens, Suspensiveffekt, S. 16, der schon das Vorliegen eines Regel-Ausnahme-Prinzips zwischen § 80 Abs. 1 und Abs. 2 Nr. 4 ablehnt, ebenso wie Bettermann, DVBl. 1976, 64. Ausdrücklich für ein solches Regel-Ausnahme-Verhältnis in § 80: BVerfGE 35, 263, 278; 382, 402 u. a.

[10] Bettermann, DVBl. 1976, 64; Ule, GewArch 1978, 73; Martens, Suspensiveffekt, S. 28 u. a.

[11] Vgl. z. B. OVG Lüneburg, Beschl. v. 7. 8. 1956, VkBl. 1956, 755; OVG Lüneburg, Beschl. v. 1. 6. 1961, 520, DVBl. 1961, 520.

keit der Einbeziehung der Erfolgsaussichten des Rechtsbehelfs bei Großprojekten unter dem Gesichtspunkt der Steigerung der Effektivität des vorläufigen Rechtsschutzes beurteilen zu können. Die Untersuchung wird um der besseren Veranschaulichung der Bedeutung der einzelnen diskutierten Argumente und der Praktikabilität der Erfolgsaussichtenprüfung willen teilweise anhand zweier wegen ihrer Begründung typischen Aussetzungsentscheidungen durchgeführt.

Kapitel 2

Besondere Problematik des vorläufigen Rechtsschutzes bei Großprojekten

I. Charakterisierung der Großprojekte

Die Begriffe Großobjekt oder Großanlage sind keine eindeutigen termini technici. So enthält denn auch der Entwurf eines Gesetzes zur Änderung des § 48[1], durch die die erstinstanzliche Zuständigkeit des OVG für Streitigkeiten eingeführt werden soll, die die Genehmigungen von technischen Großanlagen[2] in den Bereichen der Energieversorgung, der chemischen Industrie und des Verkehrsanlagenbaus betreffen, wie sie auch Gegenstand dieser Arbeit sind, eine Aufzählung aller 16 betroffenen Projektarten. Der Begriff Großanlage taucht erst in der Begründung des Entwurfs auf[3].

Mit dem Begriff Großprojekt wird jedoch sowohl in der Umgangssprache als auch in der juristischen Literatur[4] ein bestimmter Typ von Bauvorhaben bezeichnet, der sich unabhängig von seiner räumlichen Größe durch eine weitgehende Auswirkung auf die ihn umgebende Umwelt auszeichnet. So werden z. B. Kernkraftwerke, Flughäfen, Start- oder Landebahnen, Autobahnteilstücke und emittierende Industrieanlagen zu den Großprojekten gerechnet. Diese Projekte weisen nicht nur einen besonderen Umfang, eine große Höhe oder Breite auf, ihre Zuordnung zu den Großprojekten beruht vielmehr auf mehreren ande-

[1] BR/Drucks. 477/82, S. 2, 3.

[2] Gem. Nr. 17 — FN 1 — des Art. 2 a (1) des Änderungsentwurfs, a.a.O., sind außerdem Streitigkeiten, die ein Vereinsverbot nach § 3 Abs. 2 Nr. 1 VereinsG betreffen, von dieser Änderung betroffen; der Änderungsentwurf bezieht sich auf die folgenden Großanlagen: Atomkraftwerke, Wiederaufbereitungsanlagen, Wärmekraftwerke, Wasserkraftwerke, Freileitungen, Kohlehydrierende und -vergasende Anlagen (ab 500 000 Jahrestonnen), Erdölverarbeitende Betriebe (ab 1 Mio. Jahrestonnen Gesamtdurchsatzleistung), Anlagen zum Lagern und Speichern von Erdöl oder flüssigen Erdölerzeugnissen, Pipelines (§ 19 a WHG), Abfallverbrennungs- oder -zersetzungsanlagen für Abfälle i.S.d. § 2 Abs. 2 AbfallbeseitigungsG, Flughafenanlagen, Rangier- und Containerbahnhöfe, Bundesautobahnen, Deichanlagen, die die Küstenlinie verändern, Bundeswasserstraßen.

[3] Begründung des Entwurfs in BR/Drucks. 477/82, S. 10, 11.

[4] So z. B. Gelzer, BauR 1977, 1; Ule, GewArch 1978, 73.

ren Merkmalen. Sie sind vor allem durch ihre besonders starken, sowohl positiven als auch negativen Auswirkungen, die sich nicht auf die direkt am Genehmigungsverfahren Beteiligten und die unmittelbare Nachbarschaft des Vorhabens beschränken, gekennzeichnet, sowie durch die Vielzahl und Vielfältigkeit der von ihnen berührten Interessen.

Die Verbesserung der Infrastruktur eines Gebietes, die Erleichterung des Verkehrs, die Sicherung des Energiebedarfs, die Schaffung oder Erhaltung von Arbeitsplätzen — dies fast immer schon durch die sehr aufwendige Errichtung selbst und nicht erst durch den Betrieb — sind wichtige positive Auswirkungen der Projekte, die ihre Planung und Durchführung nicht nur für die Träger und Antragsteller, sondern für einen großen Kreis von Interessenten wünschenswert machten. Am Bau eines neuen Autobahnteilstückes oder einer Umgehungsstraße können sowohl die Verkehrsteilnehmer interessiert sein als auch die Gemeinden in ihrer Umgebung, weil sie sich aus einer besseren Erschließung ihres Gebietes etwa eine günstige wirtschaftliche Entwicklung erhoffen. Darüber hinaus schafft oder sichert der Bau einer Straße wie jedes andere Großprojekt Arbeitsplätze für die konjunkturell sehr anfällige Bauwirtschaft. Am Bau von Flughäfen bestehen ähnliche Interessen: Flugreisende sind interessiert an einem Flughafen in ihrer Nähe, den sie ohne weitere Anreise erreichen; Städte wollen durch einen internationalen Flughafen Bedeutung als Wirtschafts- und Handelszentrum gewinnen oder behalten.

Großprojekte sind außerdem dadurch gekennzeichnet, daß für ihre Durchführung meist in besonderem Maße öffentliche Interessen sprechen. Wenn sie nicht ohnehin schon von öffentlichen Unternehmern als Bauherren initiiert sind, besteht zumindest ein öffentliches Interesse an der Errichtung des privaten Vorhabens. Die oben angeführten Gründe, die für die Errichtung von Großprojekten sprechen, wie etwa die Schaffung von Arbeitsplätzen, die Verbesserung der Infrastruktur und die Energieversorgung, beschreiben nämlich durchweg Aufgaben, deren Erfüllung im öffentlichen Interesse liegt. Die Tatsache, daß auch ein Teil der Großprojekte in erster Linie gebaut wird, um Gewinne zu erzielen und nicht primär um dieser Allgemeininteressen willen, ändert nichts daran, daß diese Vorhaben wichtige öffentliche Interessen befriedigen.

Diesen gewichtigen Interessen an der Errichtung der Großprojekte stehen typischerweise auf der anderen Seite in der Regel gewichtige negative Auswirkungen auf ihre Umwelt und auf einen großen Kreis Betroffener gegenüber.

Die Projekte benötigen schon wegen ihres äußeren Umfanges zusammen mit den für sie notwendigen Versorgungs- und Erschließungsmaßnahmen oft große Flächen außerhalb und am Rande besiedelter Gebiete. Auf diese Weise greifen sie schon durch ihre Errichtung und später durch ihren Betrieb — je nach Art des Projekts unterschiedlich intensiv — in die vorhandene noch mehr oder weniger natürliche Umwelt ein. Sie beeinträchtigen nicht nur das Landschaftsbild, sondern zerstören oft auch in oder am Rande von Ballungsgebieten rare und für das ökologische Gleichgewicht wichtige Grün- und Waldflächen, unterbrechen Frischluftschneisen und durchschneiden Naherholungsgebiete[5]. Mit der Inbetriebnahme solcher Projekte kommen Geruchs- und Geräuschbelästigungen, Emissionen gefährlicher Stoffe, Grundwasser- und Gewässerverschmutzung, bei Atomkraftwerken das ungewisse und auch psychisch belastende Strahlenrisiko hinzu. Diese Vielzahl von Auswirkungen der Errichtung und des Betriebs von Großprojekten, die oft auch kumulativ auftreten[6], betreffen fast immer ein Gebiet von mehreren Quadratkilometern um den Standort. Liegt der Standort des Großprojekts in oder am Rande eines dichtbesiedelten, sog. Ballungsgebietes, wirkt sich die Veränderung der Natur oft noch gravierender aus, da man hier noch mehr als sonst auf jeden Hektar an Grünfläche angewiesen ist und jede zusätzliche Belastung der Umwelt schwerer wiegt als in weniger vorbelasteten Gebieten.

Je dichter besiedelt das Gebiet um den geplanten Standort ist, um so größer ist auch die Zahl derer, die durch die negativen Auswirkungen des Großprojekts möglicherweise beeinträchtigt werden. Während bei normaldimensionierten Bauten in der Regel lediglich die Interessen des Bauherrn und möglicherweise noch die seiner Nachbarn betroffen sind, hat man es bei der Errichtung von Großprojekten mit einer viel größeren Zahl von möglicherweise in ihren Interessen betroffenen Personen und einer größeren Vielfalt von unterschiedlichen Interessen zu tun. So besteht z. B. beim Bau eines Flughafens schon wegen des Ausmaßes des benötigten Geländes, erst recht aber wegen der Störungen durch den Betrieb die Gefahr, daß Tausende von Personen beeinträchtigt werden. Die berührten Interessen können von dem Bestreben, die unmittelbare Gefährdung der eigenen Gesundheit und des eigenen körperlichen Wohlbefindens zu verhindern, über den Schutz des Grundeigentums der Anwohner bis zum Interesse am Schutz der natürlichen Umwelt vor Zerstörung durch „sinnlosen Raubbau" reichen.

---

[5] Vgl. die Problematik der Errichtung der Startbahn West am Flughafen Frankfurt Rhein-Main, für die ein großes Waldgebiet südlich Frankfurts gerodet werden mußte.

[6] Beim Bau eines Flughafens sind z. B. Geräuschbelästigungen, Grundwasser- und Luftverunreinigungen zugleich zu befürchten.

Vor allem die besondere Umweltrelevanz, die Berührung zahlreicher öffentlicher und privater Interessen und nicht zuletzt der große Kreis der Befürworter und potentiellen Gegner sind Kennzeichen der in dieser Arbeit behandelten Großprojekte, die sie von anderen, hier zum Zwecke der Abgrenzung „Normalprojekte" genannten Vorhaben unterscheiden. Insofern stimmt der hier einbezogene Kreis der Projekte mit dem in dem erwähnten Gesetzesentwurf zur Änderung der VwGO aufgezählten überein, ohne sich allerdings notwendig auf diese Vorhaben zu beschränken.

II. Die besondere Bedeutung des vorläufigen Rechtsschutzverfahrens nach der VwGO bei Großprojekten

1. Vorläufiger Rechtsschutz nach § 80 bei Anfechtung der Genehmigung von Großprojekten

Der Gesetzgeber hat bisher den Besonderheiten der Großprojekte nur insofern Rechnung getragen, als er die Planungs- und Genehmigungsverfahren für diese Projekte in den entsprechenden Spezialgesetzen des besonderen Verwaltungsrechts (z. B. AtomG, BImSchG) geregelt hat und darüber hinaus in einigen Fällen versucht hat, die Komplexität der zu berücksichtigenden Interessen und das Interesse an der Beschleunigung des Verfahrens durch die Anordnung eines Planfeststellungsverfahrens zu bewältigen. Gesetzliche Sonderregelungen für verwaltungsgerichtliche Streitigkeiten und Großprojekte bestehen bisher nicht. Ein Versuch, der besonderen Problematik dieser Streitigkeiten, insbesondere ihrer Komplexität und Dauer Herr zu werden, ist die bisher noch im Entwurfsstadium befindliche Einführung der erstinstanzlichen Zuständigkeit des Oberverwaltungsgerichts bei Streitigkeiten um bestimmte Großanlagen. Durch sie soll die Dauer der Hauptsacheverfahren durch Wegfall einer Tatsacheninstanz verkürzt werden.

Problematisch ist jedoch nicht nur die Dauer des Hauptsacheverfahrens bei Großprojekten, sondern auch die Art und Weise der Gewährung vorläufigen Rechtsschutzes. Planfeststellungsbeschlüsse sowie sonstige Genehmigungen von Großprojekten sind Verwaltungsakte, die durch Anfechtungsklagen wie jeder andere Verwaltungsakt angefochten werden können. Die Voraussetzungen und Folgen der Anfechtungsklage gelten hier und dort ohne Rücksicht auf Unterschiede zwischen den sonstigen Verwaltungsakten und den Genehmigungen von Großprojekten. Folge des Widerspruchs oder der Anfechtungsklage[7] gegen die Genehmigung ist daher nach inzwischen überwiegender Meinung[8] der Eintritt der aufschiebenden Wirkung nach § 80 Abs. 1, wenn nicht zuvor die sofortige Vollziehung nach § 80 Abs. 2 Nr. 4 angeordnet worden ist.

Die Genehmigung eines Großprojektes ist zwar in der Regel ein begünstigender Verwaltungsakt mit Drittwirkung, dessen Einordnung bei § 80 umstritten ist, weil zum einen nicht die Behörde, die den angefochtenen Verwaltungsakt erlassen hat, den Verwaltungsakt vollziehen will, sondern der begünstigte Adressat von ihr Gebrauch machen will, und zum anderen Bedenken wegen des Rechtsschutzes des Adressaten gegen den Aufschub geltend gemacht werden[9]. Die Alternative zur aufschiebenden Wirkung nach § 80 Abs. 1, den Rechtsbehelfsführer auf einen Antrag nach § 123 zu verweisen, spielt jedoch beim vorläufigen Rechtsschutz gegen Großprojekte aus mehreren Gründen praktisch keine Rolle.

Zum einen besteht schon bei Anfechtung „normaler Verwaltungsakte mit Drittwirkung" eine zunehmende Neigung, in der Folge der Rechtsprechung des Bundesverfassungsgerichts zu dieser Problematik[10] dem Wortlaut des § 80 entsprechend bei Anfechtung die aufschiebende Wirkung anzunehmen. Das Bundesverfassungsgericht hat zwar in seiner Entscheidung (E 35, 263) die Möglichkeit der Gewährung vorläufigen Rechtsschutzes bei Anfechtung von Verwaltungsakten mit Drittwirkung über § 123 nicht ausgeschlossen, sondern nur von der Notwendigkeit der Einordnung des vorläufigen Rechtsschutzes gegen Verwaltungsakte mit Drittwirkung in das bestehende Rechtsschutzsystem gesprochen. Das Bundesverfassungsgericht hat jedoch den Weg über § 80 geebnet, indem es die Beschwerdemöglichkeit für den Bauherrn im Rahmen des vorläufigen Rechtsschutzes nach § 80 Abs. 5 analog zugestand und dadurch ein wesentliches Argument, das der Benachteiligung des Bauherrn bei Anwendung des § 80 gegenüber dem anfechtenden Dritten, entkräftet. Zwischen Anfechtendem und Adressaten ist damit eine Art Waffengleichheit, was die Rechtsschutzmöglichkeiten angeht, gesichert. Es besteht kein Grund, die Belange des Bauherrn, die darüber hinaus auch in einer Vollziehungsanordnung durch die Behörde nach § 80 Abs. 2 Nr. 4 Berücksichtigung finden können, gegenüber denen des Anfechtenden durch Versagung der aufschiebenden Wirkung von

---

[7] Im Folgenden meist mit dem Oberbegriff für Widerspruch und Anfechtungsklage „Rechtsbehelf" bezeichnet.

[8] Finkelnburg, RN 343; W. Schmidt, RN 163; a. A. VGH Kassel, Beschl. v. 10. 6. 1969, BRS 22, Nr. 177.

[9] VGH Kassel, Beschl. v. 10. 6. 1969, BRS 22 Nr. 177; vgl. zu diesem Problem u. a.: W. Schmidt, RN 162, 163; Steinberg, S. 240 f.

[10] BVerfGE 35, 263, 279; siehe zu dieser Entscheidung — u. a. — und zur Einordnung des Verwaltungsakts mit Drittwirkung in das bestehende Rechtsschutzsystem Finkelnburg, DVBl. 1977, 677 f.

vornherein zu bevorzugen. Die Wirkungsweise des Suspensiveffekts auf die Genehmigung muß einem Aufschub des Gebrauchs der Genehmigung nicht entgegenstehen. Geht man von der in der neueren Literatur verstärkt vertretenen Theorie der Hemmung der inneren Wirksamkeit des Verwaltungsakts durch die Anfechtung aus[11] und nicht von der starren Vollziehbarkeitstheorie[12], ist auch der Adressat direkt durch die Anfechtung gehindert, von der Genehmigung Gebrauch zu machen[13]. Vom Eintritt der aufschiebenden Wirkung durch Anfechtung eines begünstigten Verwaltungsakts mit Drittwirkung geht auch der Entwurf einer VwPO in § 136 aus[14]. Der vorläufige Rechtsschutz nach § 123 hat daher schon bei Anfechtung normaler Baugenehmigungen durch Drittbetroffene immer mehr an Bedeutung verloren. Erst recht ist dies aber bei Großprojekten der Fall. Hier existieren soweit ersichtlich fast nur gerichtliche Beschlüsse nach § 80 Abs. 5. Sogar das OVG Lüneburg und der VGH Kassel sowie verschiedene hessische Verwaltungsgerichte, die den Eintritt der aufschiebenden Wirkung nach § 80 Abs. 1 bei Anfechtung begünstigender Verwaltungsakte durch Dritte mit unterschiedlicher Begründung ablehnen, gehen offensichtlich bei Anfechtung der Genehmigung von Großprojekten von der Geltung des § 80 aus, was die Existenz mehrerer verwaltungsgerichtlicher Beschlüsse nach § 80 Abs. 5 beweist[15]. Während sich in den Beschlüssen des VGH Kassel eine Begründung dafür nicht finden ließ, begründete das OVG Lüneburg seine Differenzierung zwischen normalem Verwaltungsakt mit Drittwirkung und Genehmigungen von Projekten nach dem Bundesimmissionsschutzgesetz damit, daß es sich bei letzteren wegen der gesetzlich vorgeschriebenen Berücksichtigung verschiedenster Interessen durch die Anlage Belasteter nicht mehr um typische begünstigende Verwaltungsakte mit Drittwirkung handele. Dieser Differenzierung kann zwar nicht gefolgt werden, weil auch bei Genehmigung normaler Bauvorhaben und nicht nur bei immissionsschutzrechtlich relevanten sogenannte nachbar- oder drittschützende Normen zu beachten sind. Das Problem muß jedoch an dieser Stelle nicht abschließend diskutiert werden, vielmehr kommt es hier auf die Feststellung an, daß der vorläufige Rechtsschutz bei Anfechtung der Genehmigung von Großprojekten nahezu ausschließlich nach § 80 gewährt wird. Dabei auf-

---

11 Vgl. Kopp, VwGO, § 80 RN 16; W. Schmidt, JuS 1984, 28, 31; Meyer in Meyer/Borgs, § 43 RN 15; Erichsen/Klenke, DÖV 1976, 833, 834.

12 Vgl. dazu — ablehnend — Kopp, VwGO, § 80 RN 15.

13 Ebd., RN 16.

14 BR/Drucks. 100/82, S. 142.

15 OVG Lüneburg, Beschl. v. 1. 6. 1961, DVBl. 1961, 520; OVG Lüneburg, Beschl. v. 28. 12. 1976, DVBl. 1977, 347; VGH Kassel, Beschl. v. 2. 11. 1981, Az. II R 97/81 (Startbahn West) u. Beschl. v. 3. 3. 1982, Az. VIII TH 6/82 (Startbahn West).

tretende, teilweise durch die besonderen Bedingungen bei Großprojekten verursachte Schwierigkeiten will diese Arbeit untersuchen. Im Rahmen dieser Untersuchung wird dabei auch der Frage nachgegangen, ob der Schutz der Adressatenbelange bei Anwendung des § 80 Abs. 1, Abs. 2 Nr. 4 und Abs. 5 ausreichend gewährleistet ist oder eine Modifizierung der Regelungen oder ihrer Auslegung erfordert.

2. Besondere Gefahr vollendeter Tatsachen bis zum Abschluß des Hauptsacheverfahrens bei Großprojekten

Vorläufiger Rechtsschutz nach § 80 soll den Rechtsschutzsuchenden vor vollendeten Tatsachen durch die Vollziehung einer angefochtenen Maßnahme bis zur Überprüfung deren Rechtmäßigkeit im Hauptsacheverfahren schützen. Aus Art. 19 Abs. 4 GG ist ein Anspruch auf die Gewährung vorläufigen Rechtsschutzes abzuleiten, der nicht nur rein formal den Rechtsweg gegen Rechtsverletzungen durch die öffentliche Gewalt eröffnet, sondern tatsächlich wirksamen Rechtsschutz vor Verletzung materieller Rechte gewährleistet[16]. Bei Anfechtung der Genehmigung von Großprojekten scheint dieser effektive Rechtsschutz aus mehreren Gründen durch vollendete Tatsachen besonders in Gefahr zu sein, wobei der Gefahr der Erledigung der Hauptsache im vorläufigen Rechtsschutzverfahren, die bei anderen Arten von Verwaltungsakten besteht, hier allerdings kaum Bedeutung zukommt[17].

a) Gefährdung des Rechtsschutzes des Adressaten durch Vollzugsaufschub bei Großprojekten

Vor Genehmigung der Großprojekte sind in der Regel umfangreiche und langwierige Verwaltungsverfahren durchzuführen. Bei einigen Großprojekten sind es technisch komplizierte Verfahren der Errichtung und des Betriebs, bei anderen schon der bloße Umfang der Anlage, die umfangreiche und zeitraubende Planungsverfahren erfordern. Die Berücksichtigung einer großen Zahl verschiedener durch ein Großprojekt berührter Interessen, die in vielen Genehmigungsvorschriften vorgesehene Bürgerbeteiligung und die Beachtung einer Vielzahl von umweltschützenden Vorschriften verlängern und verkomplizieren das

---

[16] Finkelnburg, RN 2, 3; BVerfGE 35, 263, 274; 35, 382; Lorenz, S. 137.

[17] Dürig in Maunz/Dürig/Herzog/Scholz, Art. 19 Abs. 4 RN 12. — Die Problematik der Schaffung vollendeter Tatsachen während des vorläufigen Rechtsschutzverfahrens durch zwangsläufige Erledigung der Hauptsache mit der Aussetzungsentscheidung nach § 80 Abs. 5, weil eine Hauptsacheentscheidung wegen Zeitablaufs nicht mehr zu erreichen ist, spielt bei Anfechtung der Genehmigung eines Großprojektes im Gegensatz zu anderen Verwaltungsakten, wie etwa dem Verbot einer Demonstration, keine Rolle. Ein entsprechender zeitlicher Druck besteht bei Großprojekten in der Regel nicht.

Genehmigungsverfahren. Den Genehmigungen liegen meist noch umfangreiche und komplizierte Sachverhalte zugrunde[18]. Häufig bestehen die Großprojektgenehmigungen aus mehreren Teilgenehmigungen[19], die aufeinander aufbauen und eine kontinuierliche Verwirklichung erfordern. Die Beurteilung der Rechtmäßigkeit solcher Genehmigungen durch die fast regelmäßig angerufenen Verwaltungsgerichte nimmt wegen des Umfangs und der Kompliziertheit der Materie oft mehrere Jahre in Anspruch[20]. Die lange Dauer der Genehmigungsverfahren und der oft jahrelange Aufschub der Vollziehung der Genehmigung während der gerichtlichen Überprüfung im Hauptsacheverfahren hat verschiedene, für die an der Errichtung des Projektes Interessierten zum Teil sehr nachteilige Auswirkungen. Wird die Errichtung des Vorhabens dadurch hinausgeschoben, so verzögert sich nicht nur die Inbetriebnahme des geplanten Vorhabens, vielmehr kann auch seine Wirtschaftlichkeit überhaupt in Frage gestellt sein, weil während der langen Hauptverfahrensdauer Kostensteigerungen[21] die Errichtung des Vorhabens unrentabel gemacht haben. Dies könnte den Unternehmer ebenso zur Aufgabe seiner Pläne veranlassen wie die Tatsache, daß die Planung selbst durch neuere Erkenntnisse und Weiterentwicklung der Technik oder durch veränderte Bedarfsprognosen während des langen gerichtlichen Hauptverfahrens überholt sein kann. So kann z. B. der Bedarf an einem Produkt, das in einem neuen Werk hergestellt werden sollte, mittlerweile vollständig durch einen Konkurrenten oder ein konkurrierendes Produkt gedeckt sein. Diese Auswirkung zeigt sich nicht nur bei der Verzögerung des Baues von Industrieanlagen oder Kernkraftwerken, auch im Bereich des Straßen- oder des Flughafenbaues können sich die Bedürfnisse während einer mehrjährigen Genehmigungs- und Überprüfungszeit durch Umorientierung des Verkehrs auf andere Wege und Flugplätze oder auf andere Verkehrsmittel verändert haben[22].

Es besteht schließlich sogar die Gefahr, daß Firmen oder ganze Wirtschaftszweige, die auf die Errichtung oder den Betrieb von bestimmten

---

[18] Die 663 Seiten des Planfeststellungsbeschlusses „Flughafen München" der Regierung von Oberbayern verdeutlichen, welchen Umfang an Tatsachenmaterial die Genehmigungsbehörden und die Gerichte bei diesem Großprojekt bewältigen mußten und müssen.

[19] z. B. bei Genehmigung von Industrieanlagen nach § 8 BImSchG.

[20] Siehe oben Kapitel 1 FN 1.

[21] Der Schnelle Brutreaktor Kalkar sollte ursprünglich 1,6 Milliarden DM kosten und 1978 oder 1979 fertiggestellt sein. 1981 lagen die Schätzungen für seine Kosten schon bei 5 Milliarden DM (FAZ v. 30. 4. 1981, S. 6); Nachricht in der FAZ vom 7. 4. 1983, S. 5: „Finanzierung des Schnellen Brüters in Kalkar nicht sichergestellt!"

[22] z. B. durch „Umsteigen" vom Flugzeug auf die Bahn, das die DB mit ihrem Intercity-Programm anregt.

Projekten spezialisiert sind, wegen einer längerfristigen nicht eingeplanten Verzögerung des Baubeginns nicht ausgelastet oder gar beschäftigungslos sind.

Stellt sich die angefochtene Genehmigung des Großprojekts, deren Vollziehung aufgeschoben wurde, im Hauptsacheverfahren als rechtswidrig heraus, hat der Adressat ohnehin keinen Anspruch auf ihre Durchsetzung. Erweist sich die Genehmigung jedoch im Hauptsacheverfahren als rechtmäßig und war die Vollziehung der Genehmigung inzwischen mehrere Jahre lang aufgeschoben, hat die vorläufige Rechtsschutzgewährung einen hohen Tribut gefordert und unter Umständen zu irreparablen Beeinträchtigungen der Unternehmerbelange geführt.

Die Gewährung vorläufigen Rechtsschutzes und die Entscheidung über Aufschub der Vollziehung oder Anordnung der sofortigen Vollziehbarkeit durch Behörde oder Gericht nach § 80 wirken sich daher bei Großprojekten stärker als sonst auf die Belange des Adressaten und die mit dem Projekt verknüpften Interessen aus. Sie scheinen im Extremfall sogar über die Durchführbarkeit eines rechtmäßigen Projekts zu entscheiden[23].

b) Besondere Gefährdung des Rechtsschutzes des Anfechtenden durch vollendete Tatsachen bei Großprojekten

Auf der anderen Seite bewirken die besonderen Eigenschaften der Großprojekte auch eine mindestens ebenso auffällige und schwerwiegende Verschärfung der Gefahr der Schaffung vollendeter Tatsachen für den Anfechtenden durch die Vollziehung der Genehmigung. Aufgrund der räumlichen Größe der Projekte, der besonders intensiven Umweltauswirkungen schon durch ihre Errichtung, man denke nur an die Rodung von Wäldern, die Trockenlegung und Betonierung von Wiesen zum Bau eines Großflughafens, führen schon die ersten Stadien des Baues eines Großprojektes zu irreversiblen Veränderungen der Umwelt und lassen nicht wieder zu beseitigende Eingriffe in die Belange Betroffener befürchten.

Auch hier wirkt sich die durch die Kompliziertheit und den Umfang der Genehmigungsmaterie bedingte lange Dauer der Hauptsacheverfahren negativ aus. Die sofortige Vollziehbarkeit erlaubt die Aufnahme der Arbeiten und schafft dadurch die Möglichkeit vollendeter Tatsachen. Es besteht die Gefahr, daß die Arbeiten bis zum Abschluß des Hauptsacheverfahrens soweit fortgeschritten sind, daß ein Rückgängigmachen aus tatsächlichen Gründen unmöglich geworden ist, wie es z. B. bei der Rodung von Wäldern oder der Betonierung von Grün-

---

[23] Martens, Rechtsfragen, S. 457, meint sogar, die Wiederherstellung der aufschiebenden Wirkung nötige den Begünstigten regelmäßig zur Aufgabe.

flächen der Fall ist. Diese Gebiete werden trotz erheblicher Kosten und Mühen kaum oder jedenfalls für Jahrzehnte nicht wieder in den alten Zustand gebracht werden können. Oft ist die Wiederherstellung auch aus wirtschaftlichen Gründen unmöglich. Sinn des vorläufigen Rechtsschutzverfahrens ist es jedoch gerade, den im Hauptsacheverfahren obsiegenden Kläger nicht mit eventuellen Entschädigungsansprüchen für irreparable Rechtsverletzungen abzuspeisen.

Eine besondere Gefahr für den vorläufigen Rechtsschutz des Anfechtenden bei Großprojekten besteht schließlich auch darin, daß die aufgrund der sofortigen Vollziehung vorgenommenen Investitionen einen derartigen Druck ausüben, daß das Projekt, selbst wenn sich die Rechtswidrigkeit seiner Genehmigung im Hauptsacheverfahren herausstellte, nicht mehr verhindert werden könnte[24].

Zudem erschweren die technisch besonders komplizierten Errichtungs- und Betriebsabläufe bei Großprojekten zusätzlich die Einschätzung der Schäden, die durch ein möglicherweise rechtswidriges Projekt drohen können.

Der wirksame Rechtsschutz des Anfechtenden ist demnach bei Großprojekten in besonderem Maße durch vollendete Tatsachen gefährdet. Die Gewährung effektiven vorläufigen Rechtsschutzes ist daher von entscheidender Bedeutung für die Durchsetzbarkeit seines materiellen Rechts[25].

3. Reaktion der Praxis auf die besonderen Anforderungen an vorläufigen Rechtsschutz bei Großprojekten

Nach der bisherigen Schilderung ist es nicht verwunderlich, wie stark der Druck von zwei Seiten auf die Entscheidungen der Verwaltungsbehörde und der Verwaltungsgerichte im Rahmen des vorläufigen Rechtsschutzes ist. Die aufgeführten Bedingungen des vorläufigen Rechtsschutzes bei Großprojekten haben zu einer besonderen, teilweise umstrittenen Praxis des vorläufigen Rechtsschutzes geführt.

In den vergangenen Jahren haben Verwaltungsbehörden immer häufiger bei Großprojekten von der Möglichkeit Gebrauch gemacht, gleichzeitig mit der Erteilung der Genehmigung deren sofortige Vollziehung nach § 80 Abs. 2 Nr. 4 anzuordnen[26]. Die betroffenen Bürger,

[24] Gelzer, BauR 1977, 1, 2 bezeichnet diesen Druck als die „normative Kraft des Faktischen"; zur Auswirkung von Investitionen im Flughafenbau auf effektiven Rechtsschutz vgl. Bäumler, DÖV 1981, 43, 49, 50.

[25] Vgl. zur Problematik vollendeter Tatsachen für den Rechtsschutz Degenhart, AöR 1978, 164, 172, der meint, effektiver Rechtsschutz sei nach Fertigstellung einer Anlage nicht mehr erreichbar.

[26] Siehe oben Kapitel 1.

die sich gegen den Bau eines Großprojektes wehren wollen, sind daher fast regelmäßig gezwungen, neben Widerspruch oder Anfechtungsklage gegen die Genehmigung einen Antrag auf Wiederherstellung der aufschiebenden Wirkung ihres Rechtsbehelfs einzulegen, wollen sie den sofortigen Baubeginn verhindern.

Es ist jedoch problematisch, ob die bei Großprojekten zur Regel gewordene Anordnung der sofortigen Vollziehung der Genehmigung, die den durch eine belastende staatliche Maßnahme betroffenen Bürger regelmäßig in die Position des Abwehrenden drängt, den Anforderungen des vorläufigen Rechtsschutzes entspricht. Die geschilderte Praxis der Behörden schneidet den Rechtsbehelfsführern die Vorteile ab, die § 80 durch den automatischen Eintritt der aufschiebenden Wirkung bietet. Während der sogenannte Suspensiveffekt grundsätzlich ohne vorherige Überprüfung der Zulässigkeit und Begründetheit des Rechtsbehelfs eintritt, ist der Rechtsbehelfsführer bei Anordnung der sofortigen Vollziehung gezwungen, selbst tätig zu werden und einen Antrag zu stellen. Er trägt das Risiko, daß das Verwaltungsgericht seinen Antrag als unzulässig oder unbegründet abweist. Darüber hinaus ist die Verwaltungsbehörde nicht verpflichtet, während der Zeit, in der das Verwaltungsgericht über den Antrag entscheidet, die Vollziehung der Genehmigung aufzuhalten oder zu verhindern. In vielen Fällen verzichtet der Begünstigte zwar freiwillig auf die Vollziehung vor Beendigung des Verfahrens nach § 80 Abs. 5, grundsätzlich trägt der Rechtsbehelfsführer jedoch das Risiko, daß die von ihm bekämpfte Baumaßnahme trotz laufenden Rechtsbehelfsverfahrens schon begonnen und vorangetrieben wird, was bei automatischem Eintritt der aufschiebenden Wirkung ausgeschlossen ist. Die Anordnung der sofortigen Vollziehung führt daher zu einer Verlagerung des Risikos vollendeter Tatsachen von dem Adressaten des begünstigenden Verwaltungsakts auf den Anfechtenden.

In der Literatur[27] wird den Genehmigungsbehörden vorgeworfen, sie kehrten mit dieser Praxis das Regel-Ausnahme-Verhältnis zwischen aufschiebender Wirkung nach § 80 Abs. 1 und Anordnung der sofortigen Vollziehung nach § 80 Abs. 2 Nr. 4 um. Da jedoch in einem konkreten Einzelfall die Verletzung des Regel-Ausnahme-Prinzips nur schwer nachzuweisen ist, konnte solche Kritik bisher nie über den Rahmen einer allgemeinen Beschuldigung hinausgehen.

Angesichts der Tatsache, daß die jeweils in Frage stehenden Großprojekte selbst große wirtschaftliche, verkehrs- und umweltpolitische und andere positive und negative Auswirkungen über den Bereich ihrer engeren Umgebung hinaus haben, gewinnen die geschilderten Bedenken

[27] Vgl. u. a. Gelzer, BauR 1977, 1; Sahl, 5. AtR Symposium, S. 334.

hinsichtlich der Praxis der Anordnung der sofortigen Vollziehung ein noch größeres Gewicht. Es soll daher im Rahmen dieser Arbeit unter anderem untersucht werden, ob die regelmäßige Anordnung der sofortigen Vollziehung bei Großprojekten zulässig ist. Dies erfordert neben der Erörterung der Voraussetzungen einer Anordnung der sofortigen Vollziehung nach § 80 Abs. 2 Nr. 4 nach herkömmlicher Praxis vor allem eine Untersuchung der Anforderungen der geschilderten gegensätzlichen Interessen an effektivem vorläufigem Rechtsschutz bei Großprojekten. Erst aufgrund dieser Untersuchung kann unter dem Gesichtspunkt der Funktion des § 80 beurteilt werden, ob eine bestimmte Auslegung oder gar eine Änderung des § 80 Abs. 2 Nr. 4 für die Gewährung effektiven vorläufigen Rechtsschutzes durch die Behörden bei Großprojekten notwendig ist[28].

Zahlreiche Verwaltungsgerichte haben auf die geschilderten Besonderheiten der Großprojekte mit einer starken Ausweitung ihrer Untersuchungen reagiert. Sie begründen dies insbesondere mit dem Bestreben, der bei Großprojekten erheblich gesteigerten Gefahr der Schaffung vollendeter Tatsachen schon aufgrund der Entscheidungen im vorläufigen Rechtsschutzverfahren entgegenzuwirken[29]. Statt — wie sonst üblich — eine Aussetzungsentscheidung nach § 80 Abs. 5 aufgrund des Ergebnisses einer reinen Interessenabwägung zwischen Aufschub- und Vollzugsinteressen zu treffen, führen diese Gerichte eine gesteigerte Prüfung der Erfolgsaussichten durch und versuchen das vorläufige Rechtsschutzverfahren dem Hauptsacheverfahren anzunähern[30]. Dies führt zu einer erheblichen Ausweitung und zeitlichen Verlängerung des Verfahrens. Ob dies angesichts des Zweckes des Verfahrens nach § 80 Abs. 5, das immerhin ein rasches und nur vorläufiges Verfahren sein soll, zulässig ist, ist jedoch fraglich. Der zweite Schwerpunkt dieser Arbeit besteht daher in der Untersuchung der Fragen, aufgrund welcher Voraussetzungen der effektive Rechtsschutz nach § 80 Abs. 5 zu gewähren ist und insbesondere, ob dabei die Annäherung des Verfahrens nach § 80 Abs. 5, wie behauptet, der Steigerung des effektiven Rechtsschutzes der Beteiligten an Großprojektverfahren dient.

[28] Die Arbeit bezieht sich auf alle Arten von Genehmigungsverfahren, die einer Großprojektegenehmigung vorausgehen können. Die Tatsache, daß in den verschiedenen Verfahren unterschiedliche Beteiligtenregelungen und -bezeichnungen gebraucht werden (z. B. Träger oder Unternehmer des Projekts statt „Adressat" bei Planfeststellungsbeschlüssen), hat keinen Einfluß auf die grundsätzliche Interessenkonstellation zwischen den vorhandenen Vollzugsinteressen, d. h. den Interessen an Errichtung und Betrieb des GP und den Aufschubinteressen. Ob und wie sich die Beteiligung öffentlicher Interessen auf der Unternehmerseite auf den vorläufigen Rechtsschutz auswirkt, soll in einem besonderen Gliederungsabschnitt untersucht werden.

[29] Vgl. z. B. die typische Begründung des OVG Lüneburg, Beschl. v. 7. 8. 1956, VkBl. 1956, 720.

[30] Siehe oben Kapitel 1, FN 5.

Kapitel 3

Anordnung der sofortigen Vollziehung der Genehmigung eines Großprojektes nach § 80 Abs. 2 Nr. 4

I. Problematik

Es fällt auf, daß bei nahezu allen Genehmigungen von Großprojekten die genehmigende Verwaltungsbehörde die sofortige Vollziehung anordnet[1] und auf diese Weise den automatischen Eintritt der aufschiebenden Wirkung von Widerspruch oder Anfechtungsklage nach § 80 Abs. 1 in diesen Fällen ausschließt. Die sofortige Vollziehung ist demnach bei Großprojekten faktisch zum Regelfall geworden und die aufschiebende Wirkung durch Anfechtung der Genehmigung zur Ausnahme.

Die anordnenden Verwaltungsbehörden sowie die Befürworter dieser Anordnungspraxis in der Literatur[2] rechtfertigen und unterstützen dies immer mit den gleichen Gründen, die nur nach der Art des Projektes leicht variieren. Da Genehmigungen von Großprojekten regelmäßig angefochten würden, sei die regelmäßige Anordnung der sofortigen Vollziehung gerechtfertigt[3]; wegen der technischen und rechtlichen Kompliziertheit der Verfahren dauerten die gerichtlichen Hauptsacheverfahren über die Anfechtung der Genehmigungen mehrere Jahre, so lange mit der Errichtung der Großprojekte warten zu müssen, sei untragbar[4], da die wichtigen Versorgungsaufgaben, die das Projekt unverzüglich erfüllen müsse, besonders im Bereich der Energieversorgung oder im Verkehrsbereich unaufschiebbar zu erfüllen seien und unverzüglichen Baubeginn erforderten; angesichts der enormen Baukosten für Großprojekte drohten hohe finanzielle Verluste durch einen Aufschub[5]; für viele Projekte, besonders im Kernkraftbereich, wirke sich der Verzicht auf sofortigen Vollzug geradezu prohibitiv aus[6].

---

[1] Siehe z. B. OVG Lüneburg, Beschl. v. 22. 2. 1979, DÖV 1979, 797 und Beschl. v. 17. 10. 1977, DVBl. 1978, 67; weitere Beisp. bei Papier, Rechtsfragen, S. 88.

[2] Dazu gehören u. a. Häusler, WiVerw 1977, 184; Kuhnt, 5. AtR Symposium, S. 38, 39; Heinrich, GewArch 1975, 67; Martens, Suspensiveffekt, S. 21 f.

[3] Martens, Suspensiveffekt, S. 21.

[4] Ebd., S. 22, 23.

[5] Häusler, WiVerw 1977, 184, 191.

[6] Martens, Suspensiveffekt, S. 23.

Die Gründe, die — unabhängig von dem speziellen Aufschubinteresse des Anfechtenden — gegen die regelmäßige Anordnung der sofortigen Vollziehung bei Großprojekten sprechen, basieren z. T. ebenfalls auf der besonderen Problematik des Baues und Betriebes von Großprojekten. Fast jeder Kritiker der regelmäßigen Anordnung der sofortigen Vollziehung der Genehmigung von Großprojekten befürchtet, daß diese Praxis eine Umkehr des Regel-Ausnahme-Verhältnisses von aufschiebender Wirkung und Anordnung der sofortigen Vollziehung darstelle[7] und schon deswegen unzulässig sei. Die Anordnungspraxis der Genehmigungsbehörden verkürze den Rechtsschutz des Bürgers in einer Weise, daß das Rechtsempfinden des Bürgers gestört werde. Ein Anstieg der Protestaktionen gegen Großprojekte sei die zu befürchtende und teilweise schon eingetretene Folge[8]. Gerade bei Großprojekten sei die Gefahr vollendeter Tatsachen und daher irreparabler Schäden für den Rechtsbehelfsführer sowie für die Umwelt sehr viel größer als sonst, der wirksame vorläufige Rechtsschutz für den anfechtenden Bürger durch Aufschub der Vollziehung sei daher besonders wichtig[9]. Je größer die genehmigte Industrieanlage z. B. sei, um so weniger lasse sich die Zulassung des sofortigen Baubeginns rechtfertigen[10]. Schließlich könne auch die umstrittene Genehmigung des Baues von Großprojekten — wie z. B. Kernenergieanlagen — gegenüber der Bevölkerung besser legitimiert werden, wenn vor Baubeginn die komplizierte Materie der Genehmigung wenigstens in einem gerichtlichen Hauptsacheverfahren überprüft worden sei[11].

Diese Argumente richten sich nicht nur gegen die Praxis der regelmäßigen Anordnung der sofortigen Vollziehung der Genehmigung von Großprojekten, sie werden vielmehr teilweise auch als Begründung für den Verzicht auf die Anordnung der sofortigen Vollziehung bei Großprojekten bis zum Abschluß des Hauptsacheverfahrens[12], oder zumindest bis zu einem Urteil in der ersten Instanz des Hauptsacheverfahrens[13] vorgebracht.

Die Argumente beider Ansichten zeigen auf, daß die Anwendung des § 80 Abs. 2 Nr. 4 bei Großprojekten besondere Probleme aufwirft, die

[7] So z. B. Gelzer, BauR 1977, 1; Sahl, 5. AtR Symposium, S. 7, 8 und 334; Blümel, DVBl. 1975, 695, 697.

[8] Sahl, 5. AtR Symposium, S. 334; daß diese Furcht nicht ganz unbegründet ist, zeigt z. B. die Argumentation Geulens in KJ 1980, 170 f. und seine Ankündigung verstärkter politischer Aktionen, wenn der Rechtsschutz schon verkürzt sei (S. 182).

[9] So z. B. auch Schmidt-Aßmann, VVDStRL 34, 261.

[10] Gelzer, BauR 1977, 145, 156 f. und 77, 1 f.

[11] Sahl, 5. AtR Symposium, S. 7, 8.

[12] Ebd., S. 7, 8.

[13] Schmidt-Aßmann, VVDStRL 34, 261.

über die Problematik des Sofortvollzugs bei Normalprojekten hinausgehen[14]. Diese spezielle Problematik der Anordnung der sofortigen Vollziehung bei Großprojekten zu untersuchen und zu erörtern, die Stichhaltigkeit der oben angeführten Argumente zu überprüfen und eine Lösung der Aufgabe, effektiven vorläufigen Rechtsschutz gegen die Genehmigung unter Berücksichtigung der Besonderheiten dieser Projekte und der Interessen ihrer Betreiber zu gewährleisten, ist Ziel des folgenden Abschnitts dieser Arbeit.

Da die Voraussetzungen der Anordnung der sofortigen Vollziehung durch die Behörde nach § 80 Abs. 2 Nr. 4 schon in Normalfällen, also ohne die Problematik der Großprojekte, mangels detaillierter gesetzlicher Regelungen z. T. sehr strittig sind, soll zunächst geklärt werden, unter welchen Voraussetzungen § 80 Abs. 2 Nr. 4 die Anordnung der sofortigen Vollziehung zuläßt, ehe das Bedürfnis nach einer Anpassung an die besonderen Bedingungen der Großprojekte geprüft wird.

II. Voraussetzungen und Modalitäten der Anordnung der sofortigen Vollziehung eines Verwaltungsakts nach § 80 Abs. 2 Nr. 4

Nach § 80 Abs. 2 Nr. 4 kann die Behörde, die den Verwaltungsakt erlassen hat oder die Widerspruchsbehörde, die sofortige Vollziehung des Verwaltungsakts anordnen und auf diese Weise die aufschiebende Wirkung von Widerspruch oder Anfechtungsklage gegen den Verwaltungsakt ausschließen, wenn dafür ein öffentliches Interesse oder ein überwiegendes Interesse eines Beteiligten vorliegt. Die Anordnung kann demnach entweder sofort bei Erlaß des Verwaltungsakts durch die erlassende Behörde erfolgen und die aufschiebende Wirkung von vornherein ausschließen sowie den Verwaltungsakt sofort nach Bekanntgabe an den Betroffenen, ohne die Unanfechtbarkeit abwarten zu müssen, vollstreckbar machen oder sie kann erst später erfolgen, nach der Einlegung eines Rechtsbehelfs gegen den Verwaltungsakt, um eine bereits eingetretene aufschiebende Wirkung zu beseitigen.

1. Anordnung der sofortigen Vollziehung im öffentlichen Interesse

a) Besonderes öffentliches Sofortvollzugsinteresse

Die Behörde kann die sofortige Vollziehung anordnen, wenn diese im öffentlichen Interesse liegt. Da an jedem Verwaltungsakt, der von einer Verwaltungsbehörde erlassen wurde, ein öffentliches Interesse

[14] Lothar Schmitt, BayVBl. 1977, 554, stellt die spezielle Problematik der Großprojekte besonders deutlich dar.

bestehen muß und darüber hinaus auch ein öffentliches Interesse an der Durchsetzung der Regelung des Verwaltungsakts, also seiner Vollziehung, besteht, kann das für die Anordnung der sofortigen Vollziehung geforderte öffentliche Interesse nicht mit diesen beiden Interessen identisch sein, also nicht schon aus deren Vorliegen geschlossen werden[15]. § 80 Abs. 2 Nr. 4 verlangt nicht nur ein Interesse am Erlaß und an der Vollziehung des Verwaltungsakts, sondern ein Interesse an der sofortigen Vollziehung[16], das in § 80 Abs. 3 zutreffend als „besonderes Interesse" bezeichnet ist[17]. Nicht richtig ist daher die oft gebrauchte Formulierung, § 80 Abs. 2 Nr. 4 verlange ein über das am Erlaß des Verwaltungsakts bestehende öffentliche Interesse hinausgehendes gesteigertes öffentliches Interesse[18]. Denn das sofortige Vollzugsinteresse ist kein gesteigertes Erlaßinteresse, sondern ein qualitativ anderes Interesse[19].

Ob ein öffentliches sofortiges Vollzugsinteresse besteht, muß die Behörde ermitteln. Als unbestimmter Rechtsbegriff ist sein Vorliegen voll nachprüfbar[20]. Zweifel darüber gehen zu Lasten der Behörde.

b) Ermittlung des öffentlichen Sofortvollzugsinteresses durch Interessenabwägung

Ein öffentliches Interesse an der sofortigen Vollziehung i. S. von § 80 Abs. 2 Nr. 4 setzt nicht nur voraus, daß Gründe des allgemeinen Wohls eine alsbaldige Vollziehung des Verwaltungsakts erfordern und ein Abwarten des Ablaufs der Anfechtungsfrist und im Falle einer Anfechtung des Abschlusses des Hauptsacheverfahrens nicht zulassen[21]. Dieses Interesse muß auch gewichtiger sein als das Interesse an der wirksamen Absicherung des Rechtsschutzanspruchs des Anfechtungsberechtigten durch die aufschiebende Wirkung, das nicht nur ein privates Interesse des Betroffenen ist, sondern ebenfalls im öffentlichen Interesse liegt[22]. Die Anordnung der sofortigen Vollziehung im öffentlichen Interesse erfordert demnach eine Interessenabwägung zwischen öffent-

---

[15] OVG Lüneburg, Beschl. v. 5. 12. 1974, DVBl. 1976, 81, 82, statt vieler.

[16] Finkelnburg, RN 399.

[17] Lothar Schmitt, BayVBl. 1977, 554.

[18] OVG Lüneburg, Beschl. v. 5. 12. 1974, DVBl. 1976, 81, 82; so auch BVerfG, Beschl. v. 18. 7. 1973, BVerfGE 35, 382, 402 und BVerwG, Beschl. v. 29. 4. 1974, NJW 1974, 1294; ebenso Papier, JA 1979, 561, 564.

[19] Finkelnburg, RN 399.

[20] Siehe u. a. Finkelnburg, RN 399.

[21] Nach BVerwG, Beschl. v. 8. 9. 1953, BVerwGE 1, 11, 12 muß der Aufschub eine schwerwiegende Beeinträchtigung öffentlicher Interessen verursachen.

[22] Die Durchsetzung verfassungsrechtlicher Prinzipien wie des Rechtsstaatsgrundsatzes und der Rechtsweggarantie aus Art. 19 Abs. 4 GG liegt nicht nur im Interesse der betroffenen Bürger, sondern auch im öffentlichen Interesse.

lichem Vollzugsinteresse und öffentlichen und privaten Interessen am Aufschub. Daß die Interessenabwägung zwischen gegenläufigen öffentlichen Interessen erfolgen muß, ehe ein besonderes öffentliches Vollzugsinteresse als öffentliches Interesse feststeht, versteht sich von selbst.

Die Notwendigkeit der Interessenabwägung zwischen öffentlichem Vollzugsinteresse und privatem Interesse des Rechtsbehelfsführers ergibt sich aus dem oben schon dargestellten Zweck des vorläufigen Rechtsschutzes, den Rechtsschutzanspruch des durch eine hoheitliche Maßnahme betroffenen Bürgers wirksam abzusichern und aus dem verfassungsmäßigen Grundsatz der Verhältnismäßigkeit[23], der hier wie bei jeder anderen hoheitlichen Maßnahme eingreift und die Berücksichtigung der Auswirkungen der Anordnung auf die Rechte und Interessen des Betroffenen in einer Abwägung mit den Vorteilen des Sofortvollzugs erfordert. Für den Rechtsbehelfsführer steht bei Anordnung der sofortigen Vollziehung die Schaffung vollendeter Tatsachen bis zum Abschluß des von ihm angestrengten Anfechtungsverfahren auf dem Spiel und somit die Gefahr, Widerspruchsverfahren oder Klage umsonst durchgeführt zu haben.

Die Interessenabwägung folgt der vom Bundesverfassungsgericht aufgestellten Regel, daß der Rechtsschutzanspruch des Bürgers gegenüber dem sofortigen Vollzugsinteresse um so stärker ist und daher um so weniger zurückstehen darf, je mehr die Maßnahme der Verwaltung Unabänderliches bewirkt[24]. Je größer die Gefahr irreparabler Tatsachen durch den Sofortvollzug ist, um so stärker muß daher das öffentliche Vollzugsinteresse sein, soll es die sofortige Vollziehung rechtfertigen.

Diese Interessenabwägung zwischen Aufschub- und Vollstreckungsinteressen erfordert eine Gegenüberstellung der dem Anfechtenden drohenden Nachteile und der Nachteile für die Interessen der Öffentlichkeit. Dabei ist jeweils die Richtigkeit des Rechtsstandpunktes desjenigen zu unterstellen, dessen Position gerade betrachtet wird[25]. Auf der einen Seite muß untersucht werden, welche Nachteile den mit dem Verwaltungsakt verfolgten öffentlichen Interessen drohen, wenn die aufschiebende Wirkung des Verwaltungsakts bestätigt oder wiederhergestellt wird, der Sofortvollzug jedenfalls nicht gestattet wird, und sich am Ende des Hauptsacheverfahrens die Rechtmäßigkeit des Verwaltungsakts herausstellt. Auf der Gegenseite müssen die Nachteile für die Position des Anfechtenden erkundet werden, die entstehen,

---

[23] BVerfG, Beschl. v. 18. 7. 1973, BVerfGE 35, 382, 402.

[24] Ebd.

[25] Siehe dazu Leipold, Einstweiliger Rechtsschutz, S. 190, der dieses hypothetische Verfahren näher beschreibt und OVG Hamburg, Beschl. v. 23. 10. 1974, DVBl. 1975, 207, 211 als Beispiel für die praktische Anwendung.

wenn der Verwaltungsakt sofort vollzogen wird, sich im Hauptsacheverfahren aber seine Rechtswidrigkeit ergibt. Vorteile, die bei Gestattung der sofortigen Vollziehung eines als rechtswidrig angenommenen Verwaltungsakts oder bei Anordnung der aufschiebenden Wirkung eines rechtmäßigen Verwaltungsakts nicht selten auftreten, sind nicht schützenswert und dürfen das Ergebnis der Interessenabwägung nicht beeinflussen. Die bei dieser hypothetischen Betrachtung ermittelten Nachteile sind miteinander zu vergleichen. Dabei wiegt ein Nachteil besonders schwer, wenn die Beeinträchtigung irreparabel ist, also Unabänderliches bewirkt[26].

c) In die Interessenabwägung einfließende Interessen

Problematischer und ungeklärter als die Methode der Interessenabwägung ist die Frage, welche Interessen bei der Abwägung zwischen Aufschub- und Vollzugsinteressen berücksichtigt werden dürfen, ob nur Interessen der Beteiligten oder auch sonst betroffene öffentliche oder private Interessen, ob nur rechtlich geschützte oder auch andere sachliche Interessen. Auch diese Frage ist aus der Funktion der Interessenabwägung zur Feststellung des besonderen Vollzugsinteresses zu klären. Hier kann allerdings nur allgemein und abstrakt untersucht werden, welche Art von Interessen für das Gewicht von Aufschub- oder Vollzugsinteressen relevant sein können. Eine Aufzählung wichtiger Vollzugs- oder Aufschubinteressen soll nicht vorgenommen werden. Die Erörterung der Bedeutung und Gewichtigkeit einzelner konkreter Interessen, die ohne Bezug zu dem im speziellen Einzelfall erst erkennbaren Gegeninteresse ohnehin nicht möglich wäre, könnte nicht zur Lösung der hier gestellten allgemeineren Fragen beitragen[27].

Für ein überwiegendes öffentliches Vollzugsinteresse können einmal alle Interessen der anordnenden Behörde selbst, zum anderen aber auch die von ihr ermittelten sonstigen öffentlichen Belange, die für die sofortige Vollziehung sprechen, angeführt und berücksichtigt werden. Dabei können alle sachlichen Interessen, d. h. solche, die mit dem Zweck des Verwaltungsakts in irgendeinem Zusammenhang stehen, das öffentliche Vollzugsinteresse unterstützen. Typische öffentliche Interessen, die für den sofortigen Vollzug angeführt werden, sind die Beseitigung oder die Verhinderung von Gefahrenlagen[28], Interessen des allgemeinen

---

[26] BVerfG, Beschl. v. 18. 7. 1973, BVerfGE 35, 382, 404.

[27] Die in verschiedenen Kommentaren — z. B. Redeker/v. Oertzen, § 80 Anm. 24 und Kopp, VwGO, § 80 RN 53 — und Abhandlungen über den vorläufigen Rechtsschutz — z. B. Finkelnburg, RN 403 — anzutreffenden Auflistungen öffentlicher und privater Vollzugsinteressen, bei deren Vorliegen der Sofortvollzug gerechtfertigt sei, sind für jeden neuen Fall nichtssagend, da sich das Gewicht eines Interesses erst in der konkreten Interessenabwägung ergibt.

[28] Siehe dazu die Aufzählung von Beispielsfällen bei Finkelnburg, RN 403.

Wohles[29] und Interessen des öffentlichen Dienstes[30]. Auch fiskalische Interessen sind als Gründe für sofortigen Vollzug nicht von vornherein ausgeschlossen[31]. Sie sind grundsätzlich ebenso öffentliche Interessen wie andere nicht-finanzielle Interessen. Ob ihr Gewicht gegenüber einem Aufschubinteresse im Einzelfall für die Anordnung der sofortigen Vollziehung ausreicht, kann ohnehin erst bei einer Gegenüberstellung und Abwägung mit dem konkreten Aufschubinteresse festgestellt werden[32].

Problematisch ist dagegen, das Vollzugsinteresse auf generalpräventive Erwägungen zu stützen, da die Anordnung des Sofortvollzugs zu Präventivzwecken den hohen Anforderungen an die Verhältnismäßigkeit, insbesondere an die konkrete und individuelle Erforderlichkeit des Sofortvollzugs nicht entsprechen dürfte[33]. Grundsätzlich keine Berücksichtigung kann das Interesse der Wahrung der Rechtsordnung für die Feststellung des öffentlichen Vollzugsinteresses finden, obwohl immer wieder der Sofortvollzug auf dieses Interesse gestützt wird[34]. Der Verstoß gegen die Rechtsordnung kann zwar den Erlaß eines Verwaltungsakts rechtfertigen, der die Herstellung des rechtmäßigen Zustandes anordnet, er kann aber nicht darüber hinaus schon den sofortigen Vollzug des Verwaltungsakts begründen[35].

Wichtigstes und primäres für den Aufschub der Vollziehbarkeit sprechendes Interesse ist das Interesse an der Absicherung effektiven Rechtsschutzes des Rechtsbehelfsführers. Dies allein ermöglicht jedoch keine Abwägung, da die Bedeutung der Sicherung effektiven Rechtsschutzes gegenüber der Vollziehbarkeit davon abhängt, welches Gewicht das jeweils vor einer Verletzung durch den möglicherweise rechtswidrigen Verwaltungsakt zu schützende Rechtsgut des Rechtsbehelfsführers hat. Alle rechtlich geschützten Interessen des Anfechtenden oder — im Falle der Entscheidung über die sofortige Vollziehung direkt bei Erlaß des Verwaltungsakts — des durch die Maßnahme Belasteten, deren wirksamer Rechtsschutz durch die Vollziehung in

---

[29] Einzelbeispiele dafür bei Finkelnburg, RN 406.

[30] Zu dieser Problematik siehe Finkelnburg, RN 405.

[31] Zur Bedeutung fiskalischer Interessen als öffentliche Interessen im Rahmen des § 80 Abs. 2 Nr. 4 vgl. Häberle, S. 517; sowie zur speziellen Problematik des fiskalischen Interesses als Sofortvollzugsinteresse: Finkelnburg, RN 404.

[32] Auf die besondere Problematik fiskalischer Gesichtspunkte beim vorläufigen Rechtsschutz gegen Großprojekte soll später noch eingegangen werden.

[33] Ebenso ablehnend Finkelnburg, RN 408, sowie OVG Lüneburg, Beschl. v. 5. 12. 1974, VR 26, 1011, 1017; a. A. Bettermann, DVBl. 1976, 64, 66.

[34] Siehe z. B. OVG Lüneburg, Beschl. v. 29. 9. 1966, NJW 1967, 2281 mit der Anmerkung von Selmer, NJW 1968, 173.

[35] Ebenso ablehnend Finkelnburg, RN 407.

Gefahr sein könnte, können demnach in der Interessenabwägung zu Gunsten eines Aufschubinteresses berücksichtigt werden. Um Schwere, Dringlichkeit und Bedrohtheit des Rechts durch die sofortige Vollziehung zu begründen, müssen darüber hinaus rein argumentativ alle sachlichen, d. h. mit dem bedrohten Lebensbereich in Zusammenhang stehenden Interessen des Rechtsbehelfsführers an der Verhinderung der Vollziehung in die Abwägung einbezogen werden dürfen.

Sind auf Seiten des Vollzugsinteresses prinzipiell alle sachlichen, mit dem Zweck der Ermächtigung zum Erlaß des Verwaltungsakts vereinbaren, öffentlichen Interessen am sofortigen Vollzug relevant, so ist es beim Aufschubinteresse nicht wesentlich anders. Die aufschiebende Wirkung dient zwar der Sicherung des effektiven Rechtsschutzes des Anfechtenden, der Schutz vieler anderer Interessen, die nicht subjektives Recht des Anfechtenden sind, wie etwa das Interesse an intakter Umwelt, ist zwar nicht Zweck, aber unmittelbare Folge der aufschiebenden Wirkung, wenn durch sie die Vollziehung einer rechtswidrigen Genehmigung verhindert wird. Diese Interessen können daher auch für die aufschiebende Wirkung sprechen und berücksichtigt werden, indem sie das Gewicht des Aufschubinteresses verstärken. Demnach können also von Seiten des Aufschubinteresses nicht nur subjektive Rechte des Anfechtenden in die Interessenabwägung verstärkend einfließen[36], sondern auch alle sachlichen Interessen des Rechtsbehelfsführers und sonstige Interessen, die an der aufschiebenden Wirkung bestehen.

d) Berücksichtigung von Erfolgsaussichten des Rechtsbehelfs bei der Entscheidung nach § 80 Abs. 2 Nr. 4, 1. Alternative

Streitig ist, ob neben dem Gewicht und der Bedeutung der jeweiligen Interessen an Aufschub oder Vollziehung, dem Grad der Gefährdung dieser Interessen und insbesondere der möglichen Irreparabilität der zu erwartenden Schäden auch die offensichtlichen Erfolgsaussichten des eingelegten oder zu erwartenden Rechtsbehelfs gegen den Verwaltungsakt bei der Entscheidung der Verwaltungsbehörde nach § 80 Abs. 2 Nr. 4 berücksichtigt werden dürfen oder müssen[37]. Bei offensichtlicher Aussichtslosigkeit des Rechtsbehelfs könnte das Aufschubinteresse feh-

---

[36] So auch Kopp, VwGO, § 80 RN 53, der in der Interessenabwägung die Interessen der Betroffenen, sowie darüber hinaus auch sonst betroffene öffentliche und private Interessen, „sofern sie nur in unmittelbar rechtlichem Zusammenhang mit dem zu vollziehenden Verwaltungsakt stehen ...“, berücksichtigen will.

[37] Für die Berücksichtigung u. a. Leipold, S. 196; Bettermann, DVBl. 1976, 64, 65; Papier, JA 1979, 561, 564; Kopp, VwGO, § 80 RN 54; gegen die Berücksichtigung von Erfolgsaussichten u. a. Finkelnburg, RN 400; OVG Lüneburg, Beschl. v. 5. 12. 1974, DVBl. 1976, 81.

len, das sofortige Vollzugsinteresse daher überwiegen[38]. Die Rechtswidrigkeit des Verwaltungsakts und Erfolgsaussicht des Rechtsbehelfs könnte dagegen ein Interesse an sofortiger Vollziehung von vornherein ausschließen[39].

Gegen eine derartige Berücksichtigung der Erfolgsaussichten des Rechtsbehelfs durch die Verwaltungsbehörde sprechen jedoch mehrere Gründe. Zum einen steht sie im Widerspruch zur Methode der Interessenabwägung, mit der das überwiegende sofortige Vollzugsinteresse ermittelt werden soll. Wie oben angeführt[40], ist nämlich jeweils die Richtigkeit des Rechtsstandpunktes der Partei zu unterstellen, deren Interesse gerade untersucht wird. Die Interessenabwägung geht gerade von der Offenheit des Ergebnisses des Anfechtungsverfahrens aus und betrachtet nur die Interessenlage bei hypothetischem Ausgang des Verfahrens. Die Berücksichtigung tatsächlicher Erfolgsaussichten ist mit diesem Verfahren nicht vereinbar. Das Bedenken kann allerdings für die Extremfälle offensichtlichen Ausganges durch den Einwand entkräftet werden, daß die übliche Methode der Interessenabwägung eben nur bei hypothetischem Ausgang des Hauptsacheverfahrens nötig ist, wenn keine Zweifel am tatsächlichen Ausgang bestehen dagegen auf die Unterstellung gerade verzichtet werden könnte[41].

Schwerer wiegt jedoch das Bedenken, daß nach § 80 Abs. 1 die aufschiebende Wirkung automatisch und ohne Prüfung irgendwelcher Voraussetzungen durch Behörden oder Gerichte qua Gesetz bei Einlegung des Rechtsbehelfs eintritt und daher grundsätzlich auch kein Rechtsschutzinteresse für den Aufschub erforderlich ist. Über die Anordnung der sofortigen Vollziehung nach § 80 Abs. 2 Nr. 4 muß demgegenüber von einer Behörde nach vorheriger Prüfung der Voraussetzungen entschieden werden. Aus dem automatischen Eintritt der aufschiebenden Wirkung kann geschlossen werden, daß der Gesetzgeber mit der Regelung des § 80 Abs. 1 dem Rechtsbehelfsführer vorläufigen Rechtsschutz auch bei offensichtlicher Erfolgslosigkeit des Rechtsbehelfs gewähren wollte[42].

Schließlich spricht vor allem gegen die Berücksichtigung der Erfolgsaussichten bei der behördlichen Entscheidung über die Anordnung der sofortigen Vollziehung, daß die Behörde über ihre eigene Entscheidung zu richten hätte. Ohnehin käme die Einbeziehung der Erfolgsaussichten

---

[38] So z. B. Papier, JA 1979, 561, 564; Bettermann, DVBl. 1976, 64, 65; Kopp, VwGO, § 80 RN 54; HessVGH, Beschl. v. 4. 5. 1973, ESVGH 23, 173.

[39] Bettermann, DVBl. 1976, 64, 65.

[40] s. o. Kapitel 3 II 1 b.

[41] Zugleich auch völlig auf die Interessenabwägung zu verzichten, wie Leipold, S. 192, vorschlägt, wäre hier allerdings zu weitgehend.

[42] OVG Lüneburg, Beschl. v. 5. 12. 1974, DVBl. 1976, 81, 82.

eines Rechtsbehelfs in die Anordnungsentscheidung sinnvollerweise erst in Frage, nachdem ein solcher eingelegt wurde, also nicht in den Fällen einer Anordnung der sofortigen Vollziehung bei Erlaß des Verwaltungsakts. Denn einmal kann kaum angenommen werden, daß die Behörde zu diesem Zeitpunkt von ihrer dem Erlaß des Verwaltungsakts zugrundeliegenden Rechtsauffassung überhaupt abweichen würde und zum anderen könnten auch nur die Aussichten eines konkreten Rechtsbehelfs beurteilt werden, da andernfalls wiederum nur eine hypothetische Betrachtung infrage käme, bei der die Behörde nur die Rechtmäßigkeit des Verwaltungsakts unterstellen könnte, wollte sie sich nicht selbst den Erlaß rechtswidriger Verwaltungsakte bescheinigen. Aber auch bei einer späteren Anordnung nach Einlegung eines Widerspruchs oder einer Anfechtungsklage gegen den Verwaltungsakt bestehen Bedenken dagegen, daß es für die Anordnungsentscheidung ausschlaggebend sein soll, wie die Behörde ihren eigenen Verwaltungsakt oder die Widerspruchsbehörde beurteilt[43], da die Behörde den Verwaltungsakt nur erlassen durfte, wenn sie von dessen Rechtmäßigkeit überzeugt war. Zum einen ist daran problematisch, daß kaum eine abweichende Beurteilung der Rechtmäßigkeit des Verwaltungsakts zu erwarten ist, wenn die Behörde als Richter in eigener Sache urteilt, zum anderen genügte die erneute Feststellung der Rechtmäßigkeit des Verwaltungsakts mit denselben Gründen, die den Erlaß rechtfertigten, nicht den strengen Anforderungen des § 80 Abs. 2 Nr. 4 an ein besonderes Interesse an der sofortigen Vollziehung.

Diese Bedenken erfordern jedoch keinen völligen Ausschluß jeglicher Berücksichtigung von Erfolgsaussichten des Rechtsbehelfs bei der Entscheidung über den Sofortvollzug nach § 80 Abs. 2 Nr. 4. Vielmehr kann daraus nur geschlossen werden, daß die Einbeziehung der Erfolgsaussichten in die Entscheidung nach verschiedenen Anordnungszeitpunkten, nach dem Grad der Erkennbarkeit der Erfolgsaussichten und nach der Berücksichtigungsfähigkeit von Erfolgs- oder Mißerfolgsaussichten des Rechtsbehelfs beurteilt werden muß.

Ausgeschlossen sollte zunächst aufgrund der geschilderten Bedenken eine Berücksichtigung von Erfolgsaussichten eines nicht eingelegten Rechtsbehelfs bei der Anordnung der sofortigen Vollziehung unmittelbar nach Erlaß durch die Ursprungsbehörde sein. Hier kann nur eine Interessenabwägung nach der oben geschilderten hypothetischen Methode[44] durchgeführt werden. Die Behörde kann sich nämlich hier nicht mit vorgebrachten Einwänden gegen den Verwaltungsakt und dessen Vollzug auseinandersetzen und wird aufgrund der Überzeugung

[43] Diese Bedenken hat auch OVG Lüneburg, Beschl. v. 4. 12. 1974, DVBl. 1976, 81, 82, 83.

[44] s. o. Kapitel 3 II 1 b.

von der Richtigkeit ihres Handelns in diesem Zeitpunkt wohl nur zur Annahme einer Mißerfolgsaussicht des Rechtsbehelfs kommen.

Weiterhin sollte wegen der angeführten Bedenken die Ermittlung von Erfolgsaussichten des eingelegten Rechtsbehelfs ausgeschlossen sein, nicht aber unbedingt jede Berücksichtigung offensichtlicher Erfolgsaussichten. Überflüssig und nicht sinnvoll wäre es, die Verwaltungsbehörde auf einen Rechtsbehelf hin erneut die Voraussetzungen der Rechtmäßigkeit des von ihr erlassenen Verwaltungsakts überprüfen zu lassen. Dies gilt jedoch nicht, wenn die Erfolgsaussichten eines Rechtsbehelfs offensichtlich sind, der Verwaltungsakt offensichtlich rechtmäßig oder rechtswidrig ist, oder der Rechtsbehelf offensichtlich unzulässig.

Offensichtlichkeit oder Offenkundigkeit der Rechtswidrigkeit eines Verwaltungsakts kann — unter Zuhilfenahme der Kommentierung des Begriffs der „offenbaren Unbegründetheit" in § 84 Abs. 1[45] — dann angenommen werden, wenn schon nach dem der Behörde oder dem Gericht vorliegenden Sachverhalt, der sich aus den Akten oder dem Vorbringen der Beteiligten ergeben kann, ohne daß weitere Aufklärung erforderlich ist, vernünftigerweise jeder Zweifel an der Rechtswidrigkeit des Verwaltungsakts bzw. an der Aussicht des Rechtsbehelfs auf Erfolg ausgeschlossen ist[46].

Stellt sich heraus, daß der Verwaltungsakt offensichtlich rechtswidrig ist, kann kaum ein schützenswertes Interesse an seiner sofortigen Vollziehung bestehen[47]. Weder die Zweifel aus dem Zweck des § 80, den Rechtsbehelfsführer zu schützen, noch die Bedenken wegen der Urteilsfähigkeit der Behörde über ihren eigenen Verwaltungsakt greifen hier ein. Offensichtliche Erfolgsaussichten des Rechtsbehelfs müssen sich in einer Ablehnung des besonderen öffentlichen sofortigen Vollzugsinteresses bei der Interessenabwägung nach § 80 Abs. 2 Nr. 4 niederschlagen.

Problematischer ist die Frage, ob die Behörde die offensichtlichen *Mißerfolgs*aussichten des Rechtsbehelfs in der Weise berücksichtigen darf, daß sie ein Aufschubinteresse ausschließen und die sofortige Vollziehung daher immer rechtfertigen[48].

Hiergegen spricht trotz Offensichtlichkeit der Rechtslage das oben aufgezeigte Bedenken, daß der Gesetzgeber den Anfechtungen zunächst

---

[45] Siehe u. a. Eyermann/Fröhler, § 84 RN 5; Redeker/v. Oertzen, § 84 RN 3; Kopp, VwGO, § 84 RN 3.

[46] So Eyermann/Fröhler, § 84 RN 5; Redeker/v. Oertzen, § 84 RN 3; Kopp, VwGO, § 84 RN 3.

[47] Bettermann, DVBl. 1976, 64, 65; Finkelnburg, RN 400 will dagegen jegliche Berücksichtigung von Erfolgsaussichten durch die Verwaltungsbehörde ausschließen.

[48] Siehe dazu OVG Lüneburg, Beschl. v. 5. 12. 1974, DVBl. 1976, 81.

durch den automatischen Eintritt der aufschiebenden Wirkung auch ohne ein besonderes Rechtsschutzinteresse schützen wollte, und daß das Aufschubinteresse bei Anfechtung vom Gesetzgeber unterstellt wird. Im Gegensatz zum sofortigen Vollzugsinteresse muß es daher nicht im Einzelfall nachgewiesen werden, sondern gilt immer auch dann als vorhanden, wenn sein Gewicht sehr gering ist, weil dem Rechtsbehelfsführer bei Vollzug keine schwerwiegenden Nachteile zu entstehen drohen.

Die Berücksichtigung offensichtlicher Mißerfolgsaussichten bei Anordnungsentscheidungen nach § 80 Abs. 2 Nr. 4 ist jedoch noch aus weiteren Gründen problematischer als die der offensichtlichen Rechtswidrigkeit des Verwaltungsakts.

Offensichtliche Mißerfolgsaussichten des Rechtsbehelfs können nicht nur bei offensichtlicher Rechtmäßigkeit des Verwaltungsakts bestehen, d. h. bei Unbegründetheit des Rechtsbehelfs, sondern auch bei offensichtlicher Unzulässigkeit des Rechtsbehelfs gegen einen Verwaltungsakt, der sogar offensichtlich rechtswidrig ist. Trotz Unzulässigkeit eines Widerspruchs besteht andererseits die Möglichkeit der Rücknahme des Verwaltungsakts durch die Behörde[49], die seinem Begehren in der Sache entsprechen kann. Dies zeigt, daß die Schutzbedürftigkeit des Rechtsbehelfsführers vor Vollzug eines angefochtenen Verwaltungsakts bei Mißerfolgsaussicht seines Rechtsbehelfs nicht immer gleich gering sein muß, sondern unterschiedlich sein kann.

Weiterhin fehlt es auch bei offensichtlicher Rechtmäßigkeit des Verwaltungsakts an der offensichtlichen Mißerfolgsaussicht des Rechtsbehelfs im Widerspruchsverfahren, wenn der Verwaltungsakt im Ermessen der Behörde liegt, da hier dem Widerspruch auch aus Zweckmäßigkeitsgründen trotz Rechtmäßigkeit des Verwaltungsakts stattgegeben werden könnte[50]. Der Rechtsbehelfsführer hat ein schützenswertes Interesse, daß ihm diese Möglichkeit nicht durch sofortige Vollziehung verbaut wird.

Ein wie auch immer zu gewichtendes Interesse am Aufschub der Vollziehung eines rechtmäßigen Verwaltungsakts ist schließlich auch deswegen anzuerkennen, weil auch bei nur zulässiger aber unbegründeter Anfechtung der Verwaltungsakt noch nach § 50 VwVfG ohne Beschränkung des § 49 Abs. 2, Abs. 3, 4 und 5 von der Behörde widerrufen werden kann[51].

---

[49] Kopp, VwGO, § 72 RN 8.

[50] VGH Kassel, Beschl. v. 29. 5. 1972, ESVGH 22, 232.

[51] Siehe dazu Meyer in Meyer/Borgs, § 50 RN 11; Ule/Laubinger, VwVfR, S. 312 schließen die Anwendung des § 50 VwVfG sogar nur bei einem rechtsmißbräuchlich eingelegten Rechtsbehelf aus.

Aufschubinteressen des Rechtsbehelfsführers können daher, unabhängig davon, daß sie nach § 80 prinzipiell nicht Voraussetzung der aufschiebenden Wirkung sind, sogar positiv festgestellt werden, wenn der Verwaltungsakt offensichtlich rechtmäßig ist. Die Annahme eines Fehlens oder Wegfalls der Aufschubinteressen und eines automatisch vorhandenen sofortigen Vollzugsinteresses bei offensichtlicher Rechtmäßigkeit des Verwaltungsakts und fehlender Erfolgsaussicht des Rechtsbehelfs ist daher nicht gerechtfertigt.

Die angeführten Bedenken sprechen jedoch nicht gegen eine Berücksichtigung der offensichtlichen Mißerfolgsaussicht in einer Interessenabwägung, bei der die geschilderten Interessen, die der Rechtsbehelfsführer an der aufschiebenden Wirkung haben könnte, einbezogen und gewürdigt werden. Die Berücksichtigung der offensichtlichen Mißerfolgsaussichten des Rechtsbehelfs zum Nachteil des Rechtsbehelfsführers ist daher nicht ausgeschlossen. Nicht gerechtfertigt ist allerdings der automatische Schluß von der fehlenden Erfolgsaussicht auf ein fehlendes Aufschubinteresse und ein besonderes sofortiges Vollzugsinteresse. Ein besonderes Dringlichkeitsinteresse muß vielmehr auch dann festgestellt werden und eine Interessenabwägung muß auch hier in jedem Fall durchgeführt werden.

Die offensichtliche Unzulässigkeit oder Unbegründetheit des Rechtsbehelfs könnte ein Indiz für die rechtsmißbräuchliche Ausnutzung der aufschiebenden Wirkung durch den Anfechtenden sein, bei der einem Vollzugsinteresse kein schützenswertes Aufschubinteresse mehr entgegengestellt werden kann. Dies kann jedoch nicht schon bei jeder offensichtlich aussichtslosen Anfechtung angenommen werden. Ein Mißbrauch liegt nur dann vor, wenn zusätzlich objektive Anzeichen dafür bestehen, daß es dem Rechtsbehelfsführer nicht um die Gewährung von Rechtsschutz, sondern nur um die bloße Ausnutzung der aufschiebenden Wirkung wegen des damit verbundenen Zeitgewinns geht[52].

Die offensichtliche Unzulässigkeit des Rechtsbehelfs deutet auf ein sehr geringes schutzwürdiges Aufschubinteresse des Rechtsbehelfsführers und ein überwiegendes Vollzugsinteresse in der Interessenabwägung hin[53]. Bei offensichtlicher Rechtmäßigkeit des Verwaltungsakts, die die Behörde in der Anordnungsentscheidung nach § 80 Abs. 2 Nr. 4 berücksichtigen kann, ist nicht automatisch ein überwiegendes sofortiges Vollzugsinteresse anzunehmen. Vielmehr muß ein solches sofortiges Vollzugsinteresse positiv in der Interessenabwägung festgestellt werden. Da das sofortige Vollzugsinteresse nicht mit dem Interesse an

[52] OVG Lüneburg, Beschl. v. 5. 12. 1974, DVBl. 1976, 81, 83.

[53] So auch Siegmund-Schultz, DVBl. 1964, 950, 953, der sich auch bei Zweifeln an der Zulässigkeit des Rechtsbehelfs für die Notwendigkeit der Interessenabwägung ausspricht.

Erlaß und Vollziehung des Verwaltungsakts identisch ist, kann die sofortige Vollziehung etwa deswegen nicht gerechtfertigt sein, weil keine besondere Eilbedürftigkeit besteht, die die Vollziehung unaufschiebbar erscheinen läßt[54].

Offensichtliche Erfolgs- oder Mißerfolgsaussichten können daher bei der Entscheidung über die sofortige Vollziehbarkeit nach § 80 Abs. 2 Nr. 4 in beschränktem Umfang in der Interessenabwägung berücksichtigt werden. Die Feststellung offensichtlicher Erfolgs- oder Mißerfolgsaussichten des Rechtsbehelfs ersetzt jedoch niemals die Interessenabwägung zwischen Aufschub- und sofortigem Vollzugsinteresse[55].

e) Trennung von Interessenabwägung und Ermessensausübung bei der Anordnung

Erst nach dieser Interessenabwägung steht fest, ob ein besonderes öffentliches Interesse an der sofortigen Vollziehung besteht, das die Anordnung nach § 80 Abs. 2 Nr. 4 rechtfertigt. Denn das besondere öffentliche Sofortvollzugsinteresse ist Ergebnis der Abwägung zwischen einem oder mehreren Interessen am Sofortvollzug und den entgegenstehenden Aufschubinteressen[56]. Die Annahme eines besonderen, die sofortige Vollziehung rechtfertigenden, Interesses i. S. des § 80 Abs. 2 Nr. 4 vor der Interessenabwägung und die Verlagerung der Abwägung in die Ermessensbestätigung über die Anordnung des Sofortvollzugs ist unzulässig[57].

Wie oben festgestellt, kann von einem besonderen öffentlichen Vollzugsinteresse als Voraussetzung der Anordnung der sofortigen Vollziehung erst die Rede sein, wenn ein Überwiegen der öffentlichen Interessen an sofortiger Vollziehung über die Aufschubinteressen ermittelt wurde[58]. Die Abwägung zwischen Vollzugs- und Aufschubinteressen muß ein Übergewicht der Vollzugsinteressen ergeben haben, bevor die Verwaltungsbehörde in die Ermessensentscheidung[59] darüber eintritt, ob sie die sofortige Vollziehung anordnet. Sie darf nicht erst Teil der Ermessensausübung sein[60].

---

[54] HessVGH, Beschl. v. 28. 6. 1965, ESVGH 15, 153.

[55] So auch Lothar Schmitt, BayVBl 1977, 554, 555.

[56] So BVerfG, Beschl. v. 18. 7. 1973, BVerfGE 35, 382, 402; anders Bettermann, DVBl. 1976, 64, der zwischen Begründung und Gewichtung des Interesses unterscheidet.

[57] Siehe dazu OVG Lüneburg, Beschl. v. 5. 12. 1973, DVBl. 1976, 81; und kritisch dazu Bettermann, DVBl. 1976, 64.

[58] Lothar Schmitt, BayVBl. 1977, 554.

[59] Siehe zur Anordnungsentscheidung als Ermessensentscheidung unten Kap. 3 II 2 d.

[60] So auch ausdrücklich Lothar Schmitt, BayVBl. 1977, 554, 555.

Unabhängig von der Interessenabwägung zur Ermittlung des Vollzugsinteresses hat jedoch die Behörde auch bei der Anordnungsentscheidung den Grundsatz der Verhältnismäßigkeit zu beachten, das Ermessen entsprechend dem Zweck des § 80 Abs. 2 Nr. 4 auszuüben und die gesetzlichen Grenzen des Ermessens einzuhalten (vgl. § 40 VwVfG). Auch bei Vorliegen eines besonderen öffentlichen Interesses an der sofortigen Vollziehung kann die Behörde von der Anordnung der Vollziehung im öffentlichen Interesse absehen[61].

2. Anordnung der sofortigen Vollziehung im überwiegenden Interesse eines Beteiligten

a) Anwendungsbereich und Bedeutung der Regelung

Nach § 80 Abs. 2 Nr. 4, 2. Alternative kann die Verwaltungsbehörde die sofortige Vollziehung des Verwaltungsakts auch dann anordnen, wenn daran ein überwiegendes Interesse eines Beteiligten besteht. Diese Begründung des Sofortvollzugs ist bei Großprojekten, die typischerweise durch begünstigende Verwaltungsakte, die Drittwirkung entfalten, genehmigt werden[62], neben einer „gemischten" Begründung, bei der sowohl öffentliche als auch überwiegende Beteiligteninteressen am Sofortvollzug aufgeführt werden, sehr häufig anzutreffen.

§ 80 Abs. 2 Nr. 4, 2. Alt. greift zwar auch dann ein, wenn ein belastender Verwaltungsakt durch seinen Adressaten angefochten wurde, ein durch den Verwaltungsakt begünstigter Dritter jedoch ein Interesse am Vollzug dieses Verwaltungsakts hat. Hauptanwendungsbereich dieser Regelung sind jedoch mittlerweile die begünstigenden Verwaltungsakte mit belastender Drittwirkung. Rechtsprechung und Literatur befassen sich bei der Auslegung des § 80 Abs. 2 Nr. 4 deswegen vor allem mit den Anforderungen dieses Verwaltungsaktstypus.

Da Widerspruch und Anfechtungsklage gegen Verwaltungsakte mit Drittwirkung aufschiebende Wirkung entfalten, entsteht mit der Einlegung des Rechtsbehelfs ein Interessenkonflikt zwischen dem begünstigten Adressaten des Verwaltungsakts und dem durch den Verwaltungsakt Beschwerten. Der begünstigte Adressat hat ein Interesse an ungehinderter und unverzüglicher Ausnutzung der Begünstigung, meist einer bau- oder gewerberechtlichen Genehmigung oder Erlaubnis, die ein präventives Verbot mit Erlaubnisvorbehalt beseitigt. Wird der Adressat durch eine ungerechtfertigte aufschiebende Wirkung am Ge-

---

[61] Problematischer ist, ob die Anordnung der sofortigen Vollziehung auch bei überwiegendem Beteiligteninteresse im Ermessen der Behörde steht. Siehe dazu Kapitel 3 II 2 d.

[62] Siehe oben Kapitel 2 II 1.

brauch der Genehmigung gehindert, so können bei ihm ebenso wie beim Rechtsbehelfsführer durch die Vollziehung eines rechtswidrigen Verwaltungsakts irreparable Schäden eintreten, wenn er z. B. nach Jahren im Hauptverfahren obsiegt, das Projekt aber wegen gestiegener Kosten unwirtschaftlich geworden ist[63].

Das Interesse des Beschwerten ist dagegen darauf gerichtet, die Vollziehung des angefochtenen Verwaltungsakts bis zum Abschluß des Anfechtungsverfahrens in der Hauptsache zu verhindern. § 80 Abs. 2 Nr. 4, 2. Alternative gibt in diesem Konflikt der Behörde die Möglichkeit, schützenswerte Interessen des begünstigten Beteiligten, die durch aufschiebende Wirkung beeinträchtigt würden, zu berücksichtigen. Zugleich soll die Regelung verhindern, daß der Grundsatz der aufschiebenden Wirkung, der die Verwirklichung effektiven Rechtsschutzes für den Rechtsbehelfsführer gewährleisten soll, dazu mißbraucht wird, die Verwirklichung der Grundrechte des Adressaten — etwa des Art. 14 GG bei Ausnutzen einer Baugenehmigung — ungerechtfertigt, d. h. dem Sinn der aufschiebenden Wirkung nicht angemessen, hinauszuschieben[64]. Im Gegensatz zur Anordnung im besonderen öffentlichen Vollzugsinteresse, wo sie selbst öffentliche Interessen vertreten muß, befindet sich die Behörde hier in der Rolle des Interessenvermittlers — nach dem Bundesverwaltungsgericht des Schiedsrichters[65] — zwischen privaten Interessen. Ob die Behörde tatsächlich immer so neutral ist, ob sie es überhaupt sein kann, ist vor allem deshalb zu bezweifeln, weil sie selbst den Verwaltungsakt erlassen hat und von seiner Rechtmäßigkeit überzeugt gewesen sein muß. Darüber hinaus bestehen aber auch sehr oft zusätzlich öffentliche Interessen am sofortigen Vollzug, die die Interessenneutralität der Behörden verhindern. Zutreffend an dem vom Bundesverwaltungsgericht gewählten Bild von der Behörde als Schiedsrichter ist jedoch, daß die Behörde sich bei der Entscheidung über den Sofortvollzug nach § 80 Abs. 2 Nr. 4, 2. Alternative um einen gerechten Interessenausgleich zwischen den Beteiligten und dem Rechtsbehelfsführer zu bemühen hat.

b) Der Begriff des Beteiligten

§ 80 Abs. 2 Nr. 4 gestattet die Anordnung des Sofortvollzugs im überwiegenden Interesse eines Beteiligten. Der Beteiligtenbegriff ist in § 63 für das Verfahren vor dem Verwaltungsgericht definiert. „Beteiligte" sind danach außer Kläger und Beklagtem, die nach § 65 Beigeladenen, also Personen, deren rechtliche Interessen durch die Entscheidung des

[63] Simon, BayVBl. 1966, 267, 268.

[64] BVerwG, Beschl. v. 22. 11. 1965, DVBl. 1966, 273, 274.

[65] BVerwG, Beschl. v. 22. 11. 1965, DVBl. 1966, 273, 274; ebenso Finkelnburg, RN 653.

Gerichts berührt werden (§ 65 Abs. 1)[66]. Regelungen, die eine entsprechende Anwendung der Bestimmung auf die Auslegung des § 80 Abs. 2 Nr. 4 ausschließen, hat der Gesetzgeber nicht getroffen. Die Definition des Beteiligten aus §§ 63, 65 stimmt auch im Ergebnis mit der aus der Funktion des § 80 Abs. 2 Nr. 4, 2. Alternative abzuleitenden Bestimmung des Beteiligtenbegriffs überein. Durch § 80 Abs. 2 Nr. 4, 2. Alternative soll u. a. der begünstigte Adressat des Verwaltungsakts vor ungerechtfertigten Nachteilen durch die aufschiebende Wirkung bewahrt werden. Beteiligter i. S. des § 80 Abs. 2 Nr. 4, 2. Alternative ist daher außer dem Anfechtenden jeder, dessen Rechte durch den angefochtenen Verwaltungsakt berührt werden, der also auch im Anfechtungsprozeß nach § 65 beigeladen werden könnte, insbesondere der begünstigte Adressat[67].

Außerrechtliche, wirtschaftliche, soziale oder ideelle Interessen erfüllen nach dem Wortlaut des § 65 Abs. 1 eindeutig nicht die Voraussetzungen einer Beiladung[68] und begründen daher nach § 63 nicht die Beteiligtenfähigkeit[69].

c) Ermittlung eines überwiegenden Beteiligteninteresses

aa) Interessenabwägung

Ein überwiegendes Interesse eines Beteiligten an der sofortigen Vollziehung des Verwaltungsakts setzt die im Wege einer Abwägung getroffene Feststellung voraus, daß die sofortigen Vollzugsinteressen die Interessen des Rechtsbehelfsführers am Aufschub der Vollziehung bis zur Entscheidung in der Hauptsache überwiegen. Die Verwaltungsbehörde muß diese Interessen ermitteln und gegeneinander abwägen[70].

Die Methode der Interessenabwägung entspricht dabei grundsätzlich der oben für die Ermittlung des öffentlichen Interesses am Sofortvollzug geschilderten[71]. Der Nachteil, der dem Rechtsbehelfsführer bei Vollziehung des angefochtenen Verwaltungsakts entstünde, unterstellt der Verwaltungsakt wäre rechtswidrig und der Rechtsbehelf wäre erfolgreich, muß mit dem Nachteil des begünstigten Adressaten bzw. des an einer sofortigen Vollziehung interessierten Beteiligten, ver-

---

[66] Im Ergebnis entspricht diese Definition auch dem Beteiligtenbegriff des VwVfG aus § 13 VwVfG.

[67] Finkelnburg, RN 412.

[68] Kopp, VwGO, § 65 RN 9.

[69] Finkelnburg, RN 412.

[70] Für die Beibehaltung der Interessenabwägung als Voraussetzung der Anordnung sofortiger Vollziehung bei Verwaltungsakten mit Drittwirkung bei Neuregelung des vorläufigen Rechtsschutzes in der Verwaltungsprozeßordnung: Meyer-Ladewig, DVBl. 1982, 117, 120.

[71] Siehe oben Kapitel 3 II 1 b.

glichen werden, der diesem durch den Aufschub der Vollziehung droht, unterstellt, der Rechtsbehelf wäre in der Hauptsache erfolglos. Dabei muß der Nachteil des begünstigten Beteiligten den des Rechtsbehelfsführers übersteigen, soll sein Interesse das für die Anordnung der sofortigen Vollziehung erforderliche Übergewicht über das Aufschubinteresse haben[72].

Während für das Aufschubinteresse in dieser Abwägung, wie oben bei der Feststellung des öffentlichen Vollzugsinteresse dargestellt[73], die durch die Vollziehung des Verwaltungsakts möglicherweise betroffenen oder gefährdeten Rechtsgüter des Rechtsbehelfsführers relevant sind, sollen zugunsten des Vollzugsinteresses des Beteiligten alle seine durch den Aufschub des Verwaltungsakts eventuell benachteiligten rechtlich geschützten Interessen berücksichtigt werden. Wegen der Methode der Abwägung der hypothetischen Nachteile ist jeweils die Verletzung dieser Interessen ein abwägungsrelevanter Nachteil.

bb) Die auf das bloße Verwirklichungsinteresse des Beteiligten und die Erfolgsaussichten des Rechtsbehelfs abstellende Rechtsprechung des Bundesverwaltungsgerichts

Anders als für ein besonderes öffentliches Vollzugsinteresse gefordert, verlangen das Bundesverwaltungsgericht[74] und die ihm überwiegend zustimmende Literatur[75] und Rechtsprechung[76] bei der Ermittlung des die Anordnung der sofortigen Vollziehung rechtfertigenden Beteiligteninteresses schon in Normalfällen des vorläufigen Rechtsschutzes nach § 80 Abs. 1 und Abs. 2 Nr. 4 nicht etwa nur bei Großprojekten kein besonderes Eilinteresse, wenn die Behörde die Erfolgsaussichten des Rechtsbehelfs schon negativ einschätzt.

Nach den zur Ermittlung des öffentlichen Vollzugsinteresses entwickelten Maßstäbe wäre ein konkretes Dringlichkeitsinteresse an der Ausnutzung der Genehmigung vor Rechtskraft der Entscheidung im Hauptsacheverfahren über eine schon erfolgte oder zu erwartende Anfechtung erforderlich. Auf die Ermittlung dieses Eilinteresses scheint das Bundesverwaltungsgericht zu verzichten.

Ein überwiegendes Beteiligteninteresse an der sofortigen Vollziehung will das Bundesverwaltungsgericht nämlich schon dann annehmen,

---

[72] So auch Martens, Suspensiveffekt, S. 33 für die Interessenabwägung bei § 80 Abs. 5, die sich nach den Maßstäben des § 80 Abs. 2 Nr. 4 richtet.

[73] Siehe oben Kapitel 3 II 1 c.

[74] BVerwG, Beschl. v. 22. 11. 1965, DVBl. 1966, 273, 274.

[75] Finkelnburg, RN 414; Lothar Schmitt, BayVBl. 1966, 273, 274; Simon, BayVBl. 1966, 267, 268.

[76] BayVGH, Beschl. v. 15. 12. 1976, BayVBl. 1976, 368; BayVGH, Beschl. v. 20. 5. 1976, BayVBl. 1977, 566.

wenn das eingelegte Rechtsmittel mit erheblicher Wahrscheinlichkeit erfolglos bleiben müßte und außerdem dessen aufschiebende Wirkung den Beteiligten gegenüber unbillig wäre[77]. Die Unbilligkeit liege z. B. dann vor, wenn dem Bauwilligen die Nutzung seines Eigentums durch Gebrauch der ihm erteilten Genehmigung verwehrt werde, obwohl die Behörde nach sorgfältiger Prüfung der Erfolgsaussichten einer vom Nachbarn angestrengten Anfechtungsklage zu dem Ergebnis gekommen sei, die Klage sei sachlich nicht gerechtfertigt und müsse letzten Endes erfolglos bleiben[78]. Das Bundesverwaltungsgericht läßt demnach bei der Interessenabwägung das bloße „Verwirklichungsinteresse" des durch eine Genehmigung oder Erlaubnis Begünstigten ausreichen, das vom Grundrechtsschutz für die erlaubte Tätigkeit immer mit umfaßt ist und hält dieses Interesse für überwiegend i. S. des § 80 Abs. 2 Nr. 4, wenn der Rechtsbehelf gegen die Genehmigung mit erheblicher Wahrscheinlichkeit erfolglos sein wird. Es verlangt in diesem Fall kein konkretes Verwirklichungsinteresse und erst recht kein sofortiges Vollzugsinteresse. Das Bundesverwaltungsgericht begründet diesen Unterschied zur Anordnung im öffentlichen Vollzugsinteresse mit dem Argument, beim Sofortvollzug im öffentlichen Interesse müsse Bürgerinteresse gegenüber staatlicher Macht zurückstehen, während beim Interesse des Adressaten an der sofortigen Vollziehung des Verwaltungsakts mit Drittwirkung Bürgerinteresse gegen Bürgerinteresse stehe. In dieser Situation müsse die Behörde den Schutz der Grundrechte des begünstigten Adressaten ebenso gewährleisten, wie die Sicherung des Rechtsschutzanspruchs des Rechtsbehelfsführers[79].

cc) Kritik an der Rechtsprechung des Bundesverwaltungsgerichts

In der Tat umfaßt der Grundrechtsschutz grundsätzlich auch die Freiheit des Rechtssubjekts, zu bestimmen, wann es die erlaubte Tätigkeit ausübt, bzw. von der Genehmigung oder Erlaubnis Gebrauch macht. Die Argumentation des Bundesverwaltungsgerichts ist jedoch in zweierlei Hinsicht kritikwürdig und seine Entscheidung daher nicht als Grundsatzentscheidung für die Anwendung des § 80 Abs. 2 Nr. 4 bei Verwaltungsakten mit Drittwirkung geeignet.

Einmal ist die Argumentation bedenklich, weil sie sich auf die Beurteilung der Erfolgsaussichten des Rechtsbehelfs der Behörde stützt, deren Problematik oben schon dargelegt wurde, und die jedenfalls der Anordnung des Sofortvollzugs im öffentlichen Interesse nach § 80 Abs. 2

---

[77] BVerwG, Beschl. v. 22. 11. 1965, DVBl. 1966, 273, 274.

[78] Ebd.

[79] BVerwG, Beschl. v. 22. 11. 1965, DVBl. 1966, 273, 274.

Nr. 4 nur in beschränktem Umfang zugrundegelegt werden darf[80]. Vor allem aber bedeutet der Verzicht auf die besondere Dringlichkeit der Anordnung des Sofortvollzugs bei Ermittlung fehlender Erfolgsaussichten durch die Behörde eine Gefahr für die Effektivität des Rechtsschutzes des Rechtsbehelfsführers. Sinn und Zweck des vorläufigen Rechtsschutzes durch die aufschiebende Wirkung nach § 80 ist die Sicherung des effektiven Rechtsschutzes des Rechtsbehelfsführers[81]. Die verfassungsmäßige Forderung nach Sicherung effektiven Rechtsschutzes aus Art. 19 Abs. 4 GG läßt zwar Modifizierungen in der Art und Weise der Gewährleistung vorläufigen Rechtsschutzes zu, schreibt also z. B. nicht die Automatik des Eintritts der aufschiebenden Wirkung vor[82].

Bei allen Meinungsverschiedenheiten über die richtige Art und Weise der Gewährung effektiven Rechtsschutzes ist jedoch unbestritten, daß aus Art. 19 Abs. 4 GG eine verfassungsrechtliche Forderung nach Gewährleistung des wirksamen vorläufigen Rechtsschutzes folgt. Der konkret vom Gesetzgeber durch die Regelung des § 80 gewählte Weg der Absicherung des Rechtsschutzes durch den automatischen Eintritt der aufschiebenden Wirkung stellt den vorläufigen Rechtsschutz gegen Verwaltungsakte sicher, indem er die Schaffung vollendeter Tatsachen vor Überprüfung der Rechtmäßigkeit des Verwaltungsakts verhindert und diesen Schutz ohne vorherige Überprüfung und unabhängig von einer positiven Entscheidung einer Behörde oder eines Gerichts über die Berechtigung der Rechtsschutzgewährung eintreten läßt.

Die Funktionsfähigkeit der aufschiebenden Wirkung als Absicherung gegen vollendete Tatsachen verlangt, daß die sofortige Vollziehung prinzipiell ausgeschlossen und nur in Ausnahmefällen zugelassen ist[83]. Eine solche Ausnahmesituation besteht, wenn die Vollziehung besonders dringlich ist und andernfalls durch die Nichtvollziehung ein Schaden einträte, der größer wäre als der des Rechtsbehelfsführers bei Wegfall der aufschiebenden Wirkung. Diese Überlegungen, die auf dem grundsätzlichen Vorrang des Aufschubinteresses beruhen, der sich auf Art. 19 Abs. 4 stützen läßt, fordern ein besonderes Dringlichkeitsinteresse, das das Interesse am Aufschub überwiegt, als Voraussetzung der sofortigen Vollziehung und nicht nur ein einfaches Vollziehungs- oder Verwirklichungsinteresse.

---

[80] Siehe dazu oben Kapitel 3 II 1 d.

[81] Siehe dazu näher unten Kapitel 3 V.

[82] Martens, Suspensiveffekt, S. 15, 16, der die Ansicht vertritt, der Suspensiveffekt sei nicht durch Art. 19 Abs. 4 GG geboten, kann insofern zugestimmt werden, als Art. 19 Abs. 4 GG tatsächlich nur vorläufigen Rechtsschutz fordert, nicht die Einhaltung des konkret in § 80 geregelten Verfahrens.

[83] BVerfGE 35, 263, 272; zum Regel-Ausnahme-Verhältnis in § 80 siehe weitere Ausführungen unten, Kapitel 3 IV.

Insofern besteht vom Standpunkt des Rechtsbehelfsführers betrachtet kein Unterschied zwischen der Sicherung des Rechtsschutzes gegen einen Verwaltungsakt, dessen Vollzug im öffentlichen Interesse erhoben wird und der Sicherung des Rechtsschutzes gegen einen Verwaltungsakt mit Drittwirkung. In beiden Fällen wendet sich der durch den Verwaltungsakt belastete Rechtsbehelfsführer gegen eine behördliche Entscheidung, die seine Rechte möglicherweise verletzt. So belastet ihn z. B. der Erlaß einer rechtswidrigen Baugenehmigung, die unter Verletzung nachbarschützender Vorschriften zustandegekommen ist, ebenso wie der Erlaß eines rechtswidrigen belastenden Verwaltungsakts. Das Schutzbedürfnis des betroffenen Dritten wird nicht dadurch verändert, daß die Entscheidung, wann der Bau begonnen wird, durch den Nachbarn, also einen anderen Bürger gefällt wird. Nur die rechtsmißbräuchliche Ausnutzung der aufschiebenden Wirkung beseitigt die Schutzwürdigkeit des Rechtsbehelfsführers und begründet ein erhöhtes Schutzbedürfnis des begünstigten Beteiligten.

Das Verwirklichungsinteresse des Beteiligten wird, ebenso wie seine prinzipielle grundrechtlich geschützte Freiheit und die Nutzung seines Eigentums durch den Erlaubnisvorbehalt, auch zulässigerweise durch die aufschiebende Wirkung des nicht rechtsmißbräuchlich eingelegten Rechtsbehelfs beschränkt.

Das Verwirklichungsinteresse entspricht gegenüber dem Aufschubinteresse nur dem einfachen Vollzugsinteresse, das jedem Verwaltungsakt innewohnt und kann deswegen das Interesse des Rechtsbehelfsführers, ihn vor den Folgen der Vollziehung des Verwaltungsakts bis zum Abschluß einer gerichtlichen Überprüfung zu verschonen, nicht überwiegen.

Die Prognose der Behörde über die Erfolgsaussichten des Rechtsbehelfs kann für die Feststellung eines Mißbrauchs der aufschiebenden Wirkung durch den Rechtsbehelfsführer von Bedeutung sein. Offensichtliche Unzulässigkeit oder Unbegründetheit des Rechtsbehelfs können ein Indiz dafür sein, daß der Rechtsbehelfsführer die aufschiebende Wirkung rechtsmißbräuchlich ausnutzt, d. h. daß es ihm ersichtlich nicht um die Gewährung von Rechtsschutz, sondern nur um das Ausnutzen der aufschiebenden Wirkung geht. Die Bezeichnung eines Verhaltens als rechtsmißbräuchlich verlangt jedoch die Feststellung dieser Mißbrauchsabsicht[84]. Bei objektiv feststellbarem Rechtsmißbrauch ist das Aufschubinteresse des Rechtsbehelfsführers nicht schützenswert; dem Adressaten dann den Aufschub zuzumuten, wäre unbillig.

---

[84] Mißbrauchsabsicht ist z. B. zu vermuten, wenn die Anfechtung im Verlaufe eines schon lange währenden Nachbarstreites erfolgt und offensichtlich der begünstigte Beteiligte schikaniert werden soll.

Im übrigen dürfen nur die offensichtlichen Erfolgsaussichten und in beschränktem Umfang auch die Mißerfolgsaussichten des Rechtsbehelfs[85] in die Interessenabwägung mit einfließen. Jede weitergehende Berücksichtigung der Erfolgsaussichten durch die Behörde bei der Interessenabwägung zwischen Rechtsbehelfsführer- und Beteiligteninteressen liefe der geschilderten Sicherungsfunktion des vorläufigen Rechtsschutzverfahrens zuwider. Sie schwächte die Wirksamkeit der Absicherung des effektiven Rechtsschutzes des Rechtsbehelfsführers, indem sie die Aufrechterhaltung der aufschiebenden Wirkung von einer behördlichen Kontrollinstanz abhängig machte. Die oben bei der Erörterung des besonderen öffentlichen Vollzugsinteresses angeführten Bedenken gegen eine Berücksichtigung nicht nur offensichtlicher Erfolgs- oder Mißerfolgsaussichten, z. B. die Bedenken gegen die Behörde als Kontrollinstanz in eigener Sache, gelten genauso für die Anordnung des Sofortvollzugs im überwiegenden Beteiligteninteresse[86].

Die Argumentation des Bundesverwaltungsgerichts, ein überwiegendes Beteiligteninteresse i. S. des § 80 Abs. 2 Nr. 4, 2. Alternative liege schon dann vor, wenn der eingelegte Rechtsbehelf mit erheblicher Wahrscheinlichkeit erfolglos bleiben werde und zugleich die Fortdauer der aufschiebenden Wirkung dem begünstigten Beteiligten unbillig erscheinen müßte, wobei Unbilligkeit bei Verwehrung der Nutzung seines Eigentums durch einen als erfolglos eingeschätzten Rechtsbehelf bestehen soll, ist daher nicht haltbar. Sie darf keinesfalls als Leitlinie für die Ermittlung eines überwiegenden Beteiligteninteresses in anderen Fällen fungieren[87], da grundsätzlich auf das Vorliegen eines Dringlichkeitsinteresses auch bei Anordnung sofortiger Vollziehung im Beteiligteninteresse nicht verzichtet und darüber hinaus die Feststellung des überwiegenden Vollziehungsinteresses nicht auf die Prognose der Erfolgsaussichten durch die Behörde gestützt werden darf.

Die in der Entscheidung des Bundesverwaltungsgerichts maßgeblichen Gründe für die Annahme einer Unbilligkeit der aufschiebenden Wirkung für den Beteiligten können allerdings auch in die Interessenabwägung einfließen. Die Tatsache, daß der Rechtsbehelfsführer schon in der verwaltungsgerichtlichen Berufungsinstanz unterlegen war[88], kann in der Interessenabwägung berücksichtigt werden, wo sie das Aufschubinteresse abschwächt. Weil sich die Behörde dabei auf eine gerichtliche Beurteilung der Erfolgsaussichten stützt und weil sie nur

[85] Siehe dazu oben die Ausführungen zur Feststellung des besonderen öffentlichen Sofortvollzugsinteresses, Kapitel 3 II 1 d.

[86] Siehe oben Kapitel 3 II 1 d.

[87] Als solche wird sie in der Literatur jedoch praktisch hervorgehoben, vgl. Finkelnburg, RN 414; Simon, BayVBl. 1966, 267, 268.

[88] BVerwG, Beschl. v. 22. 11. 1965, DVBl. 1966, 273, 274.

insofern eine eigene Entscheidung über die Erfolgsaussichten des Rechtsbehelfs trifft, als sie sich entscheiden muß, ob sie der gerichtlichen Auffassung folgen kann, sind die Bedenken gegenüber einer Berücksichtigung der Aussichten eines Rechtsbehelfs hier geringer, als gegenüber einer Prognose der Behörde vor einer gerichtlichen Entscheidung. Der Zweck der aufschiebenden Wirkung, die gerichtliche Überprüfung des Verwaltungsakts abzusichern, ist hier schließlich schon zum Teil erreicht.

Daß der Nachbar hier schon in 2. Instanz unterlegen ist, könnte auch ein Indiz für einen Rechtsmißbrauch der aufschiebenden Wirkung sein, wäre aber keinesfalls ausreichend dafür. Allein ausschlaggebend für die Annahme eines überwiegenden Beteiligteninteresses an sofortiger Vollziehung darf auch eine auf gerichtliche Entscheidungen in derselben Sache gestützte Prognose der Behörde nicht sein. Vielmehr ist dazu immer ein besonderes Dringlichkeitsinteresse des Beteiligten und eine konkrete Interessenabwägung erforderlich.

Ein Dringlichkeitsinteresse an der Vollziehung, das in die Abwägung mit dem Aufschubinteresse einfließen und im konkreten Fall ein überwiegendes Beteiligteninteresse an sofortiger Vollziehung begründen könnte, besteht etwa, wenn das Projekt nach Ablauf der für das Hauptverfahren erforderlichen Zeit aus technischen oder aus wirtschaftlichen Gründen undurchführbar wäre, wenn es praktisch wegen der aufschiebenden Wirkung scheitern würde[89] oder wenn die Existenz eines Betriebs wegen Raumnot gefährdet wäre[90]. Dagegen kann allein das Steigen der Baupreise kein Interesse an sofortiger Verwirklichung begründen[91], vielmehr kommt es hier auf das Ausmaß der Preissteigerungen und deren Auswirkung auf das Projekt und die Nutzbarkeit des Eigentums des Rechtsbehelfsführers an.

d) Anspruch des Beteiligten auf Anordnung der sofortigen Vollziehung

Ob die Verwaltungsbehörde zur Anordnung der sofortigen Vollziehung verpflichtet ist und der Beteiligte einen Anspruch auf die Anordnung hat, wenn die Interessenabwägung ein überwiegendes Interesse eines Beteiligten an der sofortigen Vollziehung ergibt oder ob die Behörde aus anderen Gründen, etwa solchen des öffentlichen Interesses die Anordnung ablehnen kann, ist in Rechtsprechung und Literatur streitig[92].

---

[89] Finkelnburg, RN 653.

[90] Finkelnburg, RN 653.

[91] Finkelnburg, RN 653, ist anderer Ansicht.

[92] Für ein Ermessen der Behörde: Eyermann/Fröhler, § 80 RN 28, Lothar Schmitt, BayVBl. 1977, 554, 555; trotz Annahme einer Verpflichtung zur An-

Der Wortlaut des § 80 Abs. 2 Nr. 4 stellt die Anordnung in das Ermessen der Behörde, da die Formulierung „in Fällen, in denen angeordnet wird" keine Verpflichtung der Behörde erkennen läßt, sondern nur die Möglichkeit der Anordnung. Dies erscheint bei überwiegendem Beteiligteninteresse im Gegensatz zum öffentlichen Sofortvollzugsinteresse problematisch, weil hier die Verwirklichung von Rechten und Grundrechten des Beteiligten auf dem Spiel steht. Wurde dem begünstigten Beteiligten zunächst durch den Erlaß des Verwaltungsakts von der Behörde bescheinigt, daß er einen Anspruch auf die Begünstigung hat, dann soll nach einer Ansicht die Behörde nicht mehr befugt sein, seine Verwirklichung zu verhindern, wenn die Voraussetzungen einer sofortigen Vollziehung schon erfüllt sind[93]. Bei Feststellung eines überwiegenden Beteiligteninteresses bestünden, so wird behauptet, außerdem keine rechtsstaatlich anerkennenswerten Erwägungsspielräume für eine Ermessensentscheidung über die Anordnung mehr, nachdem die Interessenabwägung ein solches Beteiligteninteresse ergeben hat[94].

Diese Bedenken können jedoch nicht schon einen Rechtsanspruch des Beteiligten auf die Anordnung der sofortigen Vollziehung bei Vorliegen eines überwiegenden Beteiligteninteresses begründen. Zwar besteht bei der Anordnungsentscheidung kein Raum mehr für Erwägungen, die schon in die Interessenabwägung zur Ermittlung des überwiegenden Vollzugsinteresses mit einfließen müssen, andere sachgerechte, d. h. nicht willkürliche Erwägungen, die gegen die Anordnung der sofortigen Vollziehung sprechen, sind jedoch durchaus noch denkbar. Die Berücksichtigung solcher Argumente in der Ermessensausübung mit der Konsequenz der Ablehnung der sofortigen Vollziehung ist entgegen der Ansicht Löwers[95] nicht willkürlich oder rechtsstaatswidrig. So könnte es die Verwaltungsbehörde z. B. aus politischen Gründen für opportun halten, die Anordnung noch hinauszuschieben oder auf sie zu verzichten oder es könnte ein öffentliches Interesse an einer gerichtlichen Überprüfung bzw. Bestätigung der Rechtmäßigkeit der Genehmigung vor deren Verwirklichung bestehen, was gerade bei den fast immer umstrittenen Großprojekten im Sinne des Rechtsfriedens liegen kann. Für

---

ordnung sofortiger Vollziehung bei überwiegendem Beteiligteninteresse wohl auch Bender, NJW 1966, 1989, 1991; VG Würzburg, Beschl. v. 13. 5. 1977, NJW 1977, 1980; VGH Bad.-Württ., Beschl. v. 21. 10. 1974, ESVGH 25, 110. Gegen ein Ermessen: Finkelnburg, RN 415; Löwer, BayVBl. 1969, 268. Für „Ermessensreduzierung auf Null": Kopp, VwGO, § 80 RN 61; Sailer, BayVBl. 1968, 86 f.; Guthardt, DVBl. 1972, 567, 571.

[93] So Löwer, BayVBl. 1969, 268, 271; im Ergebnis ebenso Sailer, BayVBl. 1968, 86 f.

[94] So Löwer, BayVBl. 1969, 268, 271.

[95] Löwer, BayVBl. 1969, 268, 271; VG Würzburg, Beschl. v. 13. 5. 1977, NJW 1977, 1980, 1981.

Ermessensausübung ist also auch bei überwiegendem Beteiligteninteresse noch Raum.

Die Behörde hat daher nach pflichtgemäßem Ermessen zu entscheiden, ob sie die sofortige Vollziehung anordnet[96]. Bei Ausübung dieses Ermessens muß allerdings dem Gewicht des in der Interessenabwägung ermittelten überwiegenden Beteiligteninteresses am Sofortvollzug in der Regel eine so große Bedeutung beigemessen werden, daß sich häufig eine Reduktion des Ermessens der Behörde auf die Anordnung der sofortigen Vollziehung als einzig zulässige Entscheidung ergeben wird[97]. Insbesondere entspricht nur noch die Anordnung der sofortigen Vollziehung einer pflichtgemäßen Ermessensausübung, wenn das überwiegende Beteiligteninteresse am Sofortvollzug wegen mißbräuchlicher Einlegung des Rechtsbehelfs besteht. Die durch rechtsmißbräuchlichen Rechtsbehelf eingetretene aufschiebende Wirkung muß die Behörde aufheben, sie schränkt den Beteiligten unzumutbar und unbillig ein. Die Behörde darf sie nicht zum Anlaß für die Verfolgung anderer Interessen am Aufschub nehmen. Auch bei überwiegendem Beteiligteninteresse wegen offensichtlich unzulässiger Anfechtung, etwa wegen eindeutig fehlender Klagebefugnis des Rechtsbehelfsführers und besonderem Dringlichkeitsbedürfnis wird in der Regel das Interesse an der Beseitigung der aufschiebenden Wirkung so groß sein, daß die Behörde zur Anordnung der sofortigen Vollziehung verpflichtet sein wird. Ob dies tatsächlich der Fall ist, kann zwar nur im konkreten Einzelfall festgestellt werden, das Bestehen durchschlagender Ermessenserwägungen der Behörde gegen die sofortige Vollziehung kann jedoch in diesen Fällen fast ausgeschlossen werden.

Steht die Anordnung der sofortigen Vollziehung auch bei überwiegendem Beteiligteninteresse prinzipiell im Ermessen der Behörde, so hat doch der Beteiligte jedenfalls einen Anspruch auf die Ausübung dieses Ermessens.

3. Begründungspflicht und Form der Anordnung des Sofortvollzugs

Die Anordnung der sofortigen Vollziehung nach § 80 Abs. 2 Nr. 4 muß ausdrücklich erfolgen, wird also nicht stillschweigend durch Vollzug des Verwaltungsakts ersetzt[98]. Dies ist schon dem Wortlaut des § 80 Abs. 2

---

[96] Lothar Schmitt, BayVBl 1977, 554, 555; Eyermann/Fröhler, § 80 RN 28; Simon, BayVBl 1966, 267, 268; grundsätzlich ebenso, jedoch mit einem Hinweis auf die Reduzierung des Ermessens auf einen Anspruch des Beteiligten als einzig rechtmäßige Entscheidung, Kopp, VwGO, § 80 RN 61. Anders Finkelnburg, der bei überwiegendem Beteiligteninteresse Anordnungspflicht annimmt, RN 415.

[97] Ebenso Kopp, VwGO, § 80 RN 61.

[98] Kopp, VwGO, § 80 RN 62; Finkelnburg, RN 422, 423.

Nr. 4 zu entnehmen, wonach die sofortige Vollziehung „besonders angeordnet“ wird. Das besondere Interesse an der sofortigen Vollziehung des Verwaltungsakts muß die Verwaltungsbehörde nach § 80 Abs. 3 schriftlich begründen, wenn nicht die Voraussetzungen besonderer Notstandsmaßnahmen nach § 80 Abs. 3 S. 2 vorliegen. Diese Vorschrift verdeutlicht zusätzlich, daß die Anordnung der sofortigen Vollziehung einer besonderen Rechtfertigung durch ein besonderes Vollzugsinteresse bedarf. § 80 Abs. 3 S. 1 geht als die speziellere Regelung den Ausnahmen von der Begründungspflicht nach § 39 Abs. 2 VwVfG vor. Die Begründung darf nicht formelhaft sein, sondern muß auf den konkreten Fall abgestellt sein und verdeutlichen, warum die Behörde ein besonderes öffentliches Interesse an der sofortigen Vollziehung angenommen hat[99], um dem Betroffenen die Einschätzung der Erfolgsaussichten eines Antrags auf Wiederherstellung der aufschiebenden Wirkung nach § 80 Abs. 5 zu ermöglichen. Außerdem soll sie Verwaltungsgericht und Öffentlichkeit die Kontrolle der Rechtmäßigkeit des Handelns der Verwaltungsbehörde erleichtern und nicht zuletzt die Behörde zu einer Interessenabwägung vor der Anordnung zwingen[100].

Fehlt die erforderliche Begründung, ist die Anordnung rechtswidrig und auf einen Antrag nach § 80 Abs. 4 oder Abs. 5 aufzuheben[101]. Wegen der besonderen Warn- und Informationsfunktion der Begründungspflicht kann die Begründung im Verfahren nach § 80 Abs. 5 grundsätzlich nicht nachgeschoben oder ausgewechselt werden[102].

III. Bedenken gegenüber einer unveränderten Anwendung des § 80 Abs. 2 Nr. 4 auf Großprojekte

Die in Form von Planfeststellungsbeschlüssen oder normalen Verwaltungsakten mit Drittwirkung erlassenen Genehmigungen von Großprojekten werden fast immer wegen überwiegenden Interesses eines Beteiligten sofort bei Erlaß für vollziehbar erklärt, und da die Großprojekte oft wichtige Versorgungsaufgaben zu erfüllen haben, erfolgt die Anordnung regelmäßig zugleich wegen besonderen öffentlichen Interesses am Sofortvollzug[103]. Öffentliche Vollzugsinteressen können

---

[99] Kopp, VwGO, § 80 RN 63; Finkelnburg, RN 427, 428; Lothar Schmitt, BayVBl. 1977, 554, 556.

[100] Finkelnburg, RN 426; Lothar Schmitt, BayVBl. 1977, 554, 556.

[101] Kopp, VwGO, § 80 RN 64; Finkelnburg, RN 431; Sellner, RN 398.

[102] Kopp, VwGO, RN 64; Finkelnburg, RN 432; Sellner, RN 398.

[103] Siehe z. B. Planfeststellungsbeschluß Flughafen München der Regierung von Oberbayern, S. 611 f., wo Sicherheitsbelange, Planungssicherheit, Verkehrsbedürfnis, Verwirklichung verschiedener öffentlicher Zielsetzungen als öffentliche Sofortvollzugsinteressen neben den überwiegenden Interessen

außerdem auch mit den überwiegenden Beteiligteninteressen identisch sein, wenn der Adressat der Genehmigung des Großprojekts eine öffentlich-rechtliche Körperschaft ist oder ein von einer öffentlich-rechtlichen Körperschaft getragenes Unternehmen, was bei Großprojekten nicht selten der Fall ist[104].

Die Anordnung der sofortigen Vollziehung erfolgt nach § 80 Abs. 2 Nr. 4. Spezielle gesetzliche Regelungen für den vorläufigen Rechtsschutz bei Großprojekten sind nicht vorhanden. Der Entwurf des Bundesministers der Justiz von 1982 zu einer Neuregelung der Verwaltungsprozeßordnung sieht zwar einen besonderen Paragraphen über den einstweiligen Rechtsschutz bei Verwaltungsakten mit Doppelwirkung vor (§ 136 EVwPO 1982), der es bei dem Grundsatz der aufschiebenden Wirkung durch die Anfechtung mit der Möglichkeit der Anordnung der sofortigen Vollziehung beläßt[105] und daher wohl kaum die dargestellten Voraussetzungen der Anordnung der sofortigen Vollziehung verändern wird. Der Entwurf enthält jedoch keine besondere Regelung für den vorläufigen Rechtsschutz bei Großprojekten. Er ist bisher noch nicht Gesetz geworden.

Grundsätzlich sind daher die oben erörterten Voraussetzungen der Anordnung der sofortigen Vollziehung auch für den vorläufigen Rechtsschutz bei Großprojekten maßgeblich. So müßte insbesondere auch dort ein konkretes Dringlichkeitsinteresse sowohl für die Anordnung im öffentlichen als auch im Beteiligteninteresse vorliegen und eine Interessenabwägung zwischen Aufschub- und Vollzugsinteressen ein überwiegendes Vollzugsinteresse ergeben, wobei lediglich die offensichtlichen Erfolgs- oder Mißerfolgsaussichten des Rechtsbehelfs — und auch diese nur in beschränktem Maße — in der Abwägung berücksichtigt werden dürften.

Demgegenüber scheint jedoch in Rechtsprechung und Literatur verschiedentlich davon ausgegangen zu werden, daß die Anwendung dieser Voraussetzung den besonderen Anforderungen des Rechtsschutzes bei Großprojekten nicht gerecht werden kann. Diese Kritik geht von zwei grundsätzlich verschiedenen Gruppen aus, die eine Modifizierung der

---

der FMG als Trägerin des Projekts angeführt sind; bei Straßenbauprojekten begründen die Verkehrsbedürfnisse in der Regel ein öffentliches Interesse, vgl. z. B. OVG Lüneburg, Beschl. v. 7. 8. 1956, VkBl. 1956, 755 oder VGH München, Beschl. v. 3. 5. 1960, BayVBl. 1960, 156, 357; bei der Genehmigung von Kernkraftwerken begründet schließlich das öffentliche Interesse an gesicherter Energieversorgung das öffentliche Interesse an sofortiger Vollziehung, vgl. VGH Mannheim, ET 73, 250, weitere Nachweise siehe Degenhart, S. 89.

[104] Vgl. Flughafen München GmbH (FMG) mit den Gesellschaftern Freistaat Bayern, Bundesrepublik Deutschland und Landeshauptstadt München.

[105] Siehe die Begründung des Entwurfs des Bundesministers der Justiz vom Januar 1982, S. 275.

Kriterien des behördlichen Anordnungsverfahrens aus genau gegensätzlichen Motiven und gegensätzlichen Zielen fordern. Eine Gruppe ist der Ansicht, nur die regelmäßige Anordnung der sofortigen Vollziehung gewährleiste ausreichenden Schutz für die Belange des begünstigten Beteiligten. Die sonst übliche Anordnungspraxis, die die Schutzfunktionen des § 80 für die Interessen des Rechtsbehelfsführers und die Bedeutung des Regel-Ausnahme-Verhältnisses zwischen aufschiebender Wirkung und sofortiger Vollziehung stark betont, sei für die besondere Schutzbedürftigkeit der Bauherren und Unternehmer von Großprojekten zu restriktiv[106]. Die andere Gruppe hält dagegen zum Schutz der Rechtsbehelfsführer bzw. des betroffenen Dritten gerade eine restriktivere Anwendung des § 80 Abs. 2 Nr. 4 bei Großprojekten für erforderlich[107]. Einmal hält sie hier im Unterschied zu normal dimensionierten Projekten die Gefahr der Schaffung vollendeter Tatsachen und die dadurch verursachten möglichen Schäden für größer[108]. Zum anderen scheint bei der Forderung nach einer restriktiven Anwendung des § 80 Abs. 2 Nr. 4 die Befürchtung eine Rolle zu spielen, die übliche Anordnungspraxis der Behörden führe bei Großprojekten, für deren Verwirklichung in der Regel tatsächlich oft starke Interessen geltend gemacht werden können, zu leicht zur Annahme eines überwiegenden Sofortvollzugsinteresses, wodurch der vorläufige Rechtsschutz der Rechtsbehelfsführer nicht mehr ausreichend gewährleistet sei.

Beide Ansichten gehen zumindest insofern von zutreffenden Voraussetzungen aus, als sowohl die Interessen und Rechte der begünstigten Beteiligten als auch die der Rechtsbehelfsführer bei Anfechtung der Genehmigung von Großprojekten und in den darauf folgenden vorläufigen Rechtsschutzverfahren gefährdeter sind als sonst. So stehen für den Unternehmer dort meist größere finanzielle Verluste auf dem Spiel, da er unter Umständen einen der längeren Verfahrensdauer entsprechenden Aufschub der Verwirklichung des genehmigten Projektes, d. h. auch der Nutzung seines Eigentums- oder Freiheitsrechts, hinnehmen muß. Auf der Seite der betroffenen Dritten besteht dagegen eine erhöhte Gefahr, daß die Realisierung des Großprojekts wegen seines Umfangs, seiner Kosten oder aus technischen Gründen nicht zu beseitigende, schädigende Auswirkungen hat und daher die sofortige Vollziehung seine Rechte irreparabel verletzt. § 80 soll grundsätzlich, wie oben ausgeführt[109], den Schutz der Rechte beider Beteiligter, des begünstigten Adressaten, wie des Rechtsbehelfsführers und betroffenen Dritten, gewährleisten.

---

[106] Häusler, WiVerw 1977, 184; Martens, Suspensiveffekt, S. 21 f.; Heinrich, GewArch 1975, 67; Kuhnt, 5. AtR Symposium, S. 38, 39.

[107] Gelzer, BauR 1975, 151, 156; 1977, 1, 5; Sahl, 5. AtR Symposium, S. 8.

[108] Gelzer, BauR 1975, 151, 156; 1977, 1, 5.

[109] Siehe oben Kapitel 3 II 2 a.

Ob aus der größeren Gefährdung der gegenläufigen Interessen oder Rechtspositionen bei Großprojekten die Notwendigkeit einer extensiveren oder einer restriktiveren Auslegung des § 80 Abs. 2 Nr. 4 folgt oder auf andere Weise die Voraussetzungen für besseren Schutz beider beteiligten Interessengruppen geschaffen werden muß, soll im folgenden untersucht werden.

IV. Auslegung des § 80 Abs. 1 und Abs. 2 Nr. 4 unter dem Gesichtspunkt des Regel-Ausnahme-Prinzips

Die Versuche, die Auslegung und Anwendung des § 80 den besonderen Anforderungen der Großprojekteverfahren anzupassen, könnten durch das Argument, der Gesetzgeber habe eine bestimmte Anwendung durch die Aufstellung eines Regel-Ausnahme-Verhältnisses zwischen aufschiebender Wirkung und sofortiger Vollziehung in § 80 festlegen wollen, beschränkt sein. So kehrt nach Ansicht des Bundesverfassungsgerichts[110] eine Verwaltungspraxis, die generell die sofortige Vollziehung anordnet, das Regel-Ausnahme-Verhältnis zwischen aufschiebender Wirkung und sofortiger Vollziehung um und sei daher mit der Verfassung nicht mehr vereinbar. Die sofortige Vollziehung müsse die Ausnahme bleiben gegenüber der Regel der aufschiebenden Wirkung[111]. Die schon weitgehend praktizierte regelmäßige Anordnung der sofortigen Vollziehung der Genehmigung von Großprojekten könnte eine derartige nach Meinung des Bundesverfassungsgerichts verfassungswidrige Umkehr des Regel-Ausnahme-Verhältnisses sein. Darüber hinaus könnten sich aus dem allerdings umstrittenen[112] Auslegungsgrundsatz, Ausnahmevorschriften seien eng auszulegen[113], Schranken für die Anordnung der sofortigen Vollziehung bei Großprojekten ergeben.

1. Feststellung eines Regel-Ausnahme-Prinzips zwischen § 80 Abs. 1 und Abs. 2 Nr. 4

Sinnvollerweise ist jedoch vor der Erörterung, ob aus einem Regel-Ausnahme-Verhältnis bei § 80 derartige Schlüsse zu ziehen sind, die Frage zu beantworten, ob in § 80 überhaupt ein Regel-Ausnahme-Verhältnis zwischen Abs. 1 und Abs. 2 Nr. 4 besteht[114]. Dazu reicht allein

---

[110] BVerfGE 35, 382, 402; 37, 150, 153.

[111] Ebenso Finkelnburg, RN 397; Schäfer, DÖV 1967, 477; Blümel, DVBl. 1975, 695, 698.

[112] Siehe Larenz, Methodenlehre, S. 341, 343 f.; Müller, Methodik, S. 165, 166; Weinsheimer, NJW 1959, 566.

[113] Siehe RGZ 133, 23; BGHZ 2, 244; 4, 222; 11, 143; BSG NJW 1959, 168.

eine Formulierung, die den Anwendungsbereich einer Regel für bestimmte Fälle einschränkt, nicht aus. Sie könnte statt auf eine Ausnahmeregelung auf eine einschränkende Ergänzung des Grundtatbestandes in einem von diesem getrennten Rechtssatz hindeuten. Diese Einschränkung ergäbe als sogenannte negative Geltungsanordnung vielmehr zusammen mit dem Grundtatbestand erst den Tatbestand der Regelung[115]. § 80 Abs. 2 Nr. 4 wäre daher z. B. kein Ausnahmetatbestand zu § 80 Abs. 1, wenn erst die beiden Absätze zusammen die Voraussetzungen eines Tatbestandes regelten, der etwa lauten würde: „Die aufschiebende Wirkung von Widerspruch und Anfechtungsklage tritt ein, wenn nicht die sofortige Vollziehung durch die Behörde angeordnet ist." Für eine solche Auslegung könnte der bloße Wortlaut der Absätze 1 und 2 des § 80 gerade noch Raum geben. Ob das Verhältnis von aufschiebender Wirkung und sofortiger Vollziehung tatsächlich so zu verstehen ist oder ob die aufschiebende Wirkung als Regel und die sofortige Vollziehung als Ausnahme gelten soll, ist jedoch außer nach dem Wortlaut auch aus dem Sinn und Zweck, der Systematik der Vorschrift, der historisch genetischen Betrachtung und durch eine Gesamtschau dieser Methoden zu ermitteln[116].

Auf ein Regel-Ausnahme-Verhältnis zwischen aufschiebender Wirkung und sofortiger Vollziehung deutet nicht nur die Formulierung in Abs. 2 „entfällt nur" hin. Auch die Tatsache, daß § 80 Abs. 1 zu Beginn der Regelung des vorläufigen Rechtsschutzes ohne weitere Voraussetzungen den automatischen Eintritt der aufschiebenden Wirkung von Widerspruch und Anfechtungsklage erklärt, während die sofortige Vollziehung einer besonderen Anordnung, besonderer Voraussetzungen und einer ausführlichen Begründung (§ 80 Abs. 3) bedarf, läßt sich schließen, daß die aufschiebende Wirkung eine Regel von genereller Gültigkeit sein soll, die nur in bestimmten Fällen durchbrochen werden soll, für die besondere Voraussetzungen vorliegen müssen. Dies wird durch die Zahl und den Umfang der Ausnahmen in § 80 Abs. 2 nicht widerlegt[117]. Das Verhältnis von Regel und Ausnahme sagt aber nichts über die zulässige Zahl der Ausnahmefälle im Verhältnis zur Zahl der Regelfälle aus[118]. Auch wenn die Ausnahmefälle zahlenmäßig die Regelfälle übersteigen, bleiben sie Ausnahmen, wenn sie ihrer Formulierung und ihrer Funktion und Intention nach solche sind. Dies könnte vor allem für § 80

114 Bettermann, DVBl. 1976, 64 spricht z. B. von einem lediglich gesetzestechnisch bedingten Regel-Ausnahme-Verhältnis zwischen Abs. 1 und Abs. 2 Nr. 4; ihm schließt sich Martens, Suspensiveffekt, S. 17, 18, an.

115 Larenz, Methodenlehre, S. 343 und 242.

116 Ebd., S. 343.

117 So aber Martens, Suspensiveffekt, S. 17, 18.

118 BVerfGE 37, 363, 404.

Abs. 2 gelten, weil dort die Ausnahmen in vier verschiedenen Nummern mindestens ebensoviele verschiedene Fälle regeln. Die Tatsache, daß der Gesetzgeber es vorzog, vier verschiedene Regelungen für die nicht unerhebliche Zahl von Fällen zu treffen, in denen die aufschiebende Wirkung ausfällt, statt von vornherein eine eingeschränkte Anordnung der aufschiebenden Wirkung in einer Formulierung zu regeln, ist sogar ein besonders deutliches Zeichen dafür, daß er generell die voraussetzungslose aufschiebende Wirkung als Regelfall gelten lassen wollte.

Dies wird gestützt durch den Sinn und Zweck der Regelung des § 80, dem Rechtsbehelfsführer gegenüber staatlichen Eingriffen effektiven vorläufigen Rechtsschutz zu gewährleisten. Dies festzustellen erfordert nicht einmal die positive Kenntnis des für die Auslegung nur bedingt geeigneten Willens des Gesetzgebers bei Schaffung der Regelung[119], vielmehr ergibt es sich schon aus dem Zusammenhang zwischen verfassungsrechtlicher Forderung nach effektivem vorläufigem Rechtsschutz in Art. 19 Abs. 4 und deren Erfüllung in § 80. Die in § 80 Abs. 1 zur Absicherung des effektiven Rechtsschutzes gewählte Form der aufschiebenden Wirkung gewährt gegenüber staatlichen Eingriffen nur wirksamen Schutz, wenn sie grundsätzlich Geltung hat und nicht von der Verwaltung beliebig oft außer Kraft gesetzt werden kann. Zur Erfüllung dieses Zwecks mußte der aufschiebenden Wirkung in möglichst weitem Umfang Geltung verschafft werden, indem sie als Regel formuliert wurde[120]. Damit ist allerdings noch nicht gesagt, daß die aufschiebende Wirkung deswegen auch ein fundamentaler Grundsatz des öffentlich-rechtlichen Prozesses ist[121]. Andere wirksame Formen der Gewährung vorläufigen Rechtsschutzes für den Rechtsbehelfsführer mögen denkbar sein, die einmal gewählte Form des automatischen Eintritts der aufschiebenden Wirkung verlangt jedenfalls zur Gewährung effektiven Rechtsschutzes ihre Geltung im Regelfall.

2. Auswirkungen des Regel-Ausnahme-Prinzips auf die Anwendung des § 80 Abs. 2 Nr. 4

Steht somit fest, daß die aufschiebende Wirkung die Regel und die sofortige Vollziehung nach § 80 Abs. 2 Nr. 4 die Ausnahme sein soll, kann untersucht werden, welche Konsequenzen dies für die Auslegung im Einzelfall und speziell für die bei der Anordnung der sofortigen Vollziehung der Genehmigung eines Großprojekts auftauchenden Fragen hat.

---

[119] Vgl. zur Problematik der Auslegung nach dem Willen des Gesetzgebers Larenz, Methodenlehre, S. 301, 302.

[120] Finkelnburg, RN 397.

[121] BVerfGE 35, 263, 272; 35, 382, 402.

Grundsätzlich läßt sich zunächst aus der bloßen Feststellung eines Regel-Ausnahme-Verhältnisses zwischen zwei Rechtssätzen noch nichts über die Geltung von Regel oder Ausnahme im Einzelfall entnehmen. Ob die als Ausnahme vorgesehene Anordnung der sofortigen Vollziehung zulässig ist, kann nur durch Subsumtion unter den Ausnahmetatbestand im konkreten Fall beantwortet werden.

a) Grundsatz der restriktiven Auslegung der Ausnahme

Ob der Ausnahmecharakter des § 80 Abs. 2 Nr. 4 eine restriktive Auslegung dieser Regelung fordert, weil Ausnahmeregelungen eng auszulegen seien[122], ist allerdings fraglich. Grundsätzlich ist schon dieser Auslegungsgrundsatz selbst problematisch. Die Aufstellung des Grundsatzes, Ausnahmevorschriften seien eng auszulegen, basiert auf der Überlegung, dem Sinn der Aufstellung eines Regel-Ausnahme-Verhältnisses entsprechend müsse der Regel möglichst weitgehend Geltung verschafft werden, daher dürfe durch Auslegung die Ausnahme nicht so weit ausgedehnt werden, daß sie diese Intention vereitelt.

Wann dies der Fall wäre, wie weitgehend die Regel gelten soll, ob auch für den konkret zu beurteilenden Fall und wann die Ausnahme eingreifen soll, kann jedoch nur durch eine Auslegung von Regel und Ausnahme nach den üblichen, für jede Auslegung geltenden Prinzipien geklärt werden[123]. Dabei spielen neben dem Wortlaut der Vorschrift, der bei § 80 Abs. 2 Nr. 4 relativ wenig Anhaltspunkte gibt und Sinn und Zweck der Regelung, auf die hier besonderes Augenmerk zu richten sein wird, auch der systematische Aufbau und Zusammenhang der Regelung eine wichtige Rolle. Die Anwendung dieser allgemeinen Auslegungsprinzipien kann ohne Verstoß gegen das Regel-Ausnahme-Prinzip eine enge oder eine weitere Auslegung des § 80 Abs. 2 Nr. 4 ergeben.

Ein Grundsatz enger Auslegung der Ausnahmeregelung kann daher die Praxis der Anordnung der sofortigen Vollziehung bei Großprojekten weder im einzelnen noch generell beschränken. Vielmehr ist für die Auslegung der Ausnahmeregelung die Ermittlung des Zwecks der Ausnahme und die Überprüfung, ob dieser dem konkreten Fall auch unter Beachtung des Gleichbehandlungsgrundsatzes ebenfalls gerecht wird, ausschlaggebend.

---

[122] So u. a. Sahl, siehe oben Fußnote 7, Kapitel 3.

[123] Weinsheimer, NJW 1959, 566; im Ergebnis ebenso Larenz, a.a.O., S. 344.

b) Unzulässigkeit der Umkehr des Regel-Ausnahme-Verhältnisses

Auch die Warnung, die Anordnungspraxis der Verwaltung bei Großprojekten dürfe nicht zu einer Umkehr des Regel-Ausnahme-Verhältnisses führen[124], ist für die Lösung der anstehenden Probleme von beschränktem Wert. Aus dem Vorliegen eines Regel-Ausnahme-Verhältnisses läßt sich keine zahlenmäßige Beschränkung der Ausnahmefälle ableiten[125]. In allen Fällen, in denen die Voraussetzungen der Ausnahme erfüllt sind, ist ihre Anwendung zulässig und verstößt nicht gegen das Regel-Ausnahme-Prinzip, selbst wenn dies zu einer Überzahl an Entscheidungen für den Sofortvollzug gegenüber Fällen mit aufschiebender Wirkung führt. Problematisch wird dies nur, wenn dadurch die Regel entwertet, bedeutungslos wird. Dies ist jedoch kein Problem zahlenmäßigen Überhandnehmens, sondern der Nichtbeachtung des Zweckes von Regel und Ausnahme. Von unzulässiger Umkehr des Regel-Ausnahme-Verhältnisses zwischen § 80 Abs. 2 Nr. 4 und Abs. 1 kann nur die Rede sein, wenn die Ausnahme ihrem erkennbaren Zweck zuwider angeordnet wird, bzw. wenn nach dem Zweck der Regel eigentlich diese gelten soll.

Die Feststellung des Regel-Ausnahme-Verhältnisses zwischen Eintritt der aufschiebenden Wirkung und Anordnung der sofortigen Vollziehung läßt daher noch keine generellen Schlüsse auf eine zulässige Anordnungspraxis zu. Nur die Ermittlung und Berücksichtigung des Sinns und Zwecks der aufschiebenden Wirkung und der sofortigen Vollziehung und der Statuierung eines Regel-Ausnahme-Verhältnisses zwischen beiden kann mittelbar auch das Regel-Ausnahme-Prinzip für die Beantwortung der Fragen fruchtbar machen, ob bei Großprojekten die regelmäßige Anordnung der sofortigen Vollziehung zulässig ist, bzw. ob dort eher eine restriktive Anordnungspraxis geboten ist.

V. Zulässigkeit der regelmäßigen Anordnung der sofortigen Vollziehung bei Großprojekten nach Sinn und Zweck des § 80 Abs. 1 und Abs. 2 Nr. 4

1. Problematik

Im folgenden ist daher zu untersuchen, ob die von den Verwaltungsbehörden geübte Praxis der regelmäßigen Anordnung der sofortigen Vollziehung der Genehmigung von Großprojekten bei deren Erlaß mit

---

[124] BVerfGE 35, 382, 402.

[125] BVerfGE 37, 363, 404 zum Verhältnis von zustimmungsbedürftigen zu nichtzustimmungsbedürftigen Gesetzen.

Sinn und Zweck des § 80 Abs. 1 und Abs. 2 Nr. 4 vereinbar ist, vielleicht sogar wegen der Besonderheiten der Großprojekte gefordert wird oder ob sie im Gegenteil dem Zweck des § 80 zuwiderläuft. Wie oben festgestellt[126], fordert § 80 Abs. 2 Nr. 4 als Voraussetzung der Anordnung der sofortigen Vollziehung das Vorliegen eines besonderen öffentlichen Vollzugsinteresses oder eines überwiegenden Beteiligteninteresses an sofortiger Vollziehung, die aus einer Abwägung mit den Interessen am Aufschub hervorgegangen sein müssen. Die regelmäßige Anordnung der sofortigen Vollziehung bei bestimmten Großprojekten erfolgt dagegen entweder aufgrund eines ohne Durchführung einer Interessenabwägung angenommenen überwiegenden Vollzugsinteresses, oder sie beruht zwar auf einer Interessenabwägung, die jedoch bei diesen Projekten anscheinend immer, gleichgültig welches Gewicht die Aufschubinteressen künftiger Rechtsbehelfsführer haben werden, ein überwiegendes Vollzugsinteresse ergeben. Auch wenn man unterstellt, daß bei Großprojekten die Interessen der begünstigten Beteiligten tatsächlich, verglichen mit den Beteiligteninteressen bei Normalprojekten, ein besonderes Gewicht haben, was schon allein wegen der unterschiedlichen Dimensionen leicht vorstellbar ist, und die Verletzung dieser Interessen durch den Aufschub der Vollziehung größeren Schaden hervorrufen kann, stellt sich doch die Frage, ob dabei die bei Großprojekten in der Regel ebenfalls gewichtigeren und gefährdeteren Aufschubinteressen ausreichend gewürdigt sind und zum zweiten, ob dieses Verfahren überhaupt noch den Anforderungen an effektiven vorläufigen Rechtsschutz, den § 80 sicherstellen soll, gerecht wird.

2. Sinn und Zweck des § 80 Abs. 1 und Abs. 2 Nr. 4

a) Gewährleistung effektiven Rechtsschutzes für den Anfechtenden

Die Rechtsweggarantie des Art. 19 Abs. 4 GG umfaßt die Garantie wirksamen vorläufigen Rechtsschutzes, denn die Absicherung vor Rechtsverletzungen durch rechtswidrige staatliche Maßnahmen ist nur dann gewährleistet, wenn der Eintritt der Rechtsverletzung während der Dauer der Überprüfung der Rechtmäßigkeit der angefochtenen Maßnahme im Hauptsacheverfahren verhindert wird.

Der durch die Anfechtung ausgelöste automatische Aufschub soll die Forderung des Art. 19 Abs. 4 GG nach wirksamem vorläufigen Rechtsschutz gegenüber rechtswidrigen Verwaltungsakten erfüllen. Daher ist nicht der automatische Suspensiveffekt, der nur eine von mehreren denkbaren Formen des vorläufigen Rechtsschutzes ist, ein verfassungs-

[126] Siehe oben Kapitel 3 II 1 und 2.

mäßiger Grundsatz[127], sondern die Gewährung effektiven vorläufigen Rechtsschutzes selbst. Zweck des automatischen Eintritts der aufschiebenden Wirkung nach § 80 Abs. 1 ist die wirksame Absicherung der Rechte des Rechtsbehelfsführers vor dem Eintritt der Rechtsverletzung durch Schaffung vollendeter Tatsachen bis zum Abschluß der Überprüfung des Rechtsbehelfs im Hauptsacheverfahren.

Der Erfüllung dieses Zwecks dient auch die weitere Ausgestaltung des vorläufigen Rechtsschutzes in § 80. Die Effektivität des Aufschubs als Mittel des vorläufigen Rechtsschutzes verlangt möglichst weitgehende Geltung, also einen regelmäßigen, prinzipiellen Eintritt der aufschiebenden Wirkung und eine Begrenzung der Fälle seines Ausschlusses. Insbesondere darf das Funktionieren der aufschiebenden Wirkung nicht durch das Instrument der Anordnung der sofortigen Vollziehung durch die Verwaltungsbehörden, deren Akt es zu überprüfen gilt, ausgehöhlt und entkräftet werden. Daraus erklärt sich die oben schon festgestellte[128] Aufstellung eines Regel-Ausnahme-Verhältnisses zwischen aufschiebender Wirkung und Anordnung der sofortigen Vollziehung. Grundsätzlich soll nach § 80 Abs. 1 die Anfechtung eines Verwaltungsakts schon die aufschiebende Wirkung auslösen. Weder nennt das Gesetz weitere Voraussetzungen für die aufschiebende Wirkung, insbesondere auch nicht die Zulässigkeit oder Begründetheit des Rechtsbehelfs, noch ist dem Eintritt der aufschiebenden Wirkung irgendein behördlicher oder gerichtlicher Prüfungs- oder Erkenntnisakt vorgeschaltet. Dies verdeutlicht, welch hohen Stellenwert der vorläufige Rechtsschutz des Rechtsbehelfsführers nach der VwGO hat. Der vorläufige Rechtsschutz des Rechtsbehelfsführers soll durch diese Automatik vor jeder Gefahr willkürlichen Ausschlusses bewahrt werden und auch prinzipiell jedem Interesse, das an der Vollziehung des Verwaltungsakts besteht, zunächst vorgehen. Der automatische Eintritt der aufschiebenden Wirkung hat darüber hinaus seine Berechtigung aus der Tatsache, daß die Regelung des Verwaltungsakts einseitig von der Verwaltung getroffen wird und den Adressaten kraft hoheitlicher Gewalt trifft.

Nur um auch jenen besonderen Fällen gerecht zu werden, in denen die Regelung des § 80 Abs. 1 übergeordnete Interessen gefährdet, entfällt unter den Voraussetzungen des Abs. 2 Nr. 1 bis 4 ausnahmsweise die aufschiebende Wirkung. § 80 Abs. 2 Nr. 1 bis 3 läßt die aufschiebende Wirkung kraft Gesetzes in den Fällen entfallen, in denen

---

[127] So aber BVerfGE 35, 263, 272, 274; 35, 382, 401 und z. B. Siegmund-Schultze, DVBl. 1963, 745, 749; insofern zutreffend Bettermann, AöR 96 (1971), 554, wenn er den Suspensiveffekt selbst nicht als durch Art. 19 Abs. 4 GG gefordert ansieht.

[128] Siehe oben Kapitel 3 IV 1.

das überwiegende Interesse schon von vornherein generell erkennbar und absehbar war, Nr. 4 gibt die Möglichkeit der Anordnung der sofortigen Vollziehung zum Schutz übergeordneter Interessen, die erst im Einzelfall ersichtlich werden und nicht generalisierbar sind.

Allen Ausnahmen des § 80 Abs. 2 ist daher gemeinsam, daß sie ein das Aufschubinteresse überwiegendes Interesse voraussetzen, das durch eine konkrete oder durch eine vorgezogene und generalisierte Interessenabwägung festgestellt worden ist[129]. Nur besondere öffentliche Vollzugsinteressen oder überwiegende Beteiligteninteressen rechtfertigen die Anordnung der sofortigen Vollziehung durch die Verwaltungsbehörde. Das sind hohe Anforderungen, die das Anliegen verdeutlichen, daß auch bei den Ausnahmen von der aufschiebenden Wirkung der Rechtsschutz des Rechtsbehelfsführers gewährleistet sein muß und daher die Sicherstellung dessen Rechtsschutzes auch ein Maßstab der Auslegung des § 80 Abs. 2 Nr. 4 und der Entscheidung über die Anordnung der sofortigen Vollziehung ist. Auch die Regelung des § 80 Abs. 2 Nr. 4 hat daher den Zweck, sicherzustellen, daß durch die notwendigen Ausnahmen von der aufschiebenden Wirkung der Rechtsschutz des Rechtsbehelfsführers nicht gefährdet wird. Die Forderung einer Interessenabwägung und eines besonderen Dringlichkeitsinteresses als Voraussetzung der sofortigen Vollziehung entsprechen dieser Funktion des § 80 Abs. 2 Nr. 4, wie oben schon ausgeführt wurde[130].

b) Schutz der Beteiligtenbelange und öffentlicher Vollzugsinteressen als weiterer Zweck des § 80 Abs. 2 Nr. 4

Sinn und Zweck der Ausnahmeregelung selbst ist andererseits zweifellos die Berücksichtigung der überwiegenden Belange, für die die Ausnahme geschaffen wurde, im Falle des § 80 Abs. 2 Nr. 4 des öffentlichen Vollzugsinteresses oder eines überwiegenden Beteiligteninteresses an sofortiger Vollziehung. Neben besonderen öffentlichen Interessen, die den Aufschub der Vollziehung nicht dulden und sofortige Maßnahmen erfordern[131], schützt § 80 Abs. 2 Nr. 4 solche das Aufschubinteresse überwiegenden Belange Beteiligter, die durch die aufschiebende Wirkung des Rechtsbehelfs verletzt würden. Insbesondere soll die Möglichkeit der Anordnung der sofortigen Vollziehung nach § 80 Abs. 2 Nr. 4, 2. Alternative, verhindern, daß durch ungerechtfertigten Aufschub der Vollziehung der Gebrauch materieller Grundrechte des Beteiligten hinausgeschoben wird und die verfassungsrechtliche Forderung der Gewährleistung effektiven Rechtsschutzes sich dadurch in ihr

[129] Finkelnburg, RN 366.

[130] Siehe oben Kapitel 3 II 1 und 2.

[131] Wegen der näheren Anforderungen an ein besonderes öffentliches Sofortvollzugsinteresse vgl. oben Kapitel 3 II 1 c.

Gegenteil verkehrte[132]. Die Verwaltungsbehörde hat bei ihrer Entscheidung nach § 80 Abs. 2 Nr. 4 die Interessen, die am Vollzug des Verwaltungsakts bestehen, ebenso zu wahren, wie die Aufschubinteressen, was das Bundesverwaltungsgericht dazu veranlaßte, ihr bei Anordnung im Beteiligteninteresse die Funktion des Schiedsrichters zwischen zwei Bürgerinteressen zuzusprechen[133].

c) Vorrang der Gewährung effektiven Rechtsschutzes für den Anfechtenden

Die Effektivität des Rechtsschutzes des Rechtsbehelfsführers sicherzustellen, ist demnach zum Teil auch Sinn und Zweck der Regelung des § 80 Abs. 2 Nr. 4 ebenso wie der aufschiebenden Wirkung nach § 80 Abs. 1. Zugleich ist der Schutz öffentlicher Vollzugsinteressen und überwiegender Beteiligteninteressen am Sofortvollzug Zweck der Ausnahmeregelung des § 80 Abs. 2 Nr. 4. Diese Funktion ist daher neben dem Gesichtspunkt der Effektivität des Rechtsschutzes des Rechtsbehelfsführers bei der Auslegung des § 80 Abs. 2 Nr. 4 zu berücksichtigen. Beiden Funktionen des § 80 Abs. 2 Nr. 4 wird die Verwaltungsbehörde bei der Anordnung der sofortigen Vollziehung nur gerecht, wenn sie die gegensätzlichen Interessen, wie oben dargestellt[134], in einer Interessenabwägung berücksichtigt.

Nicht nur aus dem Wortlaut des § 80 Abs. 2 Nr. 4, der das besondere öffentliche oder überwiegende Beteiligten-Vollzugsinteresse als Voraussetzung des Sofortvollzugs erwähnt, auch aus der Funktion der Gesamtregelung des § 80, den vorläufigen Rechtsschutz des Rechtsbehlfsführers durch die aufschiebende Wirkung und die Regelung ihrer Ausnahmen sicherzustellen, ergibt sich jedoch im Verhältnis der durch § 80 Abs. 2 Nr. 4 geschützten Interessen eine Priorität der Aufschubinteressen dergestalt, daß nur ein das Aufschubinteresse überragendes, gewichtigeres Sofortvollzugsinteresse dessen Zurückstellung durch die Anordnung der sofortigen Vollziehung rechtfertigen kann. Diese Priorität der Gewährung effektiven Rechtsschutzes ist bei der Auslegung und Anwendung des § 80 Abs. 2 Nr. 4 zu berücksichtigen.

3. Folgerungen aus dem Zweck des § 80 Abs. 1 und Abs. 2 Nr. 4 für die regelmäßige Anordnung des Sofortvollzugs bei Großprojekten

Die regelmäßige Anordnung der sofortigen Vollziehung der Genehmigung von Großprojekten könnte die Erfüllung dieser Funktion des

---

[132] Finkelnburg, RN 411; BVerwG, Beschl. v. 22. 11. 1965, DVBl. 1966, 273.
[133] BVerwG, Beschl. v. 22. 11. 1965, DVBl. 1966, 273.
[134] Siehe oben Kapitel 3 II 2 c aa.

§ 80 Abs. 1 und Abs. 2 Nr. 4 aus verschiedenen Gründen gefährden. Wird die sofortige Vollziehung regelmäßig für erforderlich gehalten, weil an der unverzüglichen Errichtung von Großprojekten in der Regel gewichtige öffentliche oder private Interessen bestehen, so läßt dies darauf schließen, daß eine Interessenabwägung zwischen Aufschubinteresse und Vollzugsinteresse, die zur Sicherstellung des effektiven Rechtsschutzes als Voraussetzung der sofortigen Vollziehung gefordert wird, für überflüssig gehalten wird oder als bloße Formalität ohne ausreichende inhaltliche Würdigung der Aufschubinteressen behandelt wird. Selbst wenn dieser Verdacht nicht bestätigt wird und die Anordnung der sofortigen Vollziehung aufgrund einer Interessenabwägung geschieht, besteht aber die Befürchtung, daß der Schutzzweck des § 80 nicht mehr ausreichend gewährleistet ist. Denn zum einen wird das Aufschubinteresse regelmäßig geringer eingestuft, als das Vollzugsinteresse, zum anderen wird man auch dem Aufschubinteresse bei Großprojekten wegen der in der Regel oft größeren Gefahr der Schaffung vollendeter Tatsachen[135] ein größeres Gewicht beimessen müssen als bei Normalprojekten.

Andererseits könnte der Zweck des § 80 Abs. 2 Nr. 4, die öffentlichen Vollzugsinteressen und die Beteiligteninteressen gegenüber ungerechtfertigter aufschiebender Wirkung zu schützen, wegen eines erhöhten Schutzbedürfnisses der Belange des Beteiligten und der öffentlichen Interessen eine Umstellung und Anpassung des Verfahrens und der Entscheidungskriterien für die Anordnung der sofortigen Vollziehung durch die Verwaltungsbehörde erfordern. So könnte aus Gründen des Schutzes der durch das Projekt begünstigten Beteiligten, den § 80 Abs. 2 Nr. 4 ebenso gewährleisten soll wie den effektiven Rechtsschutz des Rechtsbehelfsführers, auf die Durchführung einer individuellen Interessenabwägung und die Ermittlung eines durch den prinzipiellen Vorrang des Aufschubinteresses erforderlichen überwiegenden sofortigen Vollzugsinteresses zu verzichten sein und die regelmäßige Anordnung der sofortigen Vollziehung von daher gerechtfertigt sein. Dienen die Voraussetzungen der Anordnung der sofortigen Vollziehung der Erfüllung bestimmter Schutzfunktionen des vorläufigen Rechtsschutzes, so könnte eine Änderung der tatsächlichen Umstände eine Anpassung der Voraussetzungen erforderlich machen, wenn nur dadurch die Wirksamkeit des Schutzes zu gewährleisten ist[136]. Dabei müßte jedoch ein Anordnungsmodus gefunden werden, der keine der beiden gegensätzlichen Interessen, die § 80 Abs. 2 Nr. 4 schützen soll, verletzt.

---

135 Siehe oben Kapitel 2 II 2.

136 Vgl. zu der hiermit berührten Problematik der Anpassung der Rechtsprechung an veränderte Anforderungen an die Gewährung von Rechtsschutz, Brehm, DÖV 1982, 1.

Zu diesem Zweck sollen getrennt voneinander die besonderen, veränderten Anforderungen des Rechtsbehelfsführer- und des Vollzugsinteressenschutzes an die Ausgestaltung des § 80 Abs. 2 Nr. 4 bei Großprojekten und die verschiedenen Argumente für eine entsprechende Anpassung untersucht werden, da die Anpassungsbedürftigkeit des § 80 an die Besonderheiten der Großprojekte ohne das Ergebnis einer solchen Untersuchung nicht beurteilt werden kann.

Im folgenden wird daher zunächst geprüft, ob der Schutz von Beteiligteninteressen die regelmäßige sofortige Vollziehung der Genehmigung von Großprojekten unter Umständen auch entgegen den ursprünglichen Anordnungsvoraussetzungen fordert, ehe eventuelle besondere Anforderungen des effektiven vorläufigen Rechtsschutzes für den Rechtsbehelfsführer an die Ausgestaltung des Verfahrens bei Großprojekten erörtert werden.

VI. Regelmäßige Anordnung der sofortigen Vollziehung bei Großprojekten zum Schutz der Beteiligteninteressen

1. Unverzichtbarkeit der regelmäßigen Sofortvollzugsanordnung wegen bestimmter, für Großprojekte spezifischer Vollzugsinteressen

Ein wesentliches Argument für die regelmäßige Anordnung der sofortigen Vollziehung bei Erteilung der Genehmigung von Großprojekten sind die fast durchweg schon wegen der Größenordnung besonders gewichtigen Interessen an Errichtung und Betrieb dieser Projekte. Sie bilden nicht nur die Grundlage für die Annahme eines überwiegenden Vollzugsinteresses im Einzelfall, sondern werden — besonders häufig und nachdrücklich im Energiesektor — als Grund für die Unverzichtbarkeit der reglmäßigen Anordnung der sofortigen Vollziehung angeführt[137].

a) Typische Vollzugsinteressen bei Großprojekten

Solche Gründe, die für den Sofortvollzug genannt werden, sind bei industriellen Anlagen z. B. die Sicherung der Rentabilität von Investitionen der öffentlichen Hand zur Verbesserung der Infrastruktur, mit denen die Ansiedlung des Projektes gefördert werden sollte[138], die Schaffung von Arbeitsplätzen[139], die Verbesserung der regionalen Wirtschaftsstruktur[140] und das Interesse der Beteiligten an der Rentabilität

[137] So z. B. Ule, GewArch 1978, 73; Martens, Suspensiveffekt, S. 8, 22.

[138] So im Fall der Aluminiumhütte „Reynolds", siehe OVG Hamburg, Beschl. v. 23. 10. 1974, DVBl. 1975, 207, 211.

[139] OVG Hamburg, ebd., S. 212.

ihrer finanziellen Aufwendungen, das sich von dem an kleineren Projekten durch den Umfang des Finanzvolumens und das Ausmaß des in die Millionen gehenden jährlichen Schuldendienstes unterscheidet[141]. So wird geltend gemacht, daß bei einem Aufschub der Errichtung und des Betriebs einer solchen Anlage der Konkurs des Unternehmens drohe, was auch schon im Hinblick auf die öffentlichen Interessen an dem Großprojekt verhindert werden müsse[142]. Die technischen und wirtschaftlichen Planungen seien bei Großprojekten so kompliziert, daß jede Verzögerung gravierende Umstellungen oder Anpassungen der Pläne und Arbeitsabläufe erfordere, die wiederum zusammen mit dem meist beträchtlichen Schuldendienst für die zum großen Teil fremdfinanzierten Projekte und mit den üblichen Preissteigerungen so erhebliche Verzögerungskosten verursachten, daß die Durchführung des Projekts unrentabel werde[143]. Die aufschiebende Wirkung sei deswegen bei Großprojekten geradezu prohibitiv[144].

Beim Bau größerer Verkehrsanlagen sind es meist die öffentlichen Interessen an ungestörter und geregelter Verkehrsentwicklung, in zweiter Linie auch die Befürchtung steigender Baukosten, die einen sofortigen Vollzug erfordern sollen. Dies gilt für den Bau von Straßen[145], wie für den von Anlagen für den Luftverkehr[146], wo neben einigen anderen Gründen vor allem die Sicherheit des vorhandenen oder des zu erwartenden dichteren Verkehrs als Argument für den unverzüglichen Baubeginn angeführt werden[147].

Die regelmäßige Anordnung der sofortigen Vollziehung der Genehmigung von Kernkraftwerken wird fast ausnahmslos auf das Haupt-

---

[140] Siehe z. B. den Fall der Genehmigung einer Chlorothene-Anlage, über deren sofortige Vollziehbarkeit das OVG Lüneburg im Beschl. v. 20. 2. 1975, GewArch 1975, 303, zu entscheiden hatte.

[141] Im Fall der Aluminiumhütte Reynolds betrug der Schuldendienst vor dem Betrieb der Anlage 55 Millionen DM jährlich, lt. OVG Hamburg, DVBl. 1975, 207, 211.

[142] So OVG Hamburg im Reynolds-Beschluß v. 23. 10. 1974, DVBl. 1975, 207, 211.

[143] Martens, Suspensiveffekt, S. 22, 23; OVG Hamburg, Beschl. v. 23. 10. 1974, DVBl. 1975, 207, 211 (Reynolds).

[144] Martens, Suspensiveffekt, S. 23.

[145] Siehe dazu z. B. die für die Anordnung der sofortigen Vollziehung durch die Verwaltungsbehörde maßgeblichen Gründe in VGH München, Beschl. v. 9. 5. 1960, BayVBl. 1960, 356 und BVerwG, Beschl. v. 29. 4. 1974, NJW 1974, 1294, 1295.

[146] z. B. Begründung der Anforderung der sofortigen Vollziehbarkeit des Planfeststellungsbeschlusses zum Bau des Flughafens München: Verkehrsbedürfnisse und finanzielle Erwägungen, lt. VGH München, Beschl. v. 16. 4. 1981, S. 10.

[147] Verkehrs- und Sicherheitsbedürfnisse begründen u. a. die Anordnung der sofortigen Vollziehung des Planfeststellungsbeschlusses Flughafen München, Regierung von Oberbayern, Planfeststellungsbeschluß Flughafen München, S. 611 f.

argument gestützt, die Sicherstellung der Energieversorgung eines bestimmten Raumes verlange sofortigen Baubeginn oder sofortige Verwirklichung des nächsten Teilabschnitts[148]. Hochkomplizierte Bauvorhaben wie Kernkraftwerke könnten nicht Jahre im voraus geplant und gewissermaßen auf Vorrat gehalten werden. Schon ohne einen Aufschub durch den vorläufigen Rechtsschutz erforderten die Projekte wegen ihrer technischen Kompliziertheit jahrelange Planungs- und Bauzeiten. Jeder weitere Aufschub der Errichtung und der Inbetriebnahme habe immense Verzögerungskosten zur Folge und da Wissenschaft und Technik sich ständig weiterentwickelten, müßten die Planungen dauernd angepaßt werden[149]. Die Finanzierbarkeit und die technische Durchführbarkeit eines Projekts seien dadurch gefährdet. Hinzu komme die Schwierigkeit, das geeignete qualifizierte Personal für die Errichtung und den Betrieb der Kernkraftwerke während des Aufschubs zu halten[150].

Einen speziellen Grund für die regelmäßige Anordnung der sofortigen Vollziehung liefert für die nach dem Atomgesetz und nach dem Bundes-Immissionsschutzgesetz zu genehmigenden Anlagen zusätzlich die Teilgenehmigungspraxis. Da Errichtung und Betrieb von Kernkraftwerken getrennt und unter Umständen noch in mehreren Teilabschnitten genehmigt werden, kann theoretisch durch die Anfechtung der einzelnen Teilgenehmigungen das Projekt auf Jahre hinaus, nämlich für die Dauer der Überprüfung aller Teilgenehmigungen im Hauptsacheverfahren nacheinander, blockiert werden. Daraus wird besonders auch von vielen Verwaltungsgerichten geschlossen, die regelmäßige sofortige Vollziehung sei notwendiges Korrelat zur Teilgenehmigungspraxis. Eine plangemäße Verwirklichung des Projekts, wie sie bei Kernkraftwerken wegen der Kompliziertheit und technischen Aufwendigkeit unbedingt erforderlich sei, sei bei der Aufspaltung in mehrere Teilgenehmigungen ohne Anordnung der sofortigen Vollziehung gar nicht denkbar[151]. Das besondere sofortige Vollzugsinteresse bei Großprojekten, das für die Notwendigkeit der regelmäßigen Anordnung der sofortigen Vollziehung angeführt wird, soll sich daher nicht nur aus der Dringlichkeit der Erfüllung der öffentlichen Versorgungsaufgaben oder dem Schutz privater Wirtschaftsinteressen ergeben, sondern auch aus der Befürchtung, daß ohne die sofortige Vollziehung die Durchführbarkeit des Projekts überhaupt gefährdet erscheint.

148 Siehe dazu z. B. die Gründe, die für die Anordnung der sofortigen Vollziehung durch die Genehmigungsbehörde beim Atomkraftwerk Stade maßgeblich waren, OVG Lüneburg, Beschl. v. 19./20. 6. 1974, DVBl. 1975, 190 und VGH München, Beschl. v. 22. 11. 1974, DVBl. 1975, 200 zu den Gründen der Anordnung der sofortigen Vollziehung für ein KKW der Bayernwerk AG.

149 Häusler, WiVerw 1977, 184, 190, 191; Martens, Suspensiveffekt, S. 21.

150 Häusler, WiVerw 1977, 184, 190, 191.

151 VG Düsseldorf, Beschl. v. 20. 1. 1977, ET 1977, 234, 236; Degenhart, S. 86.

Es stellt sich jedoch die Frage, ob sich wegen dieser für Großprojekte spezifischen Dringlichkeit der sofortigen Vollziehung, die üblicherweise bei „Normalprojekten" nicht in diesem Ausmaß besteht, tatsächlich eine regelmäßige Anordnung der sofortigen Vollziehung bei Großvorhaben rechtfertigen läßt.

Soweit sich die aufgeführten Begründungen dafür auf die durch die Größenordnung und die technische Kompliziertheit des Projekts bedingte Notwendigkeit der Einhaltung eines bestimmten Zeitplans stützen, ist schon fraglich, ob sie in sich überzeugend sind; dies soll im folgenden zunächst erörtert werden.

Problematisch ist jedoch vor allem die Schlußfolgerung, diese Interessen erforderten regelmäßig die Anordnung der sofortigen Vollziehung, sie seien selbst so schwerwiegend, daß die Aufschubinteressen immer dahinter zurücktreten müßten und die Interessenabwägung nicht mehr erforderlich sei.

b) Rechtzeitige Planung als Aufgabe des Unternehmers

Zuzugeben ist, daß komplizierte technische Konstruktionen und durch Fremdfinanzierung verursachte Kostenbelastung gleichermaßen ein exaktes Einhalten zeitlicher Bauplanung erfordern. Daraus läßt sich jedoch nur auf die Notwendigkeit einer gründlichen Planung schließen. Eine über mehrere Jahre dauernde Planung eines Großprojekts, die die regelmäßig zu erwartende Anfechtung der Genehmigung und die dadurch verursachte aufschiebende Wirkung im Zeitablauf nicht berücksichtigt, wird ihren Aufgaben nicht gerecht. Zwar hat der begünstigte Adressat grundsätzlich einen Anspruch darauf, eine ihm erteilte rechtmäßige Genehmigung auch gebrauchen zu dürfen und er darf entsprechend damit rechnen, daß die Verwaltungsbehörde ungerechtfertigten Aufschub des Gebrauchs seiner Genehmigung verhindert, andererseits muß bei derartig hochkomplizierten und folgenreichen Projekten die Möglichkeit eines Fehlers der Genehmigung oder einer unvorhergesehenen Beeinträchtigung der Interessen Dritter durch das Projekt einkalkuliert und mit der Anfechtung der Genehmigung immer gerechnet werden. Ob wegen der Regelmäßigkeit der Anfechtung die aufschiebende Wirkung für den begünstigten Beteiligten nicht mehr zumutbar ist, ist eine andere Frage, die später noch zu erörtern sein wird[152]. Darauf, daß die Anfechtung erfolgt und grundsätzlich Dritten Rechtsschutz auch gegen die Interessen des begünstigten Beteiligten gewährt wird, muß sich dieser jedenfalls einstellen, um den Schaden durch die Nichteinhaltung seines Zeitplanes im eigenen Interesse so gering wie möglich zu halten[153]. Dies gilt sowohl für rechtzeitigen Be-

[152] Dazu unten Kapitel 3 VII.

ginn der Planung überhaupt, als auch die frühzeitige Antragstellung auf Erteilung der Genehmigung oder auf Durchführung des Planfeststellungsverfahrens und vor allem die Einplanung eines Zeitraumes für die gerichtliche Überprüfung der Genehmigung[154]. Da die sofortige Vollziehung andererseits nicht grundsätzlich ausgeschlossen ist, kann eine alternative Planung notwendig sein, um für beide Möglichkeiten, den Aufschub und die sofortige Vollziehbarkeit, gerüstet zu sein und die Kosten der Umplanung und Anpassung möglichst gering zu halten.

Die Berücksichtigung der aufschiebenden Wirkung in der Planung verlangt vom Unternehmer nur anscheinend mehr als üblicherweise der Bauherr und begünstigte Adressat einer Baugenehmigung leisten muß. Der Mehraufwand an Planung und Kosten wird durch die Besonderheiten des Projektes, seinen Umfang und seine Komplexität, verursacht. Es erscheint nicht unbillig, die daraus erwachsenden Konsequenzen für den Umfang und die Dauer des Rechtsschutzes den Unternehmer selbst mittragen zu lassen. Jedenfalls ist es nicht zu rechtfertigen und widerspräche Art. 19 Abs. 4 GG, alle Risiken für den effektiven Rechtsschutz von vornherein dem Rechtsbehelfsführer aufzubürden[155]. Die Verfahrensbeteiligten, die die Planung iniziiert, den Zeitpunkt ihres Beginns und ihre Durchführung in der Hand haben, die Unternehmer und Betreiber und bei Planfeststellungsbeschlüssen die Planfeststellungsbehörde, sind allein in der Lage, die für die Rechtsschutzgewährung notwendige Zeit einzuplanen. Die Interessen des Unternehmers des Großprojekts und die meist mit der Errichtung verbundenen öffentlichen Interessen werden durch ihn selbst gefährdet, wenn die Planung die Möglichkeit des Rechtsschutzes ignoriert und aus diesem Grund das Projekt nur noch bei sofortiger Vollziehung rentabel ist. Darauf regelmäßig mit der Anordnung der sofortigen Vollziehung zu reagieren, hieße die Ausklammerung des effektiven vorläufigen Rechtsschutzes durch aufschiebende Wirkung der Anfechtung zu forcieren und weitere Fehlplanungen geradezu herauszufordern.

c) Folgen der Teilgenehmigungspraxis für den vorläufigen Rechtsschutz

Dies gilt auch für die besonderen Schwierigkeiten der Koordinierung und Planung, die durch die Teilgenehmigungspraxis bei Errichtung von Kernkraftwerken und anderen umweltbelastenden und nach Bundes-Immissionsschutzgesetz genehmigungspflichtigen Anlagen entstehen.

---

[153] Ebenso VG Freiburg, Beschl. v. 14. 3. 1975, ET 1975, 172, 175 (KKW Wyhl).

[154] So auch VG Freiburg, ebd., S. 172.

[155] VG Freiburg, Beschl. v. 14. 3. 1975, ET 1975, 172, 175.

Die Aufspaltung in Teilgenehmigungen verstärkt zwar die Anforderung an Voraussicht und Planung auf Seiten des Unternehmers und der Genehmigungsbehörden, da die einzelnen Teilabschnitte der Errichtung und Inbetriebnahme aufeinander abgestimmt werden müssen. Die daraus entstehenden Schwierigkeiten dürfen jedoch nicht allein dem Rechtsbehelfsführer zum Nachteil gereichen, indem sie dessen Rechtsschutz durch Ausschluß der aufschiebenden Wirkung bei Teilgenehmigungen verkürzen und dem Unternehmer oder begünstigten Beteiligten dafür doppelten Vorteil durch die Schaffung einer Verfahrenserleichterung und die regelmäßige sofortige Vollziehung bringen.

Die z. B. nach § 18 AtVG und § 8 BImSchG zulässigen Teilgenehmigungen erleichtern den Genehmigungsbehörden durch die Aufspaltung der technisch hochkomplizierten Verfahren in einzelne überschaubare Abschnitte die Beurteilung des Vorliegens der Genehmigungsvoraussetzungen. Sie helfen Kosten sparen, indem sie Gelegenheit geben, Bedenken gegen die Genehmigungsfähigkeit der Pläne frühzeitig aufzudecken und zu korrigieren, sie erlauben eine stufenweise Aufarbeitung technisch schwieriger und räumlich komplexer Vorhaben und sie ermöglichen dem Unternehmer unter Umständen den Baubeginn, noch ehe die Gesamtplanung im Detail fertiggestellt ist[156]. Die Aufspaltung der Genehmigung soll demnach aus Gründen der Verfahrensökonomie und der Kostenersparnis das Genehmigungsverfahren erleichtern, jedoch nicht zu einer Einschränkung der Rechtsposition Dritter führen.

Dies ist nicht nur von Bedeutung für die in der Literatur diskutierte[157] Problematik der Auswirkungen einer Ausklammerung späterer Verfahrensabschnitte und der isolierten Betrachtung der Rechtmäßigkeit der konkret angefochtenen Teilgenehmigungen, die ohne Einbeziehung der drohenden Verletzungen durch spätere Teilgenehmigungsabschnitte auf die Rechtsposition und den Rechtsschutz des Anfechtenden erfolgt. Es hat auch Konsequenzen für die hier erörterte Fragestellung, ob die regelmäßige Anordnung der sofortigen Vollziehung mit den Sachzwängen der Teilgenehmigungspraxis begründet werden kann.

Die lediglich als Verfahrenserleichterung für Unternehmer und Genehmigungsbehörden eingeführte Teilgenehmigungspraxis darf nicht zum Anlaß genommen werden, den vorläufigen Rechtsschutz des Rechtsbehelfsführers durch regelmäßige Verhinderungen des Eintritts der aufschiebenden Wirkung abzubauen. Die Risiken für die Durchführung des Projekts, die durch die Verfahrenserleichterung entstehen, dürfen nicht allein durch eine Einschränkung der Gewährung vorläufigen

---

[156] Vgl. Roßnagel, GewArch 1980, 145, 148; Schmidt-Aßmann, Gestufte Verwaltungsverfahren, S. 574; Sellner, NJW 1975, 801, 802.

[157] Roßnagel, GewArch 1980, 145, 148.

Rechtsschutzes auf den Rechtsbehelfsführer abgewälzt werden, sondern müssen ebenfalls durch rechtzeitige noch gründlichere Planung aufgefangen werden.

Eine konkrete Interessenabwägung ist auch hier erforderlich, in der die auch bei Großprojekten in der Regel erheblichen Aufschubinteressen ausreichend berücksichtigt werden müssen und die Vollzugsinteressen nicht schon allein wegen der Teilgenehmigungspraxis ein besonderes Gewicht haben dürfen.

Die befürchteten Verzögerungsschäden[158] durch automatischen Eintritt der aufschiebenden Wirkung ohne regelmäßig bei Erlaß des Verwaltungsakts angeordnete sofortige Vollziehung der Teilgenehmigungen könnten verringert werden, wenn entgegen einer verbreiteten Praxis[159] die einzelnen Teilgenehmigungen in den jeweiligen vorläufigen Rechtsschutzverfahren nicht isoliert betrachtet würden, sondern als Teil eines Ganzen. Bei der Entscheidung über die aufschiebende Wirkung der Anfechtung der ersten Teilgenehmigung wären also die Interessenverhältnisse im Blick auf das zu errichtende Gesamtprojekt zu berücksichtigen[160]. Ohnehin mutet die Ausklammerung der möglichen Beeinträchtigung des Betroffenen durch die spätere Inbetriebnahme des Projekts in den Verfahren gegen die notwendig vorangehenden Teilgenehmigungen schon als eine willkürliche, künstliche und nur mit Mühe durchzuhaltende Beschränkung an, zumal andererseits auf Seiten der Vollzugsinteressen das Interesse an der rechtzeitigen Fertigstellung und Inbetriebnahme des Projekts schon im vorläufigen Rechtsschutzverfahren gegen die erste Teilerrichtungsgenehmigung berücksichtigt wird und zugunsten der sofortigen Vollziehung aller weiteren Teilgenehmigungen sprechen soll. Zwar kann der Rechtsbehelfsführer zum Zeitpunkt des Erlasses und der Anfechtung der ersten Teilerrichtungsgenehmigung noch nicht unmittelbar durch die späteren Genehmigungen verletzt sein, die erste Teilgenehmigung ist jedoch „conditio sine qua non" der möglichen Rechtsverletzung durch spätere Genehmigungen. In der früheren Teilgenehmigung liegt das sogenannte Gefährdungspotential für die Rechtsverletzung durch eine spätere Genehmigung, die sie voraussetzt und deren Inhalt sie in wesentlichen Teilen festlegt. Die Bedeutung der ersten Teilgenehmigung kann nicht ohne das Gesamtziel betrachtet werden, auf das sie hinführen soll[161].

---

[158] Vgl. Martens, Suspensiveffekt, S. 22, 23; Häusler, WiVerw 1977, 184, 190, 191.

[159] Vgl. dazu die ausführliche Darstellung der Rechtsprechung durch Degenhart, S. 90—92; u. a. VGH Mannheim, Beschl. v. 3. 4. 1973, ET 1973, 248; OVG Koblenz, Beschl. v. 3. 5. 1977, ET 1977, 523.

[160] Die sog. Antizipation des Gefährdungspotentials wird ausdrücklich abgelehnt von Fischerhof, ET 1975, 183; Häusler, WiVerw 1977, 184, 191.

[161] Roßnagel, GewArch 1980, 145, 148, 149.

Durch eine umfassende Berücksichtigung der Gesamtinteressenlage in der Abwägung von Aufschub- und Vollzugsinteressen könnte die notwendige Verzögerung des Vollzugs durch den Rechtsschutz verringert werden. Entweder stellt sich schon dann heraus, daß der Aufschub auch unter Berücksichtigung der Interessen an der Errichtung des Gesamtprojekts gerechtfertigt ist — in diesem Fall werden zumindest die Verluste verhindert, die bei einem späteren Baustop nach einer zunächst begonnenen, teilweisen Errichtung entstehen[162] — oder die sofortige Vollziehung wird auch in Ansehung der Risiken des Gesamtprojekts gestattet, weil ein überwiegendes Vollzugsinteresse besteht, dann kann bei Anfechtung späterer Teilgenehmigungen insoweit schon auf frühere Untersuchungen und die frühere Abwägung verwiesen werden, die sofortige Vollziehung also leichter angeordnet werden.

Das Argument, die Anordnung der sofortigen Vollziehung sei bei Großprojekten schon wegen der durch die technische Kompliziertheit und die hohen Kosten unbedingt erforderlichen Einhaltung eines genauen Zeitplanes unverzichtbar, ist daher weder bei einer einheitlichen Genehmigung noch bei mehreren Teilgenehmigungen haltbar.

2. Keine generelle Höherrangigkeit der Vollzugsinteressen bei Großprojekten

In Zweifel gezogen werden muß vor allem, ob sich die für die regelmäßige Anordnung der sofortigen Vollziehung bei Großprojekten angeführten Interessen, für die oben Beispiele genannt wurden[163], von den Vollzugsinteressen bei den sogenannten Normalprojekten so unterscheiden, daß sie die Interessenabwägung vor der Entscheidung über den Sofortvollzug nach § 80 Abs. 2 Nr. 4 überflüssig machen. Grundsätzlich handelt es sich dabei um die gleichen Interessentypen, die auch am Sofortvollzug normaldimensionierter Projekte bestehen, ein Unterschied besteht meist nur in Umfang und Intensität. Er ist durch die Größe des Bauvorhabens, die größeren Kosten, die oft kompliziertere technische und zeitliche Planung und die Bedeutung des Projekts für einen größeren Personenkreis bedingt. Diese Umstände werden den

---

[162] Siehe zum Problem der Berücksichtigung fehlgeleiteter Investitionen in der Interessenabwägung, die in der Rechtsprechung teilweise unter Hinweis auf das unternehmerische Risiko abgelehnt wird, Degenhart, S. 90, 91 m. w. N. Wegen der weitreichenden und u. U. schwerwiegenden Folgen wirtschaftlicher Schwächung der Unternehmer von Großprojekten für die mit der Errichtung des Vorhabens oft verbundenen öffentlichen Interessen sollte die Gefahr finanzieller Verluste jedoch nicht völlig aus der Interessenabwägung ausgeklammert sein; vgl. dazu VG Schleswig, Beschl. v. 9. 2. 1977, ET 1977, 307.

[163] Siehe oben Kapitel 3 VI 1 a.

Vollzugsinteressen in der Regel ein entsprechend gesteigertes Gewicht verleihen, jedoch keine andere Qualität. Da das Gewicht und die Bedeutung der einzelnen Interessen nur im Zusammenhang mit dem jeweiligen Projekt ermittelt und nicht abstrakt bestimmt werden kann, läßt sich auch keine generelle Höherwertigkeit gegenüber den Aufschubinteressen feststellen.

Lediglich zwei besondere Eigenschaften sind für die Vollzugsinteressen bei Großprojekten charakteristisch. Zum einen ist es das außergewöhnlich starke Ansteigen der Bedeutung des Aufschubs der Vollziehung und des Vollzugsinteresses durch den Umstand, daß die Verwirklichung des Projekts nicht von einer einmaligen Handlung abhängt, sondern, wie eben schon erörtert, eine kontinuierliche Abfolge von zeitlich genau aufeinander abgestimmten Bestandteilen eines umfangreichen, komplizierten Planes ist[164]. Zum zweiten ist es die Tatsache, daß oft bedeutende öffentliche Interessen an der Errichtung des Großprojekts bestehen, deren Erfüllung mit der Befriedigung der Beteiligteninteressen an der sofortigen Vollziehung verknüpft werden, seien es wichtige öffentliche Versorgungsinteressen oder seien es öffentliche Interessen an der Schaffung struktur-, arbeits- oder sonstiger wirtschaftspolitisch bedeutsamer Anlagen. Ein Scheitern des Projekts als Folge des Aufschubs etwa wegen Konkurses des Unternehmers oder weil das Projekt sich für ihn als unrentabel erweist, wirkt sich nicht nur auf die wirtschaftlichen und finanziellen Belange des Unternehmers aus, sondern zieht zugleich öffentliche Interessen in Mitleidenschaft. Zwar könnten auch öffentliche Interessen an der Durchführung eines privaten normaldimensionierten Projekts bestehen, eine derartige Abhängigkeit der Erfüllung wichtiger öffentlicher Versorgungsinteressen von der Planung und der Durchführbarkeit eines privaten Vorhabens ist jedoch nur bei Großprojekten zu finden.

Diese beiden Besonderheiten, die die Sofortvollzugsinteressen bei Großprojekten nicht nur quantitativ, sondern auch qualitativ prägen, könnten jedoch ebenfalls nicht die Notwendigkeit einer regelmäßigen Anordnung der sofortigen Vollziehung bei Großprojekten begründen. Erst eine Interessenabwägung im Einzelfall kann nämlich ergeben, welches Gewicht diese Interessen haben. Die Notwendigkeit der Durchführung der Interessenabwägung ergibt sich schließlich auch daraus, daß der effektive Rechtsschutz des Rechtsbehelfsführers bei sofortiger Vollziehung der Genehmigung von Großprojekten auch einer verstärkten Gefahr der Schaffung vollendeter Tatsachen ausgesetzt sein kann.

---

[164] Degenhart bezeichnet dies als „zeitliche Dimension“ des atomrechtlichen Verfahrens, S. 88.

3. Zusammenfassung und Ergebnis

Die für Großprojekte charakteristischen und zum Teil spezifischen Sofortvollzugsinteressen sind daher kein Argument für die regelmäßige Anordnung der sofortigen Vollziehung abweichend vom üblichen Verfahren bei der Entscheidung nach § 80 Abs. 2 Nr. 4. Obwohl sich bei Großprojekten im allgemeinen eine größere Dringlichkeit des Vollzugs feststellen läßt, kann man daraus noch nicht den Schluß ziehen, das Vollzugsinteresse überwiege dort generell das Aufschubinteresse. Der oben festgestellte Zweck des § 80, vorläufigen Rechtsschutz zu gewähren, verlangt aber die Feststellung eines überwiegenden Sofortvollzugsinteresses als Voraussetzung der Anordnung der sofortigen Vollziehung. Der Schutz der Beteiligteninteressen hat danach im Rahmen einer Interessenabwägung zu erfolgen. Ob die aufgeführten Interessen besondere öffentliche oder überwiegende private Sofortvollzugsinteressen sind, ergibt erst die Abwägung mit den konkreten Aufschubinteressen. Bei dieser Abwägung ist entgegen einer verbreiteten Ansicht[165] die sogenannte zeitliche Dimension, das heißt die Notwendigkeit der Einhaltung von Zeitplänen bei der Errichtung und Inbetriebnahme von Großprojekten, kein Argument für ein regelmäßiges überwiegendes Sofortvollzugsinteresse, da durch rechtzeitige vorsorgliche Planung die Gefahren für den kontinuierlichen Ablauf der Errichtung und die Verzugsschäden geringer gehalten werden könnten. Versäumnisse bei der Planung dürfen nicht einseitig zu Lasten des effektiven Rechtsschutzes gehen. Bei der Berücksichtigung öffentlicher Interessen an der rechtzeitigen Errichtung und Inbetriebnahme eines Großprojekts im Rahmen einer Interessenabwägung darf dem Sofortvollzugsinteresse nicht schon dadurch ein höheres Gewicht zugesprochen werden, daß die Erfüllung öffentlicher Interessen willkürlich von der Befriedigung privater wirtschaftlicher Belange abhängig gemacht wird. Erfüllen private Unternehmen besonders wichtige öffentliche Interessen, darf ihre Planung sich nicht stärker auf die Gewährung sofortiger Vollziehung und Zurückdrängung entgegenstehender Rechtsschutzinteressen Dritter verlassen können als bei rein privatwirtschaftlicher Motivation für das Vorhaben. Es muß im Gegenteil um so sorgfältigere Planung und Koordinierung erwartet werden können, je wichtiger die Versorgungsinteressen sind.

---

[165] Martens, Suspensiveffekt, S. 22, 23; Ule, GewArch 1978, 73; Degenhart, S. 88.

VII. Regelmäßige Anordnung der sofortigen Vollziehung nach § 80 Abs. 2 Nr. 4 wegen regelmäßiger Anfechtung der Genehmigung von Großprojekten

Die regelmäßige Anordnung der sofortigen Vollziehung bei Großprojekten ließe sich möglicherweise mit der Überlegung rechtfertigen, daß die übliche Auslegung des § 80 Abs. 1 und Abs. 2 Nr. 4, die ein aus einer Interessenabwägung hervorgegangenes überwiegendes Sofortvollzugsinteresse als Voraussetzung der sofortigen Vollziehung zur Sicherstellung effektiven Rechtsschutzes fordert, den Belangen der Beteiligten bei Großprojekten nicht mehr gerecht werden könnte und anpassungsbedürftig wäre.

Ein Grund für eine Anpassung, durch die der Vorrang des Aufschubinteresses in § 80, der unter anderem im Regel-Ausnahme-Verhältnis zwischen aufschiebender Wirkung und Sofortvollzug verkörpert ist, bei Großprojekten aufgehoben und die regelmäßige sofortige Vollziehung eingeführt würde, könnte möglicherweise in der regelmäßigen Anfechtung der Genehmigung von Großprojekten zu sehen sein. Dadurch könnte das Funktionieren des Systems des vorläufigen Rechtsschutzes nach § 80 gestört sein und — wie Martens für die Kernkraftwerkgenehmigung meint[166] — die innere Rechtfertigung der automatisch eintretenden aufschiebenden Wirkung verlorengegangen sein.

1. Verlust der „inneren Rechtfertigung" der aufschiebenden Wirkung durch regelmäßige Anfechtung der Genehmigung von Großprojekten

a) Verallgemeinerungsfähiger Gedanke aus § 80 Abs. 2 Nr. 1

Martens stützt seine These vom Verlust der inneren Rechtfertigung des Suspensiveffekts — nicht nur dessen automatischen Eintritts — durch die regelmäßige Anfechtung auf die Regelung des § 80 Abs. 2 Nr. 1, nach der die aufschiebende Wirkung bei Anfechtung solcher Verwaltungsakte, die öffentliche Abgaben anfordern, entfällt. Mit dieser Regelung solle der für die Erfüllung öffentlicher Aufgaben besonders wichtige stetige Eingang öffentlicher Abgaben sichergestellt werden, da sonst zu befürchten sei, daß dieses Ziel durch eine große Zahl „(auch aussichtsloser) Rechtsbehelfe" vereitelt würde[167]. Daraus sei der verallgemeinerungsfähige, auch auf § 80 Abs. 2 Nr. 4 anwendbare Gedanke

[166] So Martens, Suspensiveffekt, S. 17, 18, der im übrigen schon grundsätzlich dem Suspensiveffekt keinen Vorrang vor dem Sofortvollzug zuerkennen will.

[167] Martens, Suspensiveffekt, S. 17, 18.

zu entnehmen, daß dort, wo die Anfechtung zur Regel werde, der Suspensiveffekt seine innere Rechtfertigung verliere, wenn er dazu führe, daß die öffentlichen Interessen nicht oder nicht rechtzeitig verwirklicht werden könnten.

Diese Argumentation ist jedoch aus mehreren Gründen nicht stichhaltig. Zum einen bestehen schon erhebliche Zweifel, ob aus der besonderen Regelung für Verwaltungsakte, die öffentliche Abgaben und Kosten anfordern, ein verallgemeinerungsfähiger Gedanke abgeleitet werden kann. Die Regelung des § 80 Abs. 2 Nr. 1 beruht auf besonderen fiskalischen Erwägungen[168]. Grund für den gesetzlichen Ausschluß der aufschiebenden Wirkung in § 80 Abs. 2 Nr. 1 ist das öffentliche Interesse an geregelter Haushaltsplanung, die einen gleichmäßigen Zufluß öffentlicher Mittel erfordert. Dieses Interesse, von dem die Verwirklichung vieler weiterer öffentlicher Interessen abhängt, wäre durch die aufschiebende Wirkung besonders gefährdet, nicht allein weil der Aufschub der Zahlungen die öffentliche Finanzkraft schwächte, sondern auch, weil eine Anfechtung, auch die völlig aussichtslose, mit der Folge der aufschiebenden Wirkung dem Anfechtenden möglicherweise den unmittelbaren Vorteil eines Zinsgewinnes und des Erhalts der Dispositionsfreiheit über seine finanziellen Mittel brächte, also ein besonderer zusätzlicher Anreiz für die Anfechtung und auch die mißbräuchliche Ausnutzung der aufschiebenden Wirkung bestünde. Die Anfechtung der Genehmigung eines Großprojekts bringt dagegen dem Anfechtenden neben dem grundsätzlich legitimen Vorteil des Aufschubs der Vollziehung in der Regel keine weiteren Vorzüge, die einen derartigen zusätzlichen Anreiz für die Anfechtung bieten könnten. Es besteht daher kein Anlaß für die Übertragung des Gedankens des § 80 Abs. 2 Nr. 1 auf die Anfechtung der Genehmigung von Großprojekten wie z. B. Kernkraftwerken.

Die Ratio des § 80 Abs. 2 Nr. 1 ist weiterhin auch deswegen nicht auf den Rechtsschutz gegen Großprojekte übertragbar, weil die Gefahr der Schaffung vollendeter Tatsachen durch Wegfall der aufschiebenden Wirkung bei sogenannten „Geldleistungsverwaltungsakten" wesentlich geringer ist, als bei sofortiger Vollziehung der Genehmigung eines Großprojekts.

Mit Ausnahme besonders krasser Fälle die wirtschaftliche Existenz bedrohender Abgabenschulden, in denen durch Anordnung der aufschiebenden Wirkung nach der Spezialregelung des § 80 Abs. 4 S. 3 der Eintritt vollendeter Tatsachen verhindert werden kann, kann zumindest die Hauptbelastung für den Adressaten durch ungerechtfertigte, sofort zu vollziehende Zahlungsanforderungen im Wege der Rück-

[168] Siehe dazu Finkelnburg, RN 367.

zahlung der geleisteten Beträge weitgehend beseitigt werden. Demgegenüber sind die Folgen ungerechtfertigter sofortiger Vollziehung einer Baugenehmigung für ein Großprojekt, wenn überhaupt, sehr viel schwieriger zu beseitigen. Oft bleibt die Zahlung eines finanziellen Ausgleichs für irreparable Rechtsbeeinträchtigungen die einzige Möglichkeit der Kompensation, wenn die Vollziehung Zustände geschaffen hat, die nicht mehr zu beseitigen sind[169]. Diese Risiken irreparabler Zustände sind bei Geldleistungsverwaltungsakten geringer, da dort zwar finanzielle Einbußen, in der Regel aber keine substantiellen Einwirkungen auf die Umwelt zu befürchten sind.

Schließlich steht der Übertragung des Gedankens des § 80 Abs. 2 Nr. 1 auf § 80 Abs. 2 Nr. 4 bei regelmäßiger Anfechtung noch ein weiterer wesentlicher Unterschied entgegen. Bei § 80 Abs. 2 Nr. 1 ist von vornherein die Wertung erkennbar, daß das öffentliche Interesse an stetigem, kalkulierbarem Zufluß öffentlicher Mittel das Aufschubinteresse überwiegt. Dieses fiskalische Interesse ist ein festumrissenes, in seiner generellen Bedeutung auch von der Höhe der einzelnen Abgabenforderungen unabhängiges öffentliches Interesse. Bei regelmäßiger Anfechtung der Genehmigung von Großprojekten können dagegen die betroffenen öffentlichen und privaten Interessen sehr unterschiedlich zu bewerten sein. Wie bedeutend und wie dringlich sie sind und wie groß ihre Gefährdung durch den Aufschub der Vollziehung ist, ist nicht für alle Fälle, in denen die regelmäßige Anfechtung erfolgt, abstrakt feststellbar, sondern erst im Einzelfall zu ermitteln.

Die Übernahme eines den generellen Ausschluß der aufschiebenden Wirkung in § 80 Abs. 2 Nr. 1 rechtfertigenden Gedankens auf die Fälle regelmäßiger Anfechtung der Großprojektgenehmigungen ist daher nicht zulässig[170].

b) Innere Rechtfertigung der aufschiebenden Wirkung aus der Erfüllung ihres Zwecks

Weiterhin ist fraglich, ob die innere Rechtfertigung des Suspensiveffekts tatsächlich voraussetzt, daß die Verwaltungsakte nicht regelmäßig angefochten werden, d. h. es ist zu prüfen, ob der automatische Eintritt der aufschiebenden Wirkung nach § 80 Abs. 1 nur dort gerechtfertigt ist, wo die Anfechtung nicht regelmäßig zu erwarten ist. Die sogenannte „innere Rechtfertigung" der aufschiebenden Wirkung, die nach Martens bei regelmäßiger Anfechtung verloren gehen soll[171],

---

[169] Wie z. B. die Veränderung des Grundwasserspiegels durch große betonierte Flächen.

[170] Anderer Ansicht, jedoch nicht überzeugend, Martens, Suspensiveffekt, S. 18.

[171] Martens, Suspensiveffekt, S. 18.

erhält diese in erster Linie aus der Erfüllung ihres oben geschilderten Zwecks[172], effektiven vorläufigen Rechtsschutz zu leisten. Teil der inneren Rechtfertigung ist jedoch auch die Funktionsfähigkeit des mit dem dargestellten Regel-Ausnahme-Verhältnis zwischen § 80 Abs. 1 und Abs. 2 geschaffenen Instrumentariums, das den Ausgleich zwischen den durch den Aufschub betroffenen Vollzugsinteressen und den Aufschubinteressen sicherstellen soll. Ihre innere Rechtfertigung kann die aufschiebende Wirkung daher verlieren, wenn sie wegen veränderter äußerer Umstände nicht mehr ihren Zweck erfüllen kann oder die Schutzfunktion des Regel-Ausnahme-Systems für die Vollzugsinteressen nicht mehr sichergestellt ist. Fraglich ist, ob dies bei regelmäßiger Anfechtung eines bestimmten Verwaltungsakts-Typs der Fall ist.

Zunächst kann nicht die Rede davon sein, daß die aufschiebende Wirkung bei regelmäßig erfolgender Anfechtung nicht mehr ihren Zweck, die Effektivität des Rechtsschutzes für den Rechtsbehelfsführer zu gewährleisten, erfüllte. Die Wirkungsweise der automatisch eintretenden aufschiebenden Wirkung und der durch sie gewährte Schutz des Rechtsbehelfsführers bleiben unverändert. Auch ändert sich nicht etwa das Bedürfnis des Rechtsbehelfsführers nach effektivem vorläufigen Rechtsschutz. Der automatische Eintritt der aufschiebenden Wirkung ohne vorgeschaltete behördliche oder gerichtliche Entscheidung über ihre Berechtigung ist auch hier eine sinnvolle und wirksame Absicherung des vorläufigen Rechtsschutzes.

Daß die Genehmigungen von Großprojekten fast immer angefochten werden, läßt sich aus dem Umfang dieser Projekte, ihren weitreichenden Auswirkungen und ihrer großen Bedeutung für weite Bevölkerungskreise erklären, die die Zahl potentiell Betroffener erheblich ansteigen lassen. Die große Zahl der Anfechtungen rechtfertigt auch noch nicht die Vermutung, die aufschiebende Wirkung werde mißbräuchlich ausgenutzt. Wird der Mißbrauch der Anfechtung festgestellt, verringert dies, wie oben schon dargelegt[173], das Aufschubinteresse und führt häufig zu seinem Wegfall, so daß in der Regel die Anordnung der sofortigen Vollziehung nach § 80 Abs. 2 Nr. 4 gerechtfertigt ist. Auch ein eventuell bei Großprojekten wegen ihres großen Bekanntheitsgrades gesteigertes Risiko rechtsmißbräuchlicher Anfechtung darf jedoch nicht zu einer Verkürzung des vorläufigen Rechtsschutzes für alle Anfechtenden führen.

Ebensowenig wie die Erfüllung des Zwecks der aufschiebenden Wirkung wird durch die regelmäßige Anfechtung der Genehmigung von Großprojekten die Funktionsfähigkeit der Regelung des § 80 Abs. 2

---

[172] Siehe oben Kapitel 3 V 2.

[173] Siehe oben Kapitel 3 II 1 d.

Nr. 4 zum Nachteil der Vollzugsinteressen beeinträchtigt. Die regelmäßige Anfechtung ruft kein Bedürfnis nach Änderung der Auslegung des § 80 Abs. 1 und Abs. 2 Nr. 4 zum Schutz der Vollzugsinteressen hervor. § 80 Abs. 2 Nr. 4 schützt die Vollzugsinteressen vor der Gefahr ungerechtfertigter Beeinträchtigung durch die aufschiebende Wirkung, indem er der Verwaltungsbehörde die Möglichkeit gibt, bei besonders dringlichen Vollzugsinteressen, die sich in der Interessenabwägung als das Aufschubinteresse überwiegend herausgestellt haben, die sofortige Vollziehung anzuordnen. Für die Funktionsfähigkeit und die Wirkung dieser Regelung im Einzelfall ist es gleichgültig, wie oft sie — wegen regelmäßig erfolgender Anfechtung — eingreifen muß. Daß die Anfechtung fast immer zu erwarten ist, kann bei der Prüfung der Voraussetzungen der Anordnung der sofortigen Vollziehung durch die Verwaltungsbehörde im *Einzelfall* eine Rolle spielen. Die grundsätzliche Interessenkonstellation zwischen widerstreitenden Aufschub- und Vollzugsinteressen, die Voraussetzung der Regelungen des § 80 Abs. 1 und Abs. 2 ist, wird durch die regelmäßige Anordnung jedoch nicht verändert.

2. Ergebnis: Innere Rechtfertigung der automatischen aufschiebenden Wirkung auch bei regelmäßiger Anfechtung

Der Nachteil, der dem begünstigten Beteiligten durch die regelmäßige Anfechtung entsteht, weil er fast immer mit der Anfechtung und der aufschiebenden Wirkung rechnen und sie in seiner Planung berücksichtigen muß, ist daher im wesentlichen durch die Eigenarten des Projektes, das meist einen großen Personenkreis berührt, bedingt. Diesen Nachteil durch die regelmäßige Anordnung der sofortigen Vollziehung ohne konkrete Interessenabwägung auszugleichen, ist nicht mehr durch den Zweck des § 80 Abs. 2 Nr. 4, eine Belastung der Vollzugsinteressen durch ungerechtfertigte aufschiebende Wirkung zu vermeiden, gefordert, vielmehr veränderte ein solcher vermeintlicher Ausgleich einseitig die § 80 Abs. 2 Nr. 4 zugrundeliegende Interessenkonstellation.

Dieses Ergebnis ist auch deswegen gerechtfertigt, weil die regelmäßige Anfechtung keine Interessenverschiebung zugunsten des Rechtsbehelfsführers hervorruft. Der Rechtsbehelfsführer ist hier grundsätzlich ebenso schutzbedürftig vor eventuellen vollendeten Tatsachen, wie er es bei Verwaltungsaktstypen ist, die weniger regelmäßig angefochten werden. Die innere Rechtfertigung des automatischen Eintritts der aufschiebenden Wirkung geht demnach auch durch die Regelmäßigkeit der Anfechtung der Genehmigung von Großprojekten nicht verloren.

VIII. Regelmäßige Anordnung der sofortigen Vollziehung wegen Anpassung der Auslegung des § 80 Abs. 2 Nr. 4 an die Situation des Verwaltungsakts mit Drittwirkung

Eine stärkere Berücksichtigung der Vollzugsinteressen durch regelmäßige Anordnung der sofortigen Vollziehung, die die automatische aufschiebende Wirkung praktisch ausschlösse, könnte allerdings deswegen zu erwägen sein, weil die Genehmigung von Großprojekten Verwaltungsakte mit Drittwirkung sind und die Möglichkeit der Anfechtungsklage gegen solche Verwaltungsakte bei der Regelung des vorläufigen Rechtsschutzes in der VwGO ursprünglich nicht bedacht worden war[174]. Die Rechtsprechung hatte die Aufgabe, auf sie ein bestehendes System des vorläufigen Rechtsschutzes anzuwenden, das ihren Besonderheiten möglicherweise nicht in allen Situationen gerecht werden kann. Das Zusammentreffen der sonst hinnehmbaren Nachteile aus der Drittanfechtung für den begünstigten Adressaten mit den Besonderheiten der Großprojekte könnte Anlaß dafür sein, die vom Bundesverfassungsgericht[175] geforderte Gewährung effektiven Rechtsschutzes bei Verwaltungsakten mit Drittwirkung im Rahmen des bestehenden Systems des vorläufigen verwaltungsgerichtlichen Rechtsschutzes erneut zu überdenken. Es soll daher untersucht werden, ob aus dieser besonderen Situation die Zulässigkeit der Ausschaltung der automatischen aufschiebenden Wirkung durch regelmäßige Anordnung der sofortigen Vollziehung geschlossen werden kann. Wegen der Besonderheiten des Verwaltungsakts mit Drittwirkung könnte sich hier das bisher am Zweck des § 80 ausgerichtete Verhältnis zwischen Rechtsbehelfsführer- und Adressatenschutz zugunsten des Adressaten verschieben[176].

1. Schutzbedürftigkeit des begünstigten Adressaten des Verwaltungsakts mit Drittwirkung vor ungerechtfertigter Beeinträchtigung durch vorläufigen Rechtsschutz Dritter

Die Gewährung vorläufigen Rechtsschutzes nach § 80 statt § 123 bei Anfechtung eines Verwaltungsakts mit Drittwirkung beruht auf der Überlegung, daß die Regelung des § 80, die schon ihrem Wortlaut nach

---

[174] Siehe oben Kapitel 2 II 1.

[175] BVerfGE 35, 263, 279.

[176] Vgl. dazu Scholz, der eine Verpflichtung der Rechtsprechung und der Verwaltung zu „wechselseitiger Kompensation", „gegenseitiger Anpassung" und „prinzipiellem Offensein für Wandlungen bei der jeweils anderen Staatsgewalt" aus der gemeinsamen Verantwortung beider Gewalten für die rechtsstaatlich-demokratische Einheit des Staates ableitet, VVDStRL 34 (1976), 145, 160, 189; eine solche Anpassung der Rechtsprechung könnte hier aus rechtsstaatlichen Gründen erforderlich sein.

bei der Anfechtungsklage eingreift, sowohl den effektiven vorläufigen Rechtsschutz des Rechtsbehelfsführers gewährleistet, als auch wegen der Möglichkeit der Anordnung der sofortigen Vollziehung nach § 80 Abs. 2 Nr. 4 und § 80 Abs. 5 analog den Schutz der Interessen des Adressaten sicherzustellen in der Lage ist[177]. Weiter gestützt wurde diese Ansicht durch die Rechtsprechung des Bundesverfassungsgerichts, nach der die Regelungen der VwGO zwar nicht auf die Verwaltungsakte mit Drittwirkung zugeschnitten seien, aber ihrem Sinn und Zweck und ihrer Systematik entsprechend durch Auslegung und Analogie den Rechtsschutzerfordernissen dieses Verwaltungsaktstyps angepaßt werden könnten[178]. Um ein derartiges Anpassungserfordernis könnte es sich hier handeln.

Im Gegensatz zur Anfechtung des „normalen" belastenden Verwaltungsakts stehen sich bei der Anfechtung eines begünstigenden Verwaltungsakts mit Drittwirkung nicht nur Träger öffentlicher Gewalt und belasteter Bürger gegenüber, sondern es besteht ein Interessengegensatz zwischen dem durch den Verwaltungsakt belasteten, am Aufschub der Vollziehung interessierten Rechtsbehelfsführer und dem an einer sofortigen Vollziehung interessierten begünstigten Adressaten. Welcher Art die Vollzugsinteressen des Adressaten sein können, die durch die aufschiebende Wirkung nach § 80 Abs. 1 berührt sein könnten, wurde schon oben geschildert[179]. Bei Anfechtung der Genehmigungen von Großprojekten durch Dritte, Nichtadressaten, kann die automatische aufschiebende Wirkung neben verschiedenen außerrechtlichen und einfachgesetzlich geschützten Interessen auch grundrechtlich geschützte Positionen des begünstigten Adressaten berühren. Zwar genießt die Genehmigung für sich keinen Grundrechtsschutz, sie kann jedoch gesetzliche Voraussetzung der Wahrnehmung eines grundrechtlich geschützten Rechts sein, und als solche kann ihr Gebrauch, wenn sie rechtmäßig ist, von der Grundrechtsgarantie umfaßt sein. Der Aufschub der Vollziehung der rechtmäßigen Genehmigung eines Großprojekts wird häufig das durch Art. 14 GG geschützte Recht der baulichen Nutzung von Grundeigentum, die sogenannte Baufreiheit[180] oder das ebenfalls durch Art. 14 GG geschützte Recht am eingerichteten und ausgeübten Gewerbebetrieb, wenn der Aufschub das Scheitern eines schon eingerichteten Gewerbebetriebs zur Folge hat[181], berühren[182].

---

[177] Vgl. Finkelnburg, RN 329 f.

[178] BVerfGE 35, 263, 279.

[179] Siehe Kapitel 3 VI 1 a.

[180] Vgl. Kimminich, BK, Art. 14 RN 141 zur Baufreiheit, die durch Art. 14 GG geschützt ist.

[181] Siehe dazu Kimminich, BK, Art. 14 RN 76; der erst geplante Gewerbebetrieb genießt nicht den Schutz des Art. 14 GG.

Der Adressat hat einen grundrechtlich geschützten Anspruch auf den Gebrauch der rechtmäßigen Genehmigung, die Voraussetzung der Ausübung grundrechtlich geschützter Tätigkeit ist[183]. Bei Großprojekten wird die Gefährdung der Rechtsposition des Adressaten durch den Aufschub der Vollziehung seiner Genehmigung oft noch gravierender, weil dort in der Regel die Verluste des Adressaten bei Verzögerung der Errichtung größer sind und die Gefahr des Scheiterns des Projekts aus den oben schon genannten Gründen, wie hoher finanzieller Belastung, Schwierigkeiten bei der Planung und Koordinierung des Gesamtprojekts, größer ist also sonst. Hinzu kommt, daß hier die gerichtlichen vorläufigen Rechtsschutzverfahren wegen der Kompliziertheit der Materie oft längere Zeit in Anspruch nehmen als bei Normalprojekten. Diese Umstände erhöhen auch die Gefahr der Schaffung vollendeter Tatsachen durch den Aufschub für den Adressaten und das Schutzbedürfnis des Adressaten gegenüber ungerechtfertigter aufschiebender Wirkung.

Ebenso wie der Rechtsbehelfsführer hat der Adressat einen Anspruch darauf, daß seine Rechte und Grundrechte im vorläufigen Rechtsschutzverfahren nicht verletzt werden. Dieser Anspruch erfordert die Einhaltung eines Verfahrens, das den Schutz der Adressateninteressen gewährleisten kann. Die aufschiebende Wirkung als den Adressaten belastende Maßnahme tritt hier zwar durch die Anfechtung, also eine Handlung des Rechtsbehelfsführers ein, für die Auslegung und Anwendung der gesetzlichen Regeln des § 80 sind jedoch Verwaltung und Gerichte zuständig. Da Rechtsbehelfsführer und Adressat grundsätzlich gleichberechtigte Bürger sind, muß die Anwendung der Regelung des vorläufigen Rechtsschutzes in § 80 sie beide vor Verletzung ihrer Rechte bewahren. Diesen Schutz hat die Verwaltungsbehörde, die über die Anordnung der sofortigen Vollziehung zu befinden hat, zu leisten.

2. Zulässigkeit der Einschränkung von Adressatenrechten zugunsten des Rechtsschutzes Dritter

Eingriffe des Staates in die Rechte eines Bürgers zum Vorteil oder Schutz anderer Bürger, die auf diese Weise eine ungleiche Belastung

[182] Die Auswirkungen des Aufschubs der Vollziehung auf die durch Art. 12 GG geschützte Berufsfreiheit der Unternehmer, Betreiber und erst recht der möglichen späteren Arbeitnehmer des zu errichtenden Großvorhabens, auch wenn es sich dabei um hochspezialisierte Fachleute handelt, sind zu mittelbar, als daß darin schon eine Beeinträchtigung dieses Grundrechts gesehen werden könnte.

[183] Dieser Anspruch besteht gegenüber hoheitlicher Gewalt. Das Problem der Drittwirkung von Grundrechten gegenüber dem rechtsmißbräuchlich handelnden Rechtsbehelfsführer spielt im Rahmen dieser Erörterungen keine Rolle.

jener Bürger untereinander mit sich bringen, sind oft erforderlich und nicht immer rechts- oder gar verfassungswidrig. Voraussetzung für ihre Rechtmäßigkeit ist jedoch, daß die ungleiche Belastung nicht willkürlich geschieht und wie bei jedem hoheitlichen Eingriff der Grundsatz der Verhältnismäßigkeit gewahrt wird.

Eine Verletzung von Adressatenrechten liegt nicht vor, wenn die Genehmigung, deren Vollziehung aufgeschoben wurde, rechtswidrig ist, was sich im Hauptsacheverfahren herausstellen kann. Mit der automatisch eintretenden aufschiebenden Wirkung ist jedoch auch das Risiko des Aufschubs der Vollziehung einer rechtmäßigen Genehmigung verbunden. Die Möglichkeit der Anordnung der sofortigen Vollziehung aufgrund einer Interessenabwägung und aufgrund eines den Verhältnismäßigkeitsgrundsatz beachtenden Verfahrens verringert diese Gefahr, kann sie jedoch nicht ganz ausschließen. Fraglich ist, ob das verbleibende Risiko eine willkürliche, den Adressaten im Verhältnis zum Rechtsbehelfsführer unangemessen benachteiligende oder unverhältnismäßige Belastung ist.

An früherer Stelle dieser Arbeit wurde schon dargestellt[184], daß die Belastung des Adressaten eines Verwaltungsakts mit Drittwirkung mit der aufschiebenden Wirkung und mit dem Risiko, eine rechtmäßige Genehmigung nicht sofort vollziehen zu dürfen, im Rahmen des Systems des vorläufigen Rechtsschutzes nach § 80 zur Gewährleistung effektiven vorläufigen Rechtsschutzes für den Rechtsbehelfsführer konsequent und notwendig ist und dem Zweck der Regelung entspricht. Da die Gewährung vorläufigen Rechtsschutzes durch die aufschiebende Wirkung, die den prinzipiellen Vorrang des Rechtsbehelfsführerinteresses in § 80 rechtfertigt, nur eine und nicht die einzig denkbare und zulässige Möglichkeit der durch Art. 19 Abs. 4 GG geforderten Sicherstellung effektiven Rechtsschutzes ist, darf die Rechtfertigung für die Zurückstellung der Adressateninteressen hier nicht allein aus § 80 und dessen Systematik abgeleitet werden, vielmehr müssen dafür auch Gründe außerhalb der Regelung des § 80 gesucht werden.

a) Instabilität der Genehmigung durch Anfechtung und Aufhebbarkeit

Solche Gründe könnten sich hier aus der besonderen Position des begünstigten Adressaten aufgrund der Anfechtbarkeit des Verwaltungsakts ergeben.

Grundsätzlich muß der Adressat eines begünstigenden Verwaltungsakts zwar davon ausgehen können, daß die Genehmigungsbehörde ihm eine rechtmäßige Genehmigung erteilt hat, er also einen Anspruch auf

---

[184] Siehe oben Kapitel 3 II 2 c cc und V 2.

Erhalt und Gebrauch der Begünstigung hat. Es bestehen jedoch mehrere Ursachen, die den Bestand des Verwaltungsakts nach dessen Erhalt bedrohen und daher das Vertrauen des Adressaten in den Erhalt und die Ausnutzung der Begünstigung beschränken[185]. Ursachen für diese Instabilität der Begünstigung sind im wesentlichen die Folgen der Einhaltung der verfassungsrechtlichen Grundsätze des Rechtsstaatsprinzips, der Gewaltenteilung und der Rechtsschutzgarantie für durch staatliche Maßnahmen betroffene Bürger, die die Kontrolle der Verwaltung und die Überprüfbarkeit der Entscheidungen durch Gerichte verlangen. So muß der begünstigte Adressat bis zum Ablauf der Anfechtungsfrist mit der Anfechtung des Verwaltungsakts rechnen, die die Aufhebung des Verwaltungsakts wegen dessen Rechtswidrigkeit, im Widerspruchsverfahren sogar aus reinen Zweckmäßigkeitserwägungen zur Folge haben kann[186]. Wurden Widerspruch oder Anfechtungsklage innerhalb der Anfechtungsfrist eingelegt, besteht diese Instabilität weiter.

Der Bestand des Verwaltungsakts ist darüber hinaus durch Rücknahme- und Widerrufsmöglichkeit der Verwaltung auch nach Ablauf der Anfechtungsfrist gemäß §§ 48 und 49 VwVfG bedroht. In diesen Fällen ist allerdings — abgestuft nach verschiedenen Graden der Schutzwürdigkeit des Adressaten — ein Vertrauensschutz vorgesehen, der zum Teil im Ausgleich des Vermögensschadens besteht, den der Adressat durch die Aufhebung erleidet. Die Begünstigung verliert der Adressat dabei dennoch. Wird sogar nach Ablauf der Anfechtungsfrist ein Vertrauen in den Bestand des Verwaltungsakts geschützt, so ist erst recht eine Beschränkung des Vertrauens in den Erhalt der Begünstigung nach Anfechtung innerhalb der Anfechtungsfrist anzunehmen.

Unterstützt wird diese Annahme der Einschränkung des Vertrauens in den Bestand des angefochtenen Verwaltungsakts durch die Regelung des § 50 VwVfG, die bestimmt, daß bei Aufhebung eines von einem Dritten angefochtenen begünstigenden Verwaltungsakts während des Vorverfahrens oder des verwaltungsgerichtlichen Verfahrens die Vorschriften des § 48 Abs. 1 S. 2, Abs. 2 bis 4 und Abs. 6 sowie § 49 Abs. 2, 3 und 5 VwVfG nicht gelten. So unklar diese Regelung ist, so viele Fragen die so oft als mißglückt bezeichnete Vorschrift[187] auch offen läßt oder erst aufwirft, so deutlich bringt sie doch die durch die Anfechtung des Verwaltungsakts verursachte Beschränkung des Vertrauensschutzes des Adressaten zum Ausdruck. Die durch § 50 ausgeschlossenen Vorschriften regeln ausnahmslos den Vertrauensschutz bei Rücknahme und Widerruf von Verwaltungsakten. Ihr Ausschluß ist nur zulässig, wenn

---

185 Siehe dazu u. a. Lange, WiVerw 1979, 15, 19.

186 Vgl. Lange, Jura 1980, 456, 463, 464.

187 Vgl. Meyer in Meyer/Borgs, § 50 RN 1.

man bei Anfechtung eines begünstigenden Verwaltungsakts das Vertrauen des Adressaten in den Erhalt der Begünstigung nicht für schutzwürdig hält[188]. Während die Regelungen über die Rücknahme nach § 48 Abs. 1 VwVfG und den Widerruf nach § 49 Abs. 1 VwVfG unabhängig von der Anfechtung und der Anfechtbarkeit des Verwaltungsakts gelten und deswegen dort im Normalfall das Vertrauen des begünstigten Adressaten in begrenztem Umfang geschützt ist, hat der Gesetzgeber in § 50 dem Umstand Rechnung getragen, daß bei tatsächlich erfolgter Anfechtung das Vertrauen des begünstigten Adressaten auf den Bestand des Verwaltungsakts eingeschränkt und weniger schützenswert ist[189].

b) Zumutbarkeit der Beschränkung des Gebrauchs des Verwaltungsakts durch aufschiebende Wirkung

Die erwähnten gesetzlichen Regelungen setzen ersichtlich voraus, daß der Adressat eines begünstigenden Verwaltungsakts wegen der Aufhebbarkeit im Anfechtungsverfahren in seinem Vertrauen auf den Erhalt der Begünstigung eingeschränkt ist[190]. Diese Instabilität des Verwaltungsakts ist Konsequenz der Befolgung der verfassungsrechtlichen Grundsätze des Rechtsstaatsprinzips und der Rechtsschutzgarantie, die die Überprüfbarkeit und die Aufhebbarkeit des Verwaltungsakts fordern. Sie liegt im Rahmen der Sozialbindung des Eigentums des begünstigten Adressaten oder, soweit andere Grundrechte betroffen sind, ist sie als sogenannte verfassungsimmanente Schranke zulässig[191]. Schranken der Grundrechte des Adressaten sind die Rechte anderer, erst recht die grundrechtlich geschützten Rechtsgüter und die Verfassungsprinzipien des Grundgesetzes[192]. Sowohl die jeweils als verletzt geltend gemachten materiellen Rechte der Rechtsbehelfsführer als auch die Verfassungsprinzipien der Rechtsstaatlichkeit und der Rechtsschutzgarantie rechtfertigen die Beschränkung der Adressatenrechte durch Anfechtung und Aufhebbarkeit des begünstigenden Verwaltungsakts[193].

Wenn der Adressat schon nicht auf den Erhalt einer Begünstigung vertrauen darf, ist ihm aber zuzumuten, bis zur Überprüfung, ob er sie endgültig behalten darf, mit ihrer Ausnutzung zu warten, wenn mit der vorzeitigen Vollziehung nicht nur eigene Verluste, sondern auch die Verletzung der Rechte anderer riskiert werden.

---

[188] Ebd., RN 2.

[189] Lange, Jura 1980, 456, 463.

[190] Das Ausmaß dieser Beschränkung muß hier nicht weiter erörtert werden; vgl. dazu u. a. Merten, NJW 1983, 1993.

[191] Hesse, RN 71.

[192] Böckenförde, JuS 1966, 363.

[193] Ebd.

Aus der verfassungsrechtlich begründeten Beschränkung des Vertrauens des begünstigten Adressaten in den Erhalt seiner Begünstigung ist daher auch die Zulässigkeit des Aufschubs des Gebrauchs einer Genehmigung, deren Rechtmäßigkeit noch nicht durch das Verwaltungsgericht überprüft wurde, die also auch rechtswidrig sein kann, zu schließen.

c) Berücksichtigung der Unzumutbarkeit der aufschiebenden Wirkung eines offensichtlich erfolglosen Rechtsbehelfs in der Interessenabwägung

Die Instabilität des begünstigenden Verwaltungsakts als Folge seiner verfassungsrechtlich geforderten Anfechtbarkeit und Aufhebbarkeit darf allerdings wegen des ebenfalls aus dem Rechtsstaatsprinzip abzuleitenden Grundsatzes der Rechtssicherheit[194] den Adressaten nicht auf unbeschränkte Dauer belasten. Ist bis zum Ablauf der Anfechtungsfrist gegen den Verwaltungsakt keine Anfechtung erfolgt, darf der Adressat darauf vertrauen, daß er zumindest von einer auf eine Anfechtung hin erfolgenden Aufhebung des Verwaltungsakts durch das Gericht oder aus Anlaß des Widerspruchsverfahrens durch die Verwaltungsbehörde verschont bleibt. Bei der Aufhebung nach §§ 48 und 49 VwVfG, die unabhängig von der Unanfechtbarkeit möglich ist, greift schon ein wenn auch beschränkter[195] Vertrauensschutz ein. Dieser Verstärkung der Position des Adressaten durch einen stärkeren Bestandsschutz des Verwaltungsakts kann jedoch auch bei der oben dargestellten unveränderten Anwendung des § 80 Abs. 2 Nr. 4 schon ausreichend Rechnung getragen werden, da die offensichtliche Unzulässigkeit, also auch der offensichtliche Ablauf der Anfechtungsfrist von der Verwaltungsbehörde im Rahmen der Interessenabwägung zugunsten des Vollzugsinteresses berücksichtigt wird. Daß die Durchführung einer Interessenabwägung vor Anordnung sofortiger Vollziehung auch bei im Einzelfall festgestellter offensichtlicher Unzulässigkeit nicht überflüssig wird, wurde oben schon dargelegt[196]. Die Gefahr, daß trotz Ablaufs der Anfechtungsfrist Widersprüche oder Anfechtungsklagen eingelegt werden können, die den Aufschub der Vollziehung des begünstigenden Verwaltungsakts wegen der dann schon stabileren Rechtsposition des begünstigten Adressaten nicht mehr gerechtfertigt erscheinen lassen, kann nicht schon die Notwendigkeit eines regelmäßigen Ausschlusses der automatischen aufschiebenden Wirkung von Rechtsbehelfen gegen die Genehmigung von Großprojekten begründen. In Fällen offensicht-

---

[194] Zur Bedeutung von Rechtssicherheit und Gesetzmäßigkeit staatlichen Handelns für die Bestandskraft von Verwaltungsakten vgl. Merten, NJW 1983, 1993, 1994.

[195] Siehe oben Kapitel 3 VIII 2 a.

[196] Siehe oben Kapitel 3 II 1 d.

licher Unzulässigkeit des Rechtsbehelfs ist die Anordnung der sofortigen Vollziehung nach § 80 Abs. 2 Nr. 4 aufgrund einer Interessenabwägung im Einzelfall ein ausreichendes Instrument, um den Adressaten vor ungerechtfertigten Nachteilen der aufschiebenden Wirkung zu bewahren. Ist die Anfechtung nicht schon offensichtlich unzulässig, verlangt die Sicherungsfunktion des vorläufigen Rechtsschutzes, daß der Verwaltungsakt bis zur Überprüfung der Zulässigkeit und Begründetheit des Rechtsbehelfs im Hauptsacheverfahren nicht vollzogen werden darf, wenn dieses Aufschubinteresse nicht durch ein noch schwerer wiegendes Vollzugsinteresse überwogen wird. Diese Beschränkung muß der Adressat hinnehmen, zumal er bei nicht offensichtlicher Unzulässigkeit der Anfechtung noch nicht in dem Maße auf die Stabilität des Verwaltungsakts und den Erhalt der Begünstigung vertrauen kann, wie z. B. bei offensichtlichem Ablauf der Anfechtungsfrist.

d) Zumutbarkeit der Belastung des begünstigten Adressaten mit der aufschiebenden Wirkung trotz großer Zahl potentiell Anfechtender bei Großprojekten

Obwohl bei Großprojekten die Zahl der die Genehmigung möglicherweise Anfechtenden, denen auch nicht offensichtlich die Klagebefugnis fehlt, oft sehr groß und schwer überschau- und abgrenzbar ist, wird die Instabilität des begünstigenden Verwaltungsakts gegenüber dem Normalfall des Verwaltungsakts mit Drittwirkung nicht so wesentlich verschärft, daß sie für den begünstigten Adressaten unzumutbar würde und die Verknüpfung zwischen fehlendem Vertrauen in den Bestand des Verwaltungsakts und Zumutbarkeit der Regelung des § 80 Abs. 1 Nr. 4 für den begünstigten Adressaten nicht mehr vertretbar wäre.

Zwar beginnt bei Großprojekten die Anfechtungsfrist für zahlreiche potentielle Rechtsbehelfsführer nicht durch Bekanntmachung der Genehmigung im Wege der Zustellung an sie persönlich zu laufen, da dort häufig nicht alle Betroffenen der Verwaltungsbehörde bekannt sein können und die Voraussetzungen der Zustellung nach § 74 Abs. 4 S. 1 VwVfG z. B. daher häufig nicht erfüllt sind. Dies wirkt sich jedoch auf die Stabilität der Genehmigung und die Stärke der Position des Adressaten im Verhältnis zu „normalen" Verwaltungsakten nicht nachteilig aus.

aa) Berechenbarkeit der Instabilität des Verwaltungsakts durch besondere Zustellungsvorschriften im Planfeststellungsverfahren

Gerade bei den in der Mehrzahl von Großprojekten anwendbaren Vorschriften über das Planfeststellungsverfahren im Verwaltungsverfahrensgesetz ist jedoch diesem Umstand durch besondere Regelungen über die Bekanntgabe an nicht bekannte Betroffene (§ 74 Abs. 4 S. 2 und 3 VwVfG) und die Bekanntgabe im Massenverfahren (§ 74 Abs. 5 VwVfG) Rechnung getragen. Nach § 74 Abs. 4 VwVfG ist schon in den „Normalverfahren"[197] eine Zustellungsmodifikation durch zweiwöchige Auslegung des Planes in den Gemeinden, die ortsüblich und unter Einhaltung bestimmter Formvorschriften bekanntgemacht werden muß, geregelt. Mit dieser Auslegung wird der Planfeststellungsbeschluß auch gegenüber den Betroffenen, die nicht der Behörde bekannt sind, wirksam, und die Anfechtungsfrist beginnt für sie zu laufen[198]. Der Adressat des Planfeststellungsbeschlusses kann daher darauf vertrauen, daß die Anfechtungsfrist zu einem bestimmten Zeitpunkt abgelaufen sein wird und muß sich nicht unzumutbar lange auf eine instabile Lage durch zulässige Anfechtung des Verwaltungsakts einstellen.

Bei Massenverfahren, bei denen außer an den Träger des Vorhabens über 300 Zustellungen vorzunehmen sind, kann nach § 74 Abs. 5 VwVfG die Zustellung durch öffentliche Bekanntmachung ersetzt werden. Durch dieses vereinfachende Verfahren ist der Gefahr begegnet, daß Betroffene und Einwender bei der Zustellung vergessen werden, ihnen gegenüber der Beschluß nicht gültig wird und die Anfechtungsfristen nicht zu laufen beginnen. Nach § 74 Abs. 5 S. 3 VwVfG gilt der Beschluß nach Ablauf dieses Verfahrens gegenüber allen Betroffenen, also auch den nicht bekannten, als zugestellt[199]. Der Adressat des Planfeststellungsbeschlusses kann den Lauf der Anfechtungsfrist für seinen Verwaltungsakt daher errechnen. Trotz der großen Zahl der Anfechtenden wird deshalb bei Großprojekten der Schutz des Vertrauens des begünstigten Adressaten auf den Bestand des Verwaltungsakts nicht unerträglich hinausgeschoben. Durch spezielle Zustellungs- und Bekanntmachungsregelungen wurde im Gegenteil die Bestandskraft des Verwaltungsakts kalkulierbarer gemacht, als es bei sonstigen begünstigenden Verwaltungsakten mit Drittwirkung zum Teil möglich ist. Der durch einen Planfeststellungsbeschluß mit der Genehmigung eines Großprojektes Begünstigte ist daher auch nicht stärker durch die aufschiebende Wirkung verspäteter Anfechtungen belastet, als der Adressat eines normalen begünstigenden Verwaltungsakts.

bb) Berechenbarkeit der Instabilität des Verwaltungsakts im konventionellen Genehmigungsverfahren

Auch in den Fällen, in denen die Genehmigungen von Großprojekten nicht durch Planfeststellungsbeschluß, sondern durch einfachen Geneh-

[197] „Normalverfahren" hier als Gegensatz zu „Massenverfahren" gemeint, für die in § 74 Abs. 5 VwVfG eine besondere Bekanntgaberegelung getroffen ist, vgl. Meyer in Meyer/Borgs, § 74 RN 39.

[198] Meyer in Meyer/Borgs, § 74 RN 39, 40.

[199] Bonk, Stelkens/Bonk/Leonhardt, § 74 RN 47.

migungsbescheid erfolgen, wie z. B. bei industriellen Großanlagen, die nach Bundes-Immissionsschutzgesetz genehmigt werden[200], ist die Unsicherheit über den Ablauf der Rechtsbehelfsfrist und die Instabilität des Verwaltungsakts nicht größer als bei Normalprojekten. Der Schluß von einem beschränkten Vertrauensschutz auf die Zumutbarkeit eines automatischen Aufschubs ist daher auch hier zulässig. Gerade der Umfang und die Auswirkungen dieser Projekte, die für sie als Großprojekte kennzeichnend sind und unter Umständen den Kreis der Anfechtenden erst über die unmittelbaren Nachbarn des Projekts hinaus ausweiten und dadurch unübersichtlicher werden lassen, sowie die Diskussionen darüber in der Öffentlichkeit, bewirken auch ein schnelleres Bekanntwerden des Vorhabens, als dies bei einem normaldimensionierten Projekt der Fall wäre. Einem Rechtsbehelfsführer, der sich darauf beruft, für ihn habe die Anfechtungsfrist wegen fehlender Bekanntgabe an ihn nicht zu laufen begonnen, wird deswegen fast immer die Verwirkung entgegengehalten werden können[201], da ihm die Genehmigung des Projekts nicht unbekannt geblieben sein konnte und er sich nach Treu und Glauben nicht auf die Nichtbekanntgabe berufen darf. Davon darf auch der begünstigte Adressat ausgehen. Die Bemessung des Zeitraums, nach dessen Ablauf dem Anfechtenden der Vorwurf der Verwirkung des Klagerechts entgegenzuhalten ist, kann sich an der Jahresfrist des § 58 Abs. 2 orientieren, die bei fehlender Rechtsmittelbelehrung als Anfechtungsfrist gilt. Dies ist eine Fallgestaltung, in der dem Betroffenen ebenfalls mehr Eigeninitiative und selbständige Information abverlangt wird als im Regelfall der Bekanntgabe mit Rechtsbehelfsbelehrung.

Im übrigen kann bei derartigen Projekten fast schon davon ausgegangen werden, daß die Genehmigung ohnehin zumindest durch einen der zahlreichen Betroffenen zulässigerweise angefochten und dadurch das Vertrauen des Adressaten in den Bestand seiner Begünstigung schon eingeschränkt wurde.

cc) Ergebnis

Die Adressaten der Genehmigung von Großprojekten haben daher grundsätzlich nicht unter einer wesentlich längeren Anfechtbarkeit und größerer Unsicherheit, bedingt durch die Instabilität ihres Verwaltungsakts, zu leiden als die Adressaten der Genehmigung normaldimensionierter Projekte. Die längere Dauer von gerichtlichen Verfahren gegen

---

[200] Nach § 10 Abs. 8 BImSchG kann die Zustellung bei Massenverfahren mit mehr als 300 notwendigen Zustellungen ebenfalls durch öffentliche Bekanntmachung ersetzt werden. Durch diese Zustellungsfiktion sind jedoch die Rechtsbehelfsfristen für die nicht bekannten Betroffenen nicht in Gang gesetzt, wie es nach § 74 Abs. 5 VwVfG der Fall ist.

[201] Kopp, VwGO, § 74 RN 18.

die Genehmigungen von Großprojekten ist durch den Umfang der Projekte, die Kompliziertheit des Prozeßstoffes und die große Zahl der Beteiligten verursacht und nicht durch unkalkulierbares Verhalten potentieller Rechtsbehelfsführer.

3. Keine unzulässige Beeinträchtigung des begünstigten Adressaten der Genehmigung eines Großprojekts durch aufschiebende Wirkung

Da der Adressat allenfalls Anspruch auf einen rechtmäßigen begünstigenden Verwaltungsakt, nicht aber auf einen rechtswidrigen hat, muß er nach dem Erlaß des begünstigenden Verwaltungsakts im Interesse der verfassungsmäßig gebotenen Gesetzmäßigkeit behördlichen Handelns und des Rechtsschutzes der durch den Verwaltungsakt in ihren Rechten Betroffenen mit der Überprüfung und Aufhebung des Verwaltungsakts rechnen. Diese verfassungsrechtlichen Anforderungen des Rechtsstaatsprinzips rechtfertigen nicht nur die vorübergehende Instabilität des begünstigenden Verwaltungsakts für eine begrenzte Zeit, sondern auch die Belastung des Adressaten mit dem Aufschub der Vollziehbarkeit des Verwaltungsakts bis zum Ende des Hauptsacheverfahrens, falls kein überwiegendes Vollzugsinteresse die Anordnung der sofortigen Vollziehung erfordert. Denn zum einen gewährleistet der Aufschub die Wirksamkeit der Überprüfung des Verwaltungsakts, indem er den Eintritt vollendeter Tatsachen verhindert, zum anderen ist es wegen der Beschränkung des Vertrauens auf den Bestand der Begünstigung durch die Anfechtbarkeit dem Adressaten auch zumutbar, von der Genehmigung nicht sofort Gebrauch machen zu dürfen. Die Beeinträchtigung von Rechten und Grundrechten des begünstigten Adressaten durch die in § 80 vorgesehene Regelung des vorläufigen Rechtsschutzes, insbesondere die automatische aufschiebende Wirkung des Widerspruchs und der Anfechtungsklage ist daher keine unzulässige Grundrechtsbeschränkung. Die Grundrechtsausübung des Adressaten ist durch die Rechte anderer, erst recht die grundrechtlich geschützten Rechtsgüter und die Verfassungsprinzipien begrenzt[202]. Sowohl die als verletzt geltend gemachten materiellen Rechte des Rechtsbehelfsführers als auch die Verfassungsgrundsätze der Rechtsstaatlichkeit und der Rechtsschutzgarantie sind zulässige Schranken für die Nutzung der Grundrechte des Adressaten.

Die Zurückstellung der Gebrauchsinteressen und der Rechte des Adressaten eines begünstigenden Verwaltungsakts durch die automatische aufschiebende Wirkung nach § 80 Abs. 1 und die Forderung eines in einer Interessenabwägung festzustellenden überwiegenden

---

[202] Böckenförde, JuS 1966, 363.

Vollzugsinteresses als Voraussetzung der Anordnung der sofortigen Vollziehung nach § 80 Abs. 2 Nr. 4 sind daher zulässig. Der Schutz der Adressateninteressen bei Anfechtung des begünstigenden Verwaltungsakts durch einen Dritten erfordert auch unter besonderer Berücksichtigung der Situation bei Anfechtung der Genehmigung von Großprojekten keine Änderung des § 80 Abs. 1 und Abs. 2 Nr. 4.

Die regelmäßige Anordnung der sofortigen Vollziehung bei Großprojekten ohne Interessenabwägung durch Verwaltungsbehörden kann daher auch nicht mit den besonderen Erfordernissen der Einordnung des Verwaltungsakts mit Drittwirkung in das System des vorläufigen Rechtsschutzes begründet werden.

IX. Regelmäßige Anordnung der sofortigen Vollziehung aus öffentlichem Interesse an den Großprojekten

Errichtung und Betrieb von Großprojekten liegen fast immer auch im öffentlichen Interesse. Sei es, daß die eigentliche Funktion des Projekts ein öffentliches Interesse erfüllt, sei es, daß Träger des Projekts eine öffentlich-rechtliche juristische Person ist, sei es, daß ein rein privat getragenes Vorhaben zumindest nebenbei auch im öffentlichen Interesse liegt, weil es schon wegen seines Umfangs Auswirkungen auf Arbeitsmarkt und Infrastruktur oder auf regionale oder überregionale Wirtschaftsentwicklung hat[203].

Diese gegenüber normaldimensionierten Projekten weitaus häufigere und stärkere Berührung öffentlicher Interessen durch Großprojekte könnte ein Anlaß dafür sein, die vorhandene Regelung des vorläufigen Rechtsschutzes nach § 80 Abs. 1 und Abs. 2 Nr. 4 und deren Auslegung in Frage zu stellen und zu untersuchen, ob sie den Ausschluß der automatischen aufschiebenden Wirkung durch regelmäßige Anordnung sofortiger Vollziehung erfordert[204]. Möglicherweise haben *die* öffentlichen Interessen überhaupt oder bestimmte öffentliche Interessen an Großprojekten eine so überragende Bedeutung, daß ihre Gewichtung in der konkreten Interessenabwägung nach § 80 Abs. 2 Nr. 4 überflüssig ist oder die geschilderte Interessenabwägung ihnen im Gegensatz zu privaten Vollzugsinteressen nicht gerecht wird.

Da auch die öffentlichen Interessen sehr häufig schon jetzt die regelmäßige Anordnung der sofortigen Vollziehung der Genehmigung von

---

[203] Siehe oben die Charakterisierung der Großprojekte in Kapitel 2 I.

[204] Solche Überlegungen des Gesetzgebers zum Schutz der öffentlichen Finanzen forderte der Staatssekretär im bayerischen Justizministerium Vorndran beim rechtspolitischen Kongreß der CDU im Januar 1983 (FAZ v. 17. 1. 1983).

Großprojekten begründen[205], soll ihre Bedeutung für den vorläufigen Rechtsschutz nach § 80 Abs. 1 und Abs. 2 Nr. 4 im folgenden untersucht werden.

Öffentliche Interessen an sofortiger Errichtung eines Großprojekts können sich sowohl aus öffentlich-rechtlicher Trägerschaft des Projekts ergeben als auch aus dem Interesse an der Durchführung eines Vorhabens, das privat getragen ist. Wegen ihres unterschiedlichen Ursprungs sollen diese beiden Arten öffentlicher Interessen getrennt voneinander untersucht werden.

1. Regelmäßiger Sofortvollzug wegen öffentlich-rechtlicher Trägerschaft des Großprojekts

Es stellt sich einmal die Frage, ob die bisher vertretenen Voraussetzungen der Anordnung der sofortigen Vollziehung bei Großprojekten auch gelten, wenn das Großprojekt entweder direkt öffentlich getragen wird, der Adressat der Genehmigung also nicht ein Bürger oder eine privatrechtliche Organisation ist, die mit dem Rechtsbehelfsführer auf einer Stufe stehen, sondern der Staat selbst oder eine andere öffentlich-rechtliche Körperschaft, die öffentliche Gewalt ausüben kann, oder eine zwar organisatorisch selbständige, aber von einer dieser Körperschaften abgeleitete d. h. von ihr gegründete und mehrheitlich getragene öffentlich-rechtliche oder privatrechtliche juristische Person.

a) Beispiele öffentlich-rechtlicher Trägerschaft bei Großprojekten

Die Tatsache, daß ein wesentlicher Teil der hier behandelten Großprojekte Versorgungsfunktionen zu erfüllen hat[206], verursacht ein höheres Engagement der öffentlichen Hand als Unternehmer auf diesen Gebieten. Öffentlich-rechtliche juristische Personen sind daher nicht selten Träger eines Großprojektes oder halten die Mehrheit des Kapitals eines privatrechtlich organisierten Unternehmens, das als Träger des Projekts fungiert. Die sehr umstrittenen Fragen, ob, wann und in welchem Ausmaß die Beteiligung der öffentlichen Körperschaften am Wirtschaftsleben zulässig ist, wenn sie nicht zur Erfüllung öffentlicher Aufgaben, sondern aus rein erwerbswirtschaftlichen Motiven geschieht, können im Rahmen dieser Arbeit nicht erörtert oder gar beantwortet werden[207]. Es reicht hier lediglich die Feststellung der Tatsache, daß eine solche Beteiligung vorliegt.

---

[205] Vgl. für die öffentlichen Interessen an Errichtung von Kernkraftwerken Martens, Suspensiveffekt, S. 8 und Degenhart, S. 89.

[206] Vgl. dazu oben die Charakterisierung der Großprojekte, Kapitel 2 I.

Der Fernstraßenbau ist unter den oben aufgeführten Beispielen für Großprojekte der Bereich, in dem wohl die Trägerschaft öffentlich-rechtlicher Körperschaften am häufigsten anzutreffen ist. Dies ergibt sich schon zwangsläufig daraus, daß die Straßenbaulast durch das Fernstraßengesetz den entsprechenden Körperschaften auferlegt ist.

Im Bereich des Anlagenbaus zur Sicherung der Energieversorgung ist das unternehmerische Engagement der öffentlichen Hand zwar weniger dringend begründet. Dennoch sind öffentlich-rechtliche Körperschaften auch in der Energieversorgung in hohem Maße beteiligt, was sich zum Teil aus dem Umstand erklärt, daß es hier um einen sehr wichtigen Bereich der Daseinsvorsorge geht, um die Sicherstellung der Versorgung der Bevölkerung und der Wirtschaft mit dem wichtigen Gut Energie.

So beträgt der Anteil der durch Energieversorgungsunternehmen der öffentlichen Hand bereitgestellten Stromversorgung der Bundesrepublik 30 Prozent[208]. Als Energieversorgungsunternehmen der öffentlichen Hand gelten allerdings auch die Unternehmen, die privatrechtlich organisiert sind, aber zu mehr als 95 Prozent Kapitalbeteiligung von Bund, Ländern, Gemeindeverbänden oder Gemeinden aufweisen[209]. Hinzu kommt die Beteiligung der öffentlichen Hand an sogenannten gemischtwirtschaftlichen Unternehmen, meist in Form von AG oder GmbH, die eine öffentliche Kapitalbeteiligung unter 95 Prozent aufweisen, bei denen die öffentliche Hand größter Anteilseigner ist[210].

Bei der Stromerzeugung ist der Anteil der rein in öffentlicher Hand befindlichen Unternehmen geringer als bei der Stromverteilung[211]. Die gemischtwirtschaftlichen Unternehmen erzeugen 82 Prozent des Stromes gegenüber 17 Prozent der öffentlichen Energieversorgungsunternehmen[212]. Das Engagement der öffentlichen Hand als Unternehmer ohne Beteiligung weiterer Kapitaleigner beim Bau von Anlagen der Stromerzeugung, d. h. z. B. Kraftwerken, ist demnach geringer, als bei der Errichtung von Anlagen zur Verteilung des Stromes, die wiederum nur begrenzt zu den Großvorhaben gezählt werden können[213].

Auch beim Bau weiterer Arten von Großvorhaben, z. B. Anlagen für den Luftverkehr, den öffentlichen Schienen-, Nah- oder Fernverkehr

---

[207] Vgl. zur Erwerbstätigkeit der öffentlichen Hand v. Münch, Erichsen/Martens, § 2 III 2.

[208] Laut Büdenbender, RN 1315.

[209] Büdenbender, RN 1314.

[210] Büdenbender, RN 1316.

[211] Büdenbender, RN 1318.

[212] Büdenbender, RN 1318.

[213] Die Einordnung von Verteilerstationen, Umspannwerken und Leitungsstraßen als Großprojekte hängt nicht so sehr von ihrer räumlichen Größe als vielmehr von der Art und Intensität ihrer Umweltauswirkungen ab, vgl. oben Kapitel 2 I.

oder Anlagen zur Abfallbeseitigung, die alle mehr oder weniger der Daseinsvorsorge dienen, besteht fast regelmäßig eine Trägerschaft der öffentlichen Hand, häufig allerdings durch Beteiligung der Gebietskörperschaften an einer privatrechtlichen Gesellschaft. So ist z. B. im Falle des Großvorhabens Startbahn West für den Rhein-Main-Flughafen die Flughafen Frankfurt/Main Aktiengesellschaft (FAG) Unternehmerin, deren Aktien der Bund zu 25 Prozent, das Land Hessen zu 45 Prozent und die Stadt Frankfurt am Main zu 30 Prozent besitzen[214].

Öffentlich-rechtliche juristische Personen, insbesondere Gebietskörperschaften, sind demnach beim Bau von Großvorhaben schon wegen der von ihnen wahrzunehmenden Aufgaben der Daseinsvorsorge in großem Umfang als Unternehmer engagiert, sei es direkt als Träger oder sei es durch eine von ihnen gegründete, selbständige privatrechtliche Organisation, deren Gesellschafter sie sind oder an deren Kapital sie mehrheitlich beteiligt sind.

b) Auswirkungen öffentlich-rechtlicher Trägerschaft auf die Auslegung des § 80 Abs. 2 Nr. 4

aa) Unterschied zwischen öffentlich-rechtlicher und privater Trägerschaft eines Vorhabens für das Schutzbedürfnis des Adressaten

Grundsätzlich sind die öffentlich-rechtlichen Träger ebenso wie jeder private Antragsteller und Adressat den Genehmigungsvorschriften unterworfen und von den Genehmigungsbehörden und Gerichten genauso zu behandeln wie diese. Abgesehen von den mit dem Vorhaben verfolgten öffentlichen Interessen, die jedoch nicht auf Projekte der öffentlichen Hand beschränkt sind und deren Bedeutung für den vorläufigen Rechtsschutz später noch untersucht werden soll, weisen die ganz oder mehrheitlich öffentlich getragenen Vorhaben keine Besonderheiten gegenüber den privaten Unternehmungen auf, die eine verstärkte Berücksichtigung der Adressatenpositionen bei Gewährung vorläufigen Rechtsschutzes nach § 80 Abs. 2 Nr. 4 rechtfertigen würden. Stattdessen könnte sich eher die Frage stellen, ob der Schutz der Adressatenposition hier nicht weniger dringlich ist als bei privaten Adressaten. Die dem schwierigen und differenzierten Interessenausgleich zwischen Adressateninteressen und Rechtsbehelfsführerinteressen zugrundeliegende Argumentation, die von einer grundsätzlichen Gleichrangigkeit der Interessen und der Rechtsschutzansprüche beider Bürger gegenüber dem Staat ausging, wird bei öffentlich-rechtlicher Trägerschaft allenfalls durch die Gesichtspunkte in Frage gestellt, die für ein geringeres Schutzbedürfnis des öffentlich-rechtlichen Trägers sprechen, als durch solche

[214] Siehe dazu Frankfurter Rundschau vom 26. 1. 1982, S. 9.

Argumente, die dessen stärkere Schutzbedürftigkeit begründen könnten. So könnte im Fall einer öffentlich-rechtlichen juristischen Person als Adressat die schiedsrichterliche Funktion der Behörde und des Verwaltungsgerichts, die diese nach Ansicht des Bundesverwaltungsgerichts[215] zum Ausgleich zwischen Adressaten und Rechtsbehelfsführerinteressen als grundsätzlich gleichberechtigte Bürger ausüben sollen, in Frage gestellt sein. Es ist darüber hinaus fraglich, ob die Vollzugsinteressen öffentlich-rechtlicher Träger von Großprojekten ebenso grundrechtsgeschützt sein können, wie die privater Adressaten.

bb) Öffentlich-rechtliche Unternehmer von Großprojekten als Träger des Grundrechts aus Art. 19 Abs. 4 GG

Lehnt man die — umstrittene — Grundrechtssubjektivität öffentlich-rechtlicher juristischer Personen ab[216], so hat dies Auswirkungen auf den Rechtsschutz des öffentlich-rechtlichen Adressaten gegenüber Belastungen durch den verlängerten Rechtsschutz des Rechtsbehelfsführers nach § 80. Der Wortlaut des Art. 19 Abs. 3 GG erscheint insofern zwar eindeutig, als dort die Geltung der Grundrechte für juristische Personen erklärt wird, ohne die öffentlich-rechtlichen juristischen Personen auszuschließen[217]. Schon der zweite Halbsatz des Art. 19 Abs. 3, „soweit sie ihrem Wesen nach anwendbar sind", läßt jedoch erkennen, daß die Grundrechtsträgerschaft juristischer Personen nicht uneingeschränkt gilt[218]. Die Ablehnung der Grundrechtsträgerschaft öffentlich-rechtlich juristischer Personen in Teilen der Literatur und die Bedenken des Bundesverfassungsgerichts[219] stützen sich auf diesen einschränkenden Nebensatz. Sie wird mit dem Argument begründet, Grundrechte seien Abwehrrechte des Bürgers gegen die staatliche Gewalt und könnten daher nicht staatliche Stellen gegenüber dem Staat schützen. Grundrechte seien ihrem Wesen nach nicht auf juristische Personen des öffentlichen Rechts anwendbar, da der Staat als Einheit zu sehen sei und ein Schutz des Staates vor Verletzungen durch den Staat denk-

---

[215] BVerwG, Beschl. v. 22. 11. 1965, DVBl. 1966, 773; nach Wieseler, S. 26, sollen durch vorläufigen Rechtsschutz „Zivilpersonen" vor Schäden als Folge der Verwirklichung belastender rechtswidriger Verwaltungsakte geschützt werden, was aber zu eng gegriffen ist.

[216] Soweit sie hoheitliche Aufgaben wahrnimmt, ablehnend BVerfGE 21, 362, 369; BVerfG NJW 82, 2172; zum Meinungsstand siehe v. Mutius, BK, Art. 19 Abs. III RN 78.

[217] So Schnapp, Gemeinden, S. 535, zumindest für die Gemeinden. Er will wegen Art. 19 Abs. 3 GG den Gegnern einer Grundrechtsträgerschaft der Gemeinden „die Last für den Beweis des Gegenteils" auferlegen.

[218] In BVerfGE 21, 362, 369 werden grundsätzliche Bedenken gegen die Grundrechtsfähigkeit der juristischen Personen des öffentlichen Rechts bei Wahrnehmung öffentlicher Aufgaben geäußert.

[219] BVerfGE 21, 362, 369, 370.

unmöglich sei. Staat, Länder und Gemeinden könnten nicht gleichzeitig Berechtigte und Verpflichtete der Grundrechte sein[220].

Die Vertreter dieses „Konfusionsargumentes"[221] berücksichtigen nicht, daß Staat und Gemeinden in sehr unterschiedlichen Formen handeln können. Sie können z. B. hoheitlich oder fiskalisch, durch eigene Organe oder durch von ihnen geschaffene, aber verselbständigte juristische Personen handeln. Vor allem aber berücksichtigt die strikte Ablehnung der Grundrechtsträgerschaft öffentlich-rechtlicher juristischer Personen durch die Konfusions- oder Identitätstheorie nicht die organisationsrechtliche Selbständigkeit solcher öffentlich-rechtlicher Körperschaften oder Anstalten, wie der Gemeinden, Universitäten, Kirchen und Rundfunkanstalten, die weitgehende Unabhängigkeit vom Staat, sowie Eigenverantwortlichkeit und Selbstverwaltung genießen[222].

Der Konfusionsargumentation kann allerdings in ihrem Ausgangspunkt insofern zugestimmt werden, als die Grundrechtssubjektivität einer öffentlich-rechtlichen Körperschaft tatsächlich voraussetzt, daß die berechtigte Körperschaft ein von der verpflichteten organisatorisch und rechtstechnisch getrenntes Rechtssubjekt darstellt[223]. Verpflichteter und Berechtigter müssen zwei verschiedene Personen sein. So wird sich die staatliche Forstverwaltung gegenüber der Tätigkeit der staatlichen Straßenbaubehörde nicht auf Grundrechte berufen können. Zwischen solchen Behörden finden Kompetenzverletzungen, aber keine Grundrechtsverletzungen statt[224].

Andererseits bestehen jedoch zahlreiche organisatorisch vom Staat verselbständigte öffentlich-rechtliche Körperschaften, deren Interessen mit denen des Staates nicht identisch sein müssen, sondern sogar mit ihnen kollidieren können. Die Grundrechtssubjektivität juristischer Personen des öffentlichen Rechts ist daher nicht grundsätzlich ausgeschlossen[225].

Öffentlich-rechtliche juristische Personen als Adressaten der Genehmigung eines Großprojektes können demnach wie private Adressaten auch als Träger von Grundrechten betroffen sein, wenn sie selbständige Rechtssubjekte sind, also vom Staat unabhängig organisiert und die beeinträchtigende Maßnahme den grundrechtsgeschützten Bereich berührt und dadurch eine „grundrechtstypische Gefährdungslage" ent-

---

[220] BVerfGE 21, 362, 369, 370; Hendrichs, v. Münch, Art. 19 Abs. 3 RN 35.

[221] Wie z. B. BVerfG in E 21, 362.

[222] Hendrichs, v. Münch, Art. 19 Abs. 3 RN 36.

[223] So auch v. Mutius, BK, Art. 19 Abs. 3 RN 92.

[224] Insofern noch übereinstimmend mit BVerfGE 21, 362, 370.

[225] Vgl. auch Burmeister, S. 95 f., S. 99, der Grundrechtsschutz für den leistungsgewährenden Staat als Garanten von Teilhabe- und Leistungsrechten für notwendig hält.

steht[226]. Der „soweit-Satz“ in Art. 19 Abs. 3 GG dient dazu, die Fälle im einzelnen auszuschließen, in denen eine Grundrechtsträgerschaft einer öffentlich-rechtlichen Körperschaft nicht in Frage kommt, wie etwa bei bloßen Kompetenzverletzungen oder Interessengegensätzen zwischen verschiedenen staatlichen Behörden.

Das formelle Grundrecht des Art. 19 Abs. 4 GG schützt die Rechte des Bürgers gegenüber staatlichen Eingriffen durch Gewährleistung eines Rechtsweges. Es sichert und ergänzt die materielle Rechtsposition durch den formellen Rechtsschutzanspruch[227].

Auch öffentlich-rechtliche juristische Personen sind Träger von subjektiven Rechten und Pflichten. Sie sind z. B. als Unternehmer eines Großprojektes dem Gesetz genauso unterworfen wie private und können sich gegen Rechtsverletzungen[228] durch öffentliche Gewalt nur wehren, indem sie die Gerichte anrufen. Im Verhältnis zur Rechtsprechung sind sie ebenso gewaltunterworfen wie private Bürger.

Der Rechtsschutzanspruch des Art. 19 Abs. 4 GG ist zwar unter anderem auch ein Ausdruck der durch das Grundgesetz geschützten Würde des Menschen (Art. 1 Abs. 1 GG), daraus kann jedoch nicht geschlossen werden, Art. 19 Abs. 4 GG könne nur natürliche Personen betreffen. Dagegen spricht zum einen schon, daß Art. 19 Abs. 4 auch Ausdruck des Rechtsstaatsprinzips ist, zum anderen, daß das Grundgesetz von der Existenz juristischer Personen ausgeht, die ebenso wie natürliche Personen Rechtssubjekte und auf die Anrufung der Gerichte gegenüber Akten der öffentlichen Gewalt angewiesen sein können. Auch die öffentlich-rechtlich organisierten Unternehmer von Großprojekten genießen daher, sofern sie nicht mit dem Staat selbst identisch sind, grundsätzlich den Rechtsschutzanspruch aus Art. 19 Abs. 4 GG[229].

cc) Verbesserung des Rechtsschutzes für den öffentlich-rechtlichen Träger des Großprojekts

Der öffentlich-rechtliche Unternehmer hat als begünstigter Adressat im Aussetzungsverfahren ebenso wie der private Adressat einen Anspruch aus Art. 19 Abs. 4 GG auf ein gerichtliches Verfahren, das seine

---

[226] v. Mutius, BK, Art. 19 Abs. 3 RN 146; krit. dazu Dürig in MDH, Art. 19 Abs. 3 RN 44, 45, der rügt, die Unterschiede zwischen dem Handeln Privater und des Staates seien dabei nicht ausreichend berücksichtigt: „Wenn zwei dasselbe tun, ist es eben nicht immer dasselbe“.

[227] Siehe oben Kapitel 2 II 2.

[228] Handelte es sich um Streitigkeiten innerhalb einer öffentlich-rechtlichen juristischen Person, läge schon keine Rechtsverletzung vor.

[229] Die Begründung Hendrichs, v. Münch, Art. 19 RN 43 ist allerdings falsch. Er will die Grundrechtsträgerschaft bzgl. Art. 19 Abs. 4 GG mit dem Inhalt dieses Grundrechts begründen, indem er schreibt, Art. 19 Abs. 4 GG umfasse nicht nur Grundrechte, sondern auch Rechte.

Rechte wirksam schützt. Dies ist von Verwaltungsbehörden und Gerichten bei ihren Entscheidungen im Rahmen des vorläufigen Rechtsschutzes zu beachten. Aus dieser Feststellung kann jedoch allenfalls ein im Verhältnis zu privaten Adressaten gleich starker Schutzanspruch öffentlich-rechtlich organisierter Adressaten gegenüber ungerechtfertigter und daher rechtswidriger Beeinträchtigung durch die aufschiebende Wirkung geschlossen werden, keinesfalls ein größerer. Ist eine öffentlich-rechtliche juristische Person Träger eines Großprojekts und begünstigter Adressat der Genehmigung dieses Projekts, ist sie den materiellen und formellen Genehmigungsvorschriften des Baurechts oder der jeweiligen einschlägigen Gesetzesmaterie sowie den Vorschriften des Prozeßrechts ebenso unterworfen wie der private Bauherr. Ihr Vertrauen in den Bestand des Verwaltungsakts[230] ist daher durch Anfechtbarkeit und erfolgte Anfechtung des Verwaltungsakts beschränkt wie das Vertrauen privater Unternehmer.

c) Verbesserung des Rechtsschutzes für juristische Personen des bürgerlichen Rechts mit öffentlich-rechtlicher Beteiligung

An dieser Einschätzung der Schutzbedürftigkeit des Unternehmers und Adressaten der Genehmigung ändert sich auch nichts, wenn dieser eine juristische Person des Privatrechts ist, deren Gesellschafter öffentlich-rechtliche juristische Personen sind, wie etwa im Falle der Flughafen München Gesellschaft (FMG)[231], oder an der eine mehrheitliche Kapitalbeteiligung der öffentlichen Hand besteht. Die spezielle Problematik dieser Situation, die sich daraus ergibt, daß sich die öffentliche Hand unter der „Tarnkappe" der privatrechtlichen Organisationsform am Wirtschaftsleben beteiligt[232], wirkt sich hier nicht aus. Wenn schon Grundrechtssubjektivität öffentlich-rechtlicher Körperschaften bei Vorliegen der oben genannten Voraussetzungen bestehen kann, spielt das Problem des Formenmißbrauchs hier insofern keine Rolle mehr[233]. Auch bei Betonung der öffentlich-rechtlichen Trägerschaft der juristischen Person gegenüber ihrer privatrechtlichen Organisationsform könnte sie als Unternehmer und begünstigter Adressat gegenüber dem Rechts-

[230] Auch juristische Personen können einen solchen Vertrauensschutz genießen.

[231] Mit den Gesellschaftern Freistaat Bayern, Bundesrepublik Deutschland und Landeshauptstadt München.

[232] Vgl. zur Problematik der Grundrechtssubjektivität der als juristische Personen des Privatrechts verselbständigten Unternehmen der öffentlichen Hand v. Mutius, BK, Art. 19 Abs. 3 RN 145 m.w.N.

[233] Der Vorschlag v. Mutius', BK, Art. 19 Abs. 3 RN 146, scheint überzeugend und annehmbar, die Grundrechtssubjektivität privatrechtlich organisierter öffentlicher Unternehmen sei so zu beurteilen wie die rein öffentlicher Unternehmen.

behelfsführer nach den hier getroffenen Feststellungen keinen stärkeren Schutz genießen, als er rein privaten Unternehmen zusteht.

2. Regelmäßiger Sofortvollzug wegen vorrangiger öffentlicher Interessen an der Errichtung der Großprojekte

a) Berührung öffentlicher Interessen bei Großvorhaben

Eine andere Frage ist es, ob die *öffentlichen Interessen* an der Errichtung eines Großprojektes und an der sofortigen Vollziehung seiner Genehmigung eines stärkeren Schutzes bedürfen als die privaten Vollzugsinteressen.

Öffentliche Interessen[234] an der Errichtung eines Großprojektes bestehen sowohl bei Unternehmungen öffentlich-rechtlicher juristischer Personen, als auch bei gemischt- oder privatwirtschaftlichen Unternehmen der öffentlichen Hand. Darüber hinaus bestehen auch an rein privat getragenen Großprojekten fast immer öffentliche Interessen, sind durch den Aufschub ihrer Errichtung und Inbetriebnahme öffentliche Belange berührt[235].

Bei Großprojekten, die durch ihre besonderen Auswirkungen auf Umwelt und Wirtschaft gekennzeichnet sind, und durch die sehr häufig auch Aufgaben der Daseinsvorsorge erfüllt werden sollen[236], sind fast immer öffentliche Belange beteiligt. Großprojekte, die nur aufgrund rein privater, in der Regel wirtschaftlicher Interessen betrieben werden und nicht zumindest noch zum Beispiel durch Arbeitsplatzbeschaffung oder -sicherung oder Verbesserung der wirtschaftlichen Struktur eines Gebietes, wenn schon nicht durch ihren eigentlichen Zweck, öffentliche Belange betreffen, sind in der Minderzahl. Auch bei Projekten privatrechtlich organisierter Unternehmer sind häufig öffentliche Interessen und Belange dominierend und Hauptmotiv der Errichtung, und zwar

---

[234] Zum Begriff des öffentlichen Interesses vgl. Martens, Öffentlich, S. 179; Wolff, VwR I, S. 29; Häberle, Öffentliches Interesse, S. 525 insbesondere. Wann ein von der öffentlichen Hand vorgebrachtes Interesse tatsächlich ein öffentliches Interesse ist, soll hier nicht geklärt werden. Öffentliche Interessen sind aber auch die u. U. miteinander kollidierenden Interessen verschiedener öffentlich-rechtlicher Körperschaften. *Das* öffentliche Interesse im Einzelfall zu ermitteln, erfordert daher oft auch die Abwägung zwischen widerstreitenden öffentlichen Interessen und z. T. auch verschiedenen Verfassungsprinzipien und ist letzten Endes oft auch eine politische Entscheidung. Hier soll dagegen nur die Bedeutung einiger behaupteter öffentlicher Interessen an der Errichtung von Großprojekten untersucht werden.

[235] Vgl. die Argumentation des VGH München, Beschl. v. 16. 4. 1981, a.a.O. FN 3, durch eine Aussetzungsentscheidung ohne Erfolgsaussichtenprüfung würden öffentliche Interessen in nicht mehr vertretbarer Weise hintangestellt. Der Unternehmer dieses Vorhabens, des Flughafens München, ist eine GmbH.

[236] Siehe oben Kapitel 2 I, S. 7 ff.

unabhängig davon, ob der Träger des Projekts eine mehrheitliche Kapitalbeteiligung der öffentlichen Hand aufweist oder ob öffentlich-rechtliche juristische Personen die Gesellschafter sind[237] oder ob es sich um rein private Unternehmen handelt. Öffentliche Interessen oder Belange, die für die Errichtung oder den Betrieb des Großprojekts angeführt werden, sind daher bei fast allen Großprojekten zu finden. Welche Bedeutung sie für das Aussetzungsverfahren haben, bedarf daher in jedem Falle der Erörterung. Dabei kann freilich das Gewicht konkreter öffentlicher Interessen im Einzelfall nicht einbezogen werden, da es nur im konkreten Fall ermittelt werden könnte.

b) Beispiele häufiger öffentlicher Interessen an Großprojekten

Öffentliche Interessen und Belange, die für den Bau von Großprojekten angeführt werden, können hier nur beispielhaft erwähnt werden.

Die typischen öffentlichen Interessen an der sofortigen Errichtung von Großprojekten reichen von den überwiegend bei privatrechtlich organisierten Unternehmen der öffentlichen Hand anzutreffenden rein erwerbswirtschaftlichen Interessen über das Interesse an der Einsparung öffentlicher Finanzmittel[238] bis zu den an der Erfüllung öffentlicher Aufgaben, vor allem der Daseinsvorsorge, bestehenden Interessen.

Beteiligt sich die öffentliche Hand selbst am Wirtschaftsleben wie ein privater Unternehmer, hat sie ebenso wie dieser ein Interesse daran, mit ihren Unternehmungen Gewinne zu erzielen. Diese wirtschaftlichen Interessen werden beeinträchtigt durch eine Verzögerung des Baubeginns oder der Fertigstellung des Projekts. Da solche wirtschaftlichen Einbußen die öffentliche Hand mittelbar oder unmittelbar treffen, müssen diese erwerbswirtschaftlichen Interessen in einem weiteren Sinne auch als öffentliche bezeichnet werden.

Bei allen Großprojekten mit finanzieller Beteiligung der öffentlichen Hand, sowohl bei privatwirtschaftlichen, als auch bei rein öffentlichen Vorhaben, sind durch eine Verzögerung des Baues oder der Inbetriebnahme des Projekts öffentliche Finanzinteressen betroffen. Die Erfahrung bei zahlreichen Bauprojekten hat gezeigt, daß eine Verschiebung des Baubeginns immer mit einem Anstieg der Kosten verbunden ist. Wodurch die oftmals außergewöhnliche Verteuerung verursacht ist, ob sie nicht etwa schon durch Fehlplanungen bedingt ist, kann hier nicht

---

[237] Wie im Bereich des Flughafens München, vgl. FN 226; für den Bereich des Anlagenbaues zur Energieversorgung, vgl. Büdenbender, Tabelle auf S. 570, über Rechtsformen und Kapitalbeteiligung bei Elektrizitätsunternehmen.

[238] Vgl. die Forderung Vorndrans, FN 199, die Gerichte sollten verstärkt „die Kosten für die Allgemeinheit" beim vorläufigen Rechtsschutz berücksichtigen.

geklärt werden. Hier ist lediglich festzustellen, daß durch den vorläufigen Rechtsschutz gegen Großprojekte häufig öffentliche Belange berührt sind, weil öffentliche Finanzmittel betroffen sind.

Besonders deutlich wird dies am Beispiel des Straßenbaues, wo fast ausschließlich die öffentliche Hand als Unternehmer und Träger der Kostenlast auftritt und deswegen unmittelbar die Verteuerung zu tragen hat. Aber auch dort, wo z. B. der Bund lediglich finanziell an einem privaten Projekt beteiligt ist, wie etwa bei der Entwicklung des sogenannten Schnellen Brüters, einem Projekt, das von den Energiewirtschaftsunternehmen und dem Bundesforschungsminister gemeinsam finanziert wird[239], ist die öffentliche Hand an der Kostensteigerung beteiligt. Dies gilt auch dann, wenn sie nicht eigentlich die Verantwortung für das Projekt trägt und ihre Beteiligung in festen Summen vereinbart war. Denn um zu vermeiden, daß die früheren Investitionen nutzlos werden, wird auch der öffentliche Geldgeber oft gezwungen, seine finanzielle Beteiligung über das vorgesehene Maß hinaus zu erhöhen.

Bei vielen Großprojekten, besonders jenen, die Aufgaben der Daseinsvorsorge erfüllen sollen, wird schließlich als öffentlicher Belang das Interesse an der frühestmöglichen Erfüllung dieser Funktion des Projekts selbst als öffentlicher Belang im Vordergrund stehen. Dieses öffentliche Interesse spielt z. B. eine besonders große Rolle im Bereich der Energieversorgung, der Entsorgung sowie beim Straßen- oder sonstigen Verkehrsanlagenbau.

Alle beispielhaft aufgeführten Interessentypen kommen nicht nur voneinander getrennt vor, sondern treten oft kumulativ auf. So ist z. B. das erwerbswirtschaftliche Interesse auch ein finanzielles und bei vorrangig finanziellem Engagement der öffentlichen Hand ist diese meist auch an der eigentlichen Funktion des zu errichtenden Großprojekts interessiert.

c) Auswirkung der öffentlichen Interessen an Großprojekten auf die Auslegung des § 80 Abs. 2 Nr. 4

Fraglich ist, ob diese nur beispielhaft aufgeführten, aber wohl häufigsten Typen öffentlicher Interessen an der sofortigen Vollziehung von Großprojekten eine solche Bedeutung besitzen, daß sie automatisch jedes Aufschubinteresse der Rechtsbehelfsführer überwiegen, eine Interessenabwägung zwischen Aufschub- und Vollzugsinteressen vor Anordnung der sofortigen Vollziehung daher überflüssig machen.

---

[239] Die Kosten für den Reaktor stiegen von ursprünglich geschätzten 1,6 Milliarden auf 5 Milliarden DM 1981, lt. Zeitungsmeldung der FAZ v. 7. 4. 1983, S. 5, war im Frühjahr 1983 die Finanzierung des Schnellen Brüters in Kalkar nicht mehr sichergestellt.

aa) Prinzipieller Vorrang von Allgemeininteressen

Eine solche Vorzugswürdigkeit öffentlicher Interessen könnte sich aus einem grundsätzlichen Vorrang der wichtigen Allgemeininteressen an Großprojekten gegenüber allen privaten Interessen ergeben.

(1) Forderung nach stärkerer Berücksichtigung der sogenannten Allgemeininteressen

Diese Argumentation klingt nicht selten in öffentlichen Auseinandersetzungen um Großprojekte an, wenn etwa den Bürgern, die die Genehmigung eines Großprojekts anfechten, vorgeworfen wird, sie blockierten die technische oder wirtschaftliche Entwicklung einer Region oder der gesamten Bundesrepublik. Sie verhinderten die Versorgung der Bevölkerung mit dem jeweiligen Gut, das die Anlage produzieren soll, und den Eintritt der sonstigen Vorteile für die Allgemeinheit, die für die Planung des Großprojektes ausschlaggebend waren[240]. Forderungen, wie die auf dem rechtspolitischen Kongreß der CDU im Januar 1983 gestellte, durch eine Gesetzesänderung sollten künftig die Verwaltungsgerichte verpflichtet werden, ausdrücklich die der Allgemeinheit durch Entscheidungen im vorläufigen Rechtsschutz entstehenden Kosten zu berücksichtigen[241], scheint ebenfalls die Wertung zugrunde zu liegen, Interessen der Allgemeinheit seien bisher bei der Rechtsprechung zum vorläufigen Rechtsschutz bei Großprojekten zu kurz gekommen, müßten aber wegen ihrer hohen Bedeutung vorrangig Berücksichtigung finden.

Je knapper die öffentlichen Mittel werden und je schwieriger die Wirtschaftslage ist, um so lauter wird der Ruf nach einem Zurückstellen von Partikularinteressen zugunsten der Versorgungsinteressen und der finanziellen Interessen der Allgemeinheit. Obwohl oder gerade weil der Begriff der „Interessen der Allgemeinheit“ für sich allein betrachtet wenig aussagekräftig ist und eher die Gefühle als den Verstand anspricht, wird doch häufig versucht, einen Vorrang der Allgemeininteressen als Argument für eine sofortige Vollziehung von Großprojekten zu nutzen.

(2) Unvereinbarkeit eines Vorranges von sogenannten Allgemeininteressen mit dem GG

Ob eine solche Argumentation im Rahmen des vorläufigen Rechtsschutzes vertretbar ist, ist jedoch unter verfassungs- und verwaltungsrechtlichen Gesichtspunkten problematisch. Die Frage, ob beim Aufeinandertreffen (behaupteter) privater mit (behaupteten) öffentlichen Interessen letztere einen Vorrang genießen, ist aus dem Grundgesetz

---

[240] z. B. Arbeitsplätze zu schaffen oder die Wirtschaftsstruktur zu verbessern.

[241] Vgl. die Forderung Vorndrans, FN 199.

selbst zu beantworten. Die Bundesrepublik Deutschland ist nach dem Grundgesetz ein demokratischer und sozialer Rechtsstaat, zu dessen wesentlichen Garantien der Schutz materieller Grundrechte und sonstiger Rechte ihrer Bürger durch Gerichte zählt (Art. 19 Abs. 4 GG). Sie weist ein Rechtsschutzsystem auf, das sich im wesentlichen auch dadurch auszeichnet, daß es dem Bürger die Abwehr von Rechtsverletzungen durch die öffentliche Gewalt ermöglicht. Die gesamte Verwaltungsgerichtsbarkeit und nicht zuletzt der vorläufige Rechtsschutz nach §§ 80 und 123 gründen auf der rechtsstaatlichen Forderung nach wirksamem Schutz der Rechte des Bürgers vor ungerechtfertigten staatlichen Eingriffen. Mit diesem Grundsatz der Rechtsstaatlichkeit wäre ein Primat des öffentlichen Interesses, d. h. des von der öffentlichen Gewalt formulierten Interesses, grundsätzlich nicht vereinbar. Der Bürger hat nach dem Grundgesetz nicht mehr die Stellung des Untertanen gegenüber der Staatsgewalt wie in früheren monarchischen Verfassungen, sondern ist selbständiges Rechtssubjekt, das sich gegen Eingriffe der öffentlichen Gewalt in seine Rechtssphäre wehren kann und zu diesem Zweck vor Gericht zumindest formal gleichgestellt sein muß.

Der Gedanke vom grundsätzlichen Vorrang öffentlicher Interessen oder des Gemeinwohls ist daher ein Relikt aus früheren Zeiten, das den Bürger zum Objekt staatlichen Handelns macht und daher nicht mehr in unsere Rechtsordnung paßt. Er entstammt einer absolutistischen Verfassung, in der das öffentliche Interesse mit dem des jeweiligen Monarchen identisch war und in der Rechte und Interessen des Untertanen den Interessen des Souveräns grundsätzlich weichen mußten, ob dieser nun seine persönlichen Belange verfolgte oder als „guter Souverän“ Ziele, die auch seinen Untertanen zugute kamen[242].

Eine neue ideologische Basis erhielt der Grundsatz in der NS-Zeit. Der Satz „Gemeinnutz geht vor Eigennutz“[243] ist ein Musterbeispiel nationalsozialistischen Gedankenguts. Das Primat der öffentlichen Belange wurde von den Gerichten der NS-Zeit nunmehr bewußt aus der generell angenommenen Höherwertigkeit des Gemeinwohls gegenüber privaten Interessen abgeleitet und als Auslegungsgrundsatz angewandt[244].

Die Rechtsprechung unter dem Grundgesetz hat im Gegensatz dazu, der geänderten Staatsauffassung Rechnung tragend, das Dogma von der Vorrangigkeit der öffentlichen Interessen aufgegeben. Verlangt ein Tatbestand die Auseinandersetzung mit öffentlichen Interessen, ent-

---

[242] Vgl. Häberle, Öffentliches Interesse, S. 526, 527.

[243] Vom Sächs. OVG 39, 304, 306, direkt als Auslegungsargument verwendet, Zitat aus Häberle, Öffentliches Interesse, S. 554.

[244] Häberle, Öffentliches Interesse, S. 554—557 m.w.N. und Beispielen.

weder, weil das Gesetz die Berücksichtigung ausdrücklich vorschreibt, oder weil öffentliche Belange durch eine bestimmte Entscheidung berührt werden, werden sie mit den ebenfalls betroffenen privaten Belangen unter Berücksichtigung verfassungsrechtlicher Grundsätze abgewogen. Sie genießen nicht von vornherein Vorrang, vielmehr sind öffentliche und private Interessen insofern gleichgestellt, als sie die gleiche Chance haben, daß ihr Gewicht in einer Abwägung durch das Gericht ermittelt und berücksichtigt wird[245]. Die Feststellung der Höherrangigkeit öffentlicher Interessen darf daher nur das Ergebnis einer Interessenabwägung sein, bei der die privaten Interessen angemessen berücksichtigt worden sein müssen.

Kennzeichnend für das Verhältnis von öffentlichen und privaten Interessen unter dem Grundgesetz und zugleich eine weitere Ursache für die Abkehr von der Vorrangigkeit der öffentlichen Interessen ist das Verschwinden der traditionellen Antinomie zwischen öffentlichen und privaten Interessen. Dies zeigt sich nicht etwa nur darin, daß an der Durchführung ein und derselben Maßnahme zufällig ein privates und ein öffentliches Interesse bestehen kann, wie häufig gerade bei Großprojekten. Vielmehr sind unter einer demokratischen Verfassung die öffentlichen Interessen zwangsläufig mit denen eines Teils der Bürger identisch. Der Schutz und die Durchsetzung materieller Rechte ist nicht nur ein privates, sondern über das Rechtsstaatsprinzip des Grundgesetzes auch ein öffentliches Interesse geworden. Die Maßnahmen zur Versorgung der Bürger mit bestimmten Gütern und Dienstleistungen liegen im privaten wie im öffentlichen Interesse; hier ergibt sich die Übereinstimmung nicht zuletzt durch das Sozialstaatsprinzip.

Andererseits ist der Bürger als selbstverantwortliches Rechtssubjekt nach dem Grundgesetz zwar von der alten Untertanenstellung weit entfernt, aber als Mitglied der modernen und komplexen Industriegesellschaft in anderer Weise vom Staat abhängig geworden, indem er auf bestimmte Leistungen, wie z. B. die Energieversorgung, den Straßenbau, die Schaffung von anderen Verkehrseinrichtungen angewiesen ist. Liegen diese Tätigkeiten schon allein deswegen im öffentlichen Interesse, weil der Staat oder andere öffentlich-rechtliche Körperschaften sich ihrer angenommen haben, so besteht doch an ihnen zugleich ein eminentes Interesse der Bürger, die von ihnen profitieren.

Schließlich kann ein und dasselbe Projekt auch gegensätzliche öffentliche Belange berühren, sei es weil zwei verschiedene öffentliche Körperschaften die Nützlichkeit des Projekts unterschiedlich beurteilen, sei es, weil zwei verschiedene widerstreitende öffentliche Belange wie Umweltschutz und Verkehrswegebau durch das Projekt berührt sind.

---

[245] Wie etwa in der Rechtsprechung des BVerwG zu § 1 VI BBauG, Beisp.: BVerwG in DVBl. 1975, 492, 495.

Durch diese partielle Auflösung des Gegensatzes von öffentlichen und privaten Interessen ergibt sich nicht nur die Notwendigkeit, den Begriff des öffentlichen Interesses erneut zu überdenken und ihn an die geänderte Staatsauffassung anzupassen, und wird nicht nur dem Dogma vom Vorrang des öffentlichen Interesses der Boden entzogen, sie zeigt vielmehr deutlich, daß nur eine Abwägung der konkreten Interessen im Einzelfall den sich überlagernden oder gegensätzlichen öffentlichen und privaten Belangen gerecht werden kann. Öffentliche Interessen sind daher nicht um ihrer selbst willen im Aussetzungsverfahren vorrangig zu behandeln. Ein ungeschriebener Grundsatz vom „Primat der Allgemeininteressen", aufgrund dessen eine bevorzugte Berücksichtigung der öffentlichen Interessen am Großprojekt zu rechtfertigen gewesen wäre, ist daher nicht mit der Rechtsordnung unter dem Grundgesetz vereinbar: Das öffentliche Interesse an der sofortigen Durchführung des Projekts kann daher allein im Rahmen der nach § 80 Abs. 2 Nr. 4 vorgesehenen Interessenabwägung berücksichtigt werden. Erweist sich dort die Höherrangigkeit des Aufschubinteresses, so kann kein außerhalb der Abwägung feststellbares, also gewissermaßen vorgegebenes Übergewicht der öffentlichen Belange im Aussetzungsverfahren Berücksichtigung finden.

bb) Besonderer Schutz für bestimmte öffentliche Interessen im Rahmen des vorläufigen Rechtsschutzes

Eine andere Frage ist es dagegen, ob bestimmte Typen öffentlicher Interessen an Großprojekten ein solches Gewicht haben könnten, daß sie die Aufschubinteressen generell überwiegen, eine Interessenabwägung daher überflüssig machen und infolge dessen die Anordnung der sofortigen Vollziehung regelmäßig gerechtfertigt wäre.

Die einzelnen oben aufgeführten Typen öffentlicher Sofortvollzugsinteressen bei Großprojekten[246], erwerbswirtschaftliche, finanzielle und mit der Erfüllung der Daseinsvorsorgeaufgaben begründete Interessen, sollen daraufhin untersucht werden.

(1) Erwerbswirtschaftliche finanzielle öffentliche Interessen

Die bei Großprojekten häufig anzutreffenden finanziellen Interessen der öffentlichen Hände haben im einzelnen sicher unterschiedliches Gewicht. Es stellt sich aber die Frage, ob überhaupt finanzielle Interessen so schwer wiegen können, daß sie die Prüfung der Erfolgsaussichten als Voraussetzung der Aussetzungsentscheidung erfordern können. Dies ist vor allem problematisch, wenn die finanziellen öffentlichen Belange rein erwerbswirtschaftliche Interessen sind[247]. Nimmt die

---

[246] Siehe oben Kapitel 3 IX 2 b.

[247] Näheres über diesen Interessenkomplex siehe oben ebd. Kapitel 3 IX 2 b.

öffentliche Hand als Unternehmer an der privaten Wirtschaft teil, so sind ihre dabei verfolgten wirtschaftlichen Ziele, Verluste zu vermeiden und Gewinne zu erwirtschaften, zwar insofern auch öffentliche Interessen, als sie Interessen der öffentlichen Hände sind, sie entsprechen jedoch inhaltlich den Interessen ihrer privaten Konkurrenten. Ein besonderes öffentliches Bedürfnis wie bei der Erfüllung von Versorgungsaufgaben durch die Leistungsverwaltung besteht für die Erwerbstätigkeit der öffentlichen Hand grundsätzlich nicht. Es besteht also auch insofern kein Unterschied zu ihren privaten Konkurrenten, an den eine Vorzugswürdigkeit hätte angeknüpft werden können. Die Zulässigkeit der erwerbswirtschaftlichen Tätigkeit der öffentlichen Hand wird vielmehr sogar überhaupt in Zweifel gezogen, weil die Verfassungsgrundsätze der Subsidiarität und der Wettbewerbsfreiheit in der privaten Wirtschaft (aus Art. 2 Abs. 1 GG) durch die Beteiligung staatlicher Unternehmen am Wirtschaftsleben verletzt zu werden drohe[248]. Da die öffentliche Hand im Gegensatz zu privaten Unternehmern den Vorteil genießt, daß Verluste ihrer Unternehmen durch die über Steuern und Abgaben gespeisten öffentlichen Haushalte ausgeglichen werden können, trägt sie ein wesentlich geringeres Risiko. Dies kann zu Wettbewerbsverzerrungen und erheblichen Nachteilen für die privaten Konkurrenten führen[249]. Für die wirtschaftliche Betätigung der Gemeinden sind aus diesen Gründen in den Gemeindeordnungen der Länder bestimmte Voraussetzungen aufgestellt worden, die zwar nicht in allen Ländern gleich streng sind[250], aber doch überall fordern, daß ein öffentlicher Zweck das Unternehmen rechtfertigt und dieser Zweck (nur)[251] durch das Unternehmen erfüllt werden kann.

Die erwerbswirtschaftliche Tätigkeit des Staates ist zwar nicht solchen gesetzlichen Grenzen unterworfen, die oben aufgezeigten wettbewerbsrechtlichen Bedenken, die sie hervorruft, verbieten jedoch, wenn sie nicht schon der Erwerbstätigkeit des Staates überhaupt entgegenstehen, jedenfalls eine Bevorzugung des Staates bei und aufgrund dieser Tätigkeit. Erwerbswirtschaftliche Interessen der öffentlichen Hand an Großprojekten dürfen daher schon aus wettbewerbsrechtlichen und verfassungsrechtlichen Gründen bei der Entscheidung nach § 80 Abs. 2 Nr. 4 keine stärkere Berücksichtigung finden als entsprechende private Interessen. Sie sind deswegen, gleichgültig wie schwerwiegend sie sind, prinzipiell ebenso wie vergleichbare Privatinteressen in die

[248] Siehe dazu v. Münch, Erichsen/Martens, § 2 III 2, S. 28, 29.

[249] Zur Gefährdung der Wettbewerbsfreiheit durch staatliche Erwerbswirtschaft vgl. Dürig in MDH, Art. 2 Abs. 1 GG RN 53.

[250] Vgl. § 121 HGO, der weniger strenge Voraussetzungen aufstellt als § 88 nwGemO.

[251] In § 121 HGO fehlt das „nur“.

Interessenabwägung einzustellen und erfordern nicht etwa eine vorrangige Behandlung.

(2) Rein finanzielle öffentliche Interessen

Eher schon als die erwerbswirtschaftlichen könnten die sonstigen finanziellen Interessen der öffentlichen Hand dafür sprechen, das Aussetzungsverfahren zu ihren Gunsten zu modifizieren.

Bei vielen Großprojekten und nicht nur solchen mit unmittelbar öffentlich-rechtlicher Trägerschaft sprechen erhebliche finanzielle Interessen der öffentlichen Hand für eine möglichst rasche Errichtung und Inbetriebnahme des Projekts[252]. Durch Verzögerung ihrer Errichtung, die auch durch die gerichtliche Überprüfung verursacht sein kann, können sich Großprojekte derart verteuern, daß sie deswegen zu scheitern drohen, wie u. a. der ständige Kampf um die Sicherstellung der Finanzierung des Projekts „Schneller Brüter" zeigt. In Zeiten stetig anwachsender Milliardendefizite der öffentlichen Haushalte und damit verbundener zunehmend härter werdender Verteilungskämpfe um öffentliche Mittel gewinnen finanzielle Verluste von Staat und Gemeinden und der von ihnen abhängigen öffentlich-rechtlichen juristischen Personen immer größere Bedeutung. Sie verkörpern einen schwerwiegenden Belang der öffentlichen Hände.

Ob sie deswegen allerdings eine Vorrangstellung unter den dem vorläufigen Rechtsschutzinteresse des Rechtsbehelfsführers entgegenstehenden Interessen einnehmen und ausnahmsweise die Notwendigkeit der Modifizierung des Aussetzungsverfahrens begründen, ist jedoch fraglich.

α) Berücksichtigung rein fiskalischer Interessen in § 80

Die auf einem herkömmlichen Verständnis von Staat und Fiskus als zwei getrennten Personen[253] beruhende Ansicht, bei den geschilderten Interessen handele es sich *nur* um rein fiskalische Belange, die als öffentliche Interessen auch bei § 80 nicht berücksichtigt werden dürften[254], darf freilich keine entscheidende Rolle mehr spielen. Die sogenannte Fiskustheorie, aufgrund derer die finanziellen Interessen der öffentlichen Hände Interessen zweiter Klasse waren, kann heute als

---

[252] Vgl. oben Kapitel 3 IX 2 b, FN 194 das Beispiel der Verteuerung des „Schnellen Brüters" Kalkar.

[253] Zu dieser sogenannten Fiskustheorie und zur Kritik an ihr vgl. Wolff, VwR I § 23 I b 1.

[254] So LVG Hannover, VerwRspr. 2 Nr. 31, 115; OVG Lüneburg, VerwRspr. 8 Nr. 190, 767; Czermak, DÖV 1966, 49, 50, der im übrigen statt der Interessen am Vollzug oder Aufschub des Verwaltungsakts die Erfolgsaussichten des Rechtsbehelfs für § 80 Abs. 2 Nr. 4 und § 80 Abs. 5 maßgeblich sein lassen will.

überwunden bezeichnet werden. Es ist anerkannt, daß der Staat selbst auch Träger finanzieller Interessen ist. Der Konstruktion des Fiskus als einer von ihm getrennten Rechtsperson, die die Vermögensinteressen des Staates wahrnimmt, bedarf es nicht. Fiskalische Interessen müssen daher nicht mehr notwendig von den sogenannten Gemeinwohlinteressen unterschieden werden oder zu ihnen gar in einem Gegensatz stehen[255]. Unter sogenannten fiskalischen Interessen der öffentlichen Hände — der mit dem Makel des Zweitrangigen behaftete Begriff wird vorwiegend in der Finanzwirtschaft weiter verwendet[256] — versteht man daher heute, auf die Erzielung von Einkünften gerichtete, finanzielle Interessen der öffentlichen Hände[257]. Als solche sind sie auch öffentliche Interessen, die um so wichtiger werden und um so eher mit dem sogenannten Gemeinwohl als dem übereinstimmenden Interesse einer Mehrzahl der Bürger — unmittelbar oder mittelbar, tatsächlich oder vermeintlich — in Einklang stehen, je mehr der Staat als Sozialstaat finanzielle oder kostenintensive Leistungen erbringen muß. Auch finanzielle Belange öffentlich-rechtlicher juristischer Personen müssen daher nicht von vornherein gegenüber anderen Interessen zurückstehen, sondern sind zunächst wie andere öffentliche Belange bei Entscheidungen der Verwaltung und der Gerichte entsprechend ihrem im einzelnen unterschiedlichen Gewicht zu berücksichtigen[258].

Die Ansicht wird gestützt durch die Regelung des § 80 Abs. 2 Nr. 1. Wenn gerade Widerspruch und Anfechtungsklage gegen Verwaltungsakte, durch die öffentliche Abgaben und Kosten angefordert werden, ausnahmsweise keine aufschiebende Wirkung entfalten sollen, so hat der Gesetzgeber mit dieser Regelung rein fiskalische Interessen der öffentlichen Hand geschützt[259] und als beachtenswertes öffentliches Interesse anerkannt.

β) Besonderer Schutz der öffentlichen Hände vor finanziellen Nachteilen durch Rechtsschutzgewährung

Diese grundsätzliche Anerkennung finanzieller Interessen des Staates und öffentlich-rechtlicher juristischer Personen als öffentliche Interessen, die auch im Rahmen des § 80 beachtlich sind, läßt jedoch die weitergehende Frage noch offen, ob finanzielle Belange der öffentlichen Hand wegen ihrer großen Bedeutung für die Leistungsfähigkeit der

---

[255] Zur Behandlung traditionell fiskalischer Interessen durch das BVerfG vgl. Häberle, AöR 95 (1970), 260, 275.

[256] Vgl. Wolff, VwR I § 23 I a.

[257] „Fiskalisch" wird allerdings auch das Handeln des Staates als Privatrechtssubjekt bezeichnet, vgl. Wolff, VwR I § 23 I a.

[258] Zur Zulässigkeit des Sofortvollzugs aus fiskalischen Gründen VGH Kassel, Beschl. v. 6. 6. 1983, DÖV 1983, 1018 (Beamtenrecht).

[259] So auch Häberle, Öffentliches Interesse, S. 519.

modernen öffentlichen Gemeinwesen unter den übrigen öffentlichen oder gegenüber privaten Interessen ein besonderes Gewicht haben. So könnte die Tatsache, daß die Finanzmittel der öffentlichen Hände nicht unerschöpflich sind und auch bei Milliardenhaushalten unvorhergesehene Lücken im Finanzierungsplan durch gestiegene Kosten von Großprojekten nur gestopft werden können, indem an anderer Stelle Lücken aufgerissen werden, d. h. andere von öffentlicher Finanzierung abhängige Bereiche zurückgestellt werden, die Bedeutung der finanziellen öffentlichen Belange im Verhältnis zu anderen aufwerten.

Diese Argumentation stützte sich eher auf die durch die Beeinträchtigung der finanziellen öffentlichen Belange zu erwartenden negativen Auswirkungen für die speziellen öffentlichen Interessen, die der Finanzierung bedürfen, als auf die Beeinträchtigung eines spezifisch fiskalischen Interesses.

Geld ist zwar eine vertretbare Sache, bei Verlust ist es ersetzbar; es ist jedoch auch im Zusammenhang mit den zu finanzierenden Leistungen und Vorhaben zu betrachten, dies um so mehr, wenn es für bestimmte Leistungen schon verplant ist. Die Bedeutung eines finanziellen Interesses könnte daher nach dem Gewicht der jeweiligen speziellen öffentlichen Interessen zu bestimmen sein, die wegen des finanziellen Verlustes der öffentlichen Hand nicht mehr verfolgt werden können. Da jedoch bei öffentlich-rechtlicher Trägerschaft eines Projekts Lücken in der Finanzierung in der Regel leichter geschlossen werden können als bei privaten Unternehmern, also die Folgen der Verteuerung nicht nur unmittelbar die an dem betreffenden Großprojekt bestehenden Interessen treffen müssen, ist schwer überschaubar, welches Interesse am Ende unter dem finanziellen Verlust zu leiden hat, weil die öffentlichen Mittel für seine Finanzierung nicht mehr ausreichen. Zwar können Festsetzungen im Haushaltsplan und konkrete äußerlich erkennbare Streichungen und Umverteilungen Anhaltspunkte dafür geben, wo öffentliche Gelder abgezogen werden und wo sie hinfließen. Auch bei dieser Betrachtung blieben am Ende doch nur Vermutungen darüber übrig, welches Interesse betroffen ist, denn in die Haushaltsplanung fließen so komplexe Abwägungsüberlegungen politischer, finanzierungs- und verwaltungstechnischer Art ein, daß am Ende schwer nachvollziehbar ist, warum ein bestimmter Titel in der bestimmten Höhe dotiert wurde, welche andere Position dafür direkt oder indirekt auf Umwegen Einbußen hinnehmen mußte, was sowohl dadurch geschehen sein kann, daß ihr Umfang abnahm, als auch dadurch daß ein ihr an sich zugedachter Zuwachs ausfallen mußte.

Bestehen schon solche Schwierigkeiten, überhaupt konkrete öffentliche Interessen zu ermitteln, die wegen finanzieller Einbußen der öffentlichen Hände durch Verzögerung des Baues von Großprojekten beeinträchtigt werden, wäre der Versuch zum Scheitern verurteilt, das Gewicht der betroffenen finanziellen öffentlichen Belange über die Bedeutung der Interessen, deren Finanzierung zurückstehen muß, festzustellen. Die speziellen öffentlichen Sachinteressen, die für die sofortige Vollziehung sprechen, müssen im übrigen ohnehin in die Interessenabwägung einfließen.

Einen Grundsatz, wonach finanzielle Nachteile für die öffentlichen Hände durch die Gewährung von Rechtsschutz generell verboten sind, gibt es nicht. Zwar dürfen die zum großen Teil aus Steuergeldern gewonnenen öffentlichen Mittel nicht verschwendet werden, für ihre Verwendung gilt der Grundsatz sparsamer und wirtschaftlicher Haushaltsführung[260], dies bedeutet jedoch nicht, daß Sparsamkeit im Umgang mit öffentlichen Mitteln ein um jeden Preis durchzusetzender oberster Grundsatz öffentlichen Handelns ist.

Die Sparsamkeitsmaxime[261] besagt nichts anderes, als daß nur die zur gesetz- und verfassungsmäßigen Verwaltung und Erfüllung öffentlicher Aufgaben notwendigen öffentlichen Mittel ausgegeben werden dürfen[262]. Daß sich durch den verfassungsrechtlich gewährleisteten effektiven Rechtsschutz des Bürgers, der immer mit in Rechnung gezogen werden muß, die Erfüllung öffentlicher Aufgaben verzögern und verteuern kann, stellt daher keine Verschwendung öffentlicher Mittel dar. Solche Sparsamkeitserwägungen dürfen bei der Gewährung vorläufigen Rechtsschutzes durch Verwaltung oder Verwaltungsgericht nur so weit berücksichtigt werden, als der effektive Rechtsschutz nicht beeinträchtigt wird. Eine Veränderung des vorläufigen Rechtsschutzverfahrens zu Ungunsten des Anfechtenden aufgrund der Sparsamkeitsmaxime kommt daher nicht in Frage.

γ) Besonderer Schutz für Interessen an der Absicherung öffentlicher Finanzplanung

Als spezifisch finanzbezogenes öffentliches Interesse könnte die Absicherung der öffentlichen Finanzplanung ein selbständiges besonderes Schutzbedürfnis haben. Dabei handelt es sich weder um einen aus den oben angeführten Gründen[263] nicht gerechtfertigten besonderen Vermögensschutz für die öffentlichen Hände, noch käme es auf das Gewicht der durch Ausfall der Finanzierung bedrohten speziellen Interessen an.

---

[260] Bachof, Wolff/Bachof, VwR III § 162 RN 26.

[261] Kodifiziert u. a. in § 34 Abs. 2 BHO; zum Unterschied zwischen Sparsamkeit und Wirtschaftlichkeit, vgl. Bachof ebd.

[262] Dies gilt sowohl für die Bereitstellung bei der Haushaltsaufstellung als auch für die Ausgabe.

[263] Siehe oben Kapitel 3 IX 2 c bb (2) α.

Die Haushaltsplanung öffentlich-rechtlicher Gebietskörperschaften könnte, weil sie das Ergebnis eines komplizierten Abwägungs- und Aushandlungsvorganges ist, in dem die verschiedensten konkurrierenden Ansprüche und öffentlichen Belange berücksichtigt werden müssen, ein eigenständiges Schutzgut sein.

Ein Argument für die Annahme einer besonderen Schutzwürdigkeit der öffentlichen Haushaltsplanung gerade im Rahmen des vorläufigen Rechtsschutzverfahrens könnte die Regelung des § 80 Abs. 2 Nr. 1 bieten. Der Ausschluß der aufschiebenden Wirkung bei Anfechtung von Verwaltungsakten, mit denen öffentliche Abgaben und Kosten angefordert werden, kommt der Kalkulierbarkeit der öffentlichen Einnahmen zugute. Er schützt die „ordnungsgemäße Haushaltsplanung" vor der Störung durch zahlreiche, möglicherweise auch unberechtigte Anfechtungen[264], indem er den besonderen Anreiz für die unberechtigte Anfechtung, den Zahlungsaufschub, nicht automatisch eintreten läßt.

Aus dieser Durchbrechung des Regel-Ausnahme-Prinzips des § 80 kann jedoch nicht geschlossen werden, der Gesetzgeber habe der Sicherung der öffentlichen Haushaltsplanung prinzipiell ein größeres Gewicht beigemessen als der Sicherung des individuellen Rechtsschutzes. § 80 Abs. 2 Nr. 1 trägt nämlich nur dem besonderen Umstand Rechnung, daß bei Anforderungen öffentlicher Abgaben eine besondere Verlockung besteht, sich durch unberechtigte Anfechtungen zunächst Zahlungsaufschub zu verschaffen und deshalb in stärkerem Maße als bei anderen Arten von Verwaltungsakten ein Mißbrauch der aufschiebenden Wirkung zu befürchten ist[265]. Nicht ein zu schützendes Gut „der öffentlichen Haushaltsplanung" ist höherrangig, sondern die stärkere Gefährdung dieser Belange verlangt besondere Schutzvorkehrungen.

Dies wird durch die nur für die Anforderungen von Abgaben und Kosten geltenden Regelungen des § 80 Abs. 4 Satz 2 und 3 bestätigt. Als Ausgleich für den nicht wegen einer vorgegebenen Höherrangigkeit eines Vollzugsinteresses gebotenen[266], sondern nur durch die „Staatsraison"[267] veranlaßten Ausschluß der aufschiebenden Wirkung in § 80 Abs. 2 Nr. 1 wurden besondere Bestimmungen für eine teilweise erleichterte Aussetzung der Vollziehung geschaffen. So kann im Gegensatz zu anderen Verwaltungsakten hier die Vollziehung auch gegen Sicherheit ausgesetzt werden. Wenn sich die Anfechtung als nicht rechtsmißbräuchlich erwiesen hat, weil tatsächlich ernstliche Zweifel an der Rechtmäßigkeit des Verwaltungsakts bestehen, soll die Aussetzung erfolgen.

[264] So Eyermann/Fröhler, § 80 RN 20.

[265] Siehe u. a. Papier, JA 1979, 561, 566.

[266] Anders als bei § 80 Abs. 2 Nr. 2, wo der Ausschluß der aufschiebenden Wirkung durch tatsächliche Unaufschiebbarkeit begründet ist.

[267] Eyermann/Fröhler, § 80 RN 20.

Die Regelung des § 80 Abs. 4 Satz 3, wonach vor Aussetzung wegen unbilliger Härte der Vollziehung des Abgaben-Verwaltungsakts zu prüfen ist, ob nicht öffentliche Interessen die sofortige Vollziehung trotzdem erfordern, deutet ebenfalls auf die Notwendigkeit einer Interessenabwägung hin und spricht gegen ein vorrangiges öffentliches Interesse an gesicherter Haushaltsplanung.

Aus der Regelung des § 80 Abs. 2 Nr. 1 kann daher keine Höherrangigkeit oder besondere Schutzbedürftigkeit der gesicherten Haushaltsplanung im Rahmen des § 80 geschlossen werden.

Auch die Komplexität der öffentlichen Haushaltsplanung kann einen Vorrang der Schutzwürdigkeit öffentlicher Haushaltsinteressen im Rahmen des § 80 nicht begründen. Es ist zwar nicht auszuschließen, daß wegen Kostensteigerung bei öffentlichen Großprojekten während der Dauer des vorläufigen Rechtsschutzes die früheren Festsetzungen in Haushaltsplänen nicht mehr haltbar sind und Umstrukturierungen erfolgen müssen, die zu Abstrichen an anderen Positionen führen können, dies hat jedoch keine Auswirkung auf die Rangstellung des Interesses an der Einhaltung öffentlicher Finanzplanung gegenüber dem vorläufigen Rechtsschutz. Das finanzielle öffentliche Interesse erhält im Verhältnis zu anderen beteiligten Belangen nicht durch Addition der Bedeutung der möglicherweise durch eine veränderte Finanzplanung betroffenen Interessen, die sich im übrigen gar nicht genau feststellen lassen, eine andere Qualität. Soweit sie erkennbar sind, können solche Interessen allerdings das Vollzugsinteresse im Rahmen der Abwägung verstärken.

Auch private Vorhaben, die bei Kostensteigerung zu scheitern drohen, können nur durch Einsparungen ihrer Träger an anderer Stelle oder durch weitere Kreditaufnahmen fortgeführt werden. Ein genereller oder spezieller auf § 80 bezogener Vorrang öffentlicher Interessen vor privaten wurde oben abgelehnt[268]. Gerade ein solcher Vorrang würde jedoch praktisch durch die Hintertür über die Einräumung eines besonderen Absicherungsbedürfnisses für öffentliche Haushaltspläne wegen der großen Zahl der von ihnen abhängigen Belange eingeräumt. Die Folge der Kostenerhöhung eines Projekts bei längerer Aussetzung der Vollziehung, daß die Rentabilität des Projekts auch im Verhältnis zu anderen Vorhaben und Aufgaben der öffentlich-rechtlichen Körperschaften erneut durchdacht werden muß, kann nicht als eine besondere Gefahr für eine gesicherte Haushaltsplanung angesehen werden.

---

[268] Siehe oben Kapitel 3 IX 2 c aa.

δ) Ergebnis: Kein besonderer Schutz für reine öffentliche Finanzinteressen an Großprojekten

Weder „die Sicherung der öffentlichen Haushaltsplanung", noch der Grundsatz sparsamer und wirtschaftlicher öffentlicher Verwaltung, noch gar die bloße Tatsache, daß öffentliche Mittel, also auch Steuergelder betroffen sind, können einen grundsätzlichen Vorrang der öffentlichen Finanzinteressen vor privaten Aufschubinteressen begründen. Ihre Bedeutung und ihr Gewicht für die sofortige Vollziehung kann erst durch die Interessenabwägung im Einzelfall ermittelt werden. Finanzielle Interessen der öffentlichen Hände, wie etwa das Interesse, Kostensteigerungen und finanzielle Verluste durch ungerechtfertigte Vollzugsaussetzung oder durch sofortigen Vollzug eines rechtswidrigen Planfeststellungsbeschlusses, der später wieder aufgehoben werden muß, zu verhindern, sind im Rahmen des § 80 bei der Interessenabwägung zwischen Aufschub- und Vollzugsinteressen ebenso zu berücksichtigen, wie andere öffentliche und private Interessen. Sie sind also einerseits nicht von vornherein als „bloß fiskalische Interessen" ausgeschlossen, sind jedoch andererseits auch nicht besonders schutzwürdig. Gerade hier gilt es, die Gefahr zu vermeiden, auf dem Umweg über die finanziellen öffentlichen Belange den für die Einschätzung und Behandlung der öffentlichen Interessen aufgestellten Grundsatz zu verletzen, daß ein bestimmtes Interesse nicht allein deswegen vorrangig zu behandeln ist, weil es kein privates, sondern ein öffentliches ist. Der konkret erkennbare finanzielle Verlust für einen öffentlich-rechtlichen Träger eines Großprojekts, dessen Genehmigung wegen aufschiebender Wirkung nicht ausgenutzt werden darf, und der darauf zu erwartende Nachteil für das Projekt selbst, können nach alledem zwar als Grund für die sofortige Vollziehbarkeit in die Interessenabwägung einfließen, aber kein finanzieller öffentlicher Belang kann so stark sein, daß er die regelmäßige Anordnung der sofortigen Vollziehung erfordert, ohne Rücksicht auf die ihm entgegenstehenden Aufschubinteressen.

(3) Öffentliche Interessen an der Erfüllung von Daseinsvorsorgeaufgaben durch das Großprojekt

Wenn auch nicht finanzielle öffentliche Interessen und erst recht nicht erwerbswirtschaftliche Interessen der öffentlichen Hände den faktischen Ausschluß der aufschiebenden Wirkung durch regelmäßige Anordnung der sofortigen Vollziehung rechtfertigen können, so könnte dies doch möglicherweise bei bestimmten Großprojekten das öffentliche Interesse an der Erfüllung der Aufgabe eines Vorhabens, das öffentlichen Daseinsvorsorgeaufgaben[269] dient, der Fall sein. Dies ist die Aufgabe sehr

---

[269] Zu dem von Forsthoff vorgeschlagenen Begriff der Daseinsvorsorge,

vieler Großprojekte und naturgemäß fast aller Vorhaben mit öffentlich-rechtlicher Trägerschaft. Als Beispiele seien nur der Bau von Verkehrseinrichtungen, wie öffentlichen Straßen, künstlichen Wasserläufen, Bahntrassen, Flughäfen und die Errichtung von Ver- und Entsorgungseinrichtungen wie Elektrizitäts-, Gas- und Wasserwerken, Abfall- und Abwasserbeseitigungsanlagen genannt[270]. Die Absicherung der rechtzeitigen Versorgung der Bevölkerung mit diesen Leistungen könnte ein so wichtiges öffentliches Interesse sein, daß sie das Interesse des Bürgers an der Absicherung des individuellen effektiven Rechtsschutzes[271] überwiegt.

Daß dies keine realitätsferne Überlegung ist, zeigen die Versuche, etwa im Bereich des Anlagenbaus zur Energieversorgung, durch Parolen wie „die Lichter gehen aus", Versorgungsängste in der Bevölkerung für eine negative Einstellung gegenüber Rechtsschutzverfahren zu mobilisieren. Rechtsschutz gegen Großprojekte gerät, weil seine Dauer die Errichtung für die Versorgung der Bevölkerung wichtiger konkreter Vorhaben verzögert, in den Ruf, gemeinwohlschädlich zu sein[272].

Hält man auch die häufig aufzufindende Haltung nach dem St. Florians-Prinzip, „Warum soll das umweltbelastende Großprojekt gerade in meiner Nachbarschaft und nicht an einem anderen Ort gebaut werden?", für nicht sehr gemeinwohlfördernd und glaubt man, sie nach moralischen Kriterien verurteilen zu können, so kann doch ein solches Urteil nicht ohne weiteres auf eine juristische Bewertung des Verhältnisses von Allgemein- und Partikularinteressen übernommen werden. Hier ist vielmehr zu untersuchen, ob nach rechtlichen Kriterien der Rechtsschutzanspruch zugunsten spezieller Versorgungsinteressen größerer Bevölkerungsteile zurückstehen muß.

α) Die Erfüllung von Daseinsvorsorgeaufgaben als öffentliches Interesse an Großprojekten

Das öffentliche Interesse der öffentlich-rechtlichen Bauträger, die Versorgungsaufgaben rechtzeitig erfüllen zu können, entspricht oft dem Interesse größerer Teile der Bevölkerung an der Bereitstellung dieser Versorgungsleistungen, die für die Aufrechterhaltung unserer Lebens-

der sich trotz Kritik mittlerweile eingebürgert hat, vgl. Forsthoff, Verwaltungsrecht, Vorbem. vor § 20, S. 370; Stern, StaatsR I, § 21 II 3 d.

270 Eine Aufzählung typischer Versorgungsanlagen, die jedoch nicht alle Großprojekte sind, enthält Bachof, Wolff/Bachof, VwR III RN 14.

271 Vgl. Borggrefe, BB 1975, 157, 162, der die öffentlichen Energieversorgungsinteressen wegen der Gefahr von Versorgungsengpässen generell gegenüber den privaten Aufschubinteressen für höherrangig hält und deswegen die gesetzliche Anordnung der sofortigen Vollziehung fordert.

272 Wozu z. T. allerdings auch Parolen und Verhalten einer kleinen Gruppe Rechtsschutzsuchender beigetragen haben, die manchmal den Verdacht einer rechtsmißbräuchlichen Ausnutzung des Rechtsschutzanspruches erwecken.

weise, unserer Kultur und Zivilisation und unseres Wirtschaftslebens erforderlich sind[273], die der Einzelne aber nicht allein beschaffen kann. Aufgabe der Leistungs- oder Versorgungsverwaltung ist es, nicht nur für die Bereitstellung lebensnotwendiger Güter im herkömmlichen Sinn zu sorgen, ohne die der Mensch nicht existieren könnte[274]. Die moderne hochentwickelte Leistungsgesellschaft ist wesentlich anspruchsvoller, entsprechend aufwendiger sind die für ihr Funktionieren erforderlichen Voraussetzungen. In unserer arbeitsteiligen Gesellschaft ist aber schon aus technischen und organisatorischen Gründen der einzelne Bürger oft nicht in der Lage, sich mit bestimmten für die Teilnahme am Wirtschaftsleben erforderlichen Gütern zu versehen. Da die Bereitstellung teilweise sehr große Kosten verursacht und eher Defizite als Gewinn einbringt, kann die Errichtung solcher Versorgungseinrichtungen auch innerhalb eines theoretisch marktwirtschaftlichen Systems nicht allein der Initiative Privater überlassen werden. Die Absicherung der Versorgung erfordert oft geradezu das Eingreifen der öffentlichen Verwaltung.

Ist bei solcher Dringlichkeit das Bedürfnis nach Initiative der öffentlichen Hände auch evident, ist sie doch andererseits nicht unerläßliche Voraussetzung für die Annahme öffentlicher Daseinsvorsorgeverwaltung[275]. Der Begriff der Daseinsvorsorge umfaßt vielmehr jede staatliche oder gemeindliche Tätigkeit, die auf die Errichtung oder Bereitstellung der Infrastruktur gerichtet ist[276], unabhängig davon, ob diese notwendig von Staat oder Kommune oder ob sie besonders dringlich vorgenommen werden muß[277]. Gekennzeichnet ist die Daseinsvorsorgeverwaltung jedenfalls durch ihre Gemeinwohlnützlichkeit[278]. Obwohl jede rechtmäßige Verwaltungstätigkeit dem Wohl der Bürger dienen soll, kommt hier die Identität von Verwaltungs- und Bürgerinteressen direkter zum Ausdruck als etwa bei der Eingriffsverwaltung.

---

[273] Vgl. zur Definition Bachof, Wolff/Bachof, VwR III § 137 III b, RN 14.

[274] Einen so weiten Vorsorgebegriff vertritt Forsthoff, Verwaltungsrecht, Vorbem. vor § 20, S. 370.

[275] Vgl. Forsthoff, Verwaltungsrecht, S. 370, der soweit geht, jede für die Allgemeinheit nützliche Tätigkeit der Verwaltung als Daseinsvorsorge zu bezeichnen.

[276] So auch Herzog in MDH, Art. 20 GG, VIII RN 13.

[277] Hieran vor allem knüpft die Kritik an einer angeblich zu umfangreichen öffentlichen Daseinsvorsorgetätigkeit an, die in diesem Zusammenhang nicht weiter erörtert werden kann; vgl. dazu u. a. Stern, § 21 II 3.

[278] Durch dieses Merkmal unterscheidet sie sich von der rein erwerbswirtschaftlichen Tätigkeit der Verwaltung, s. oben Kapitel 3 IX 2 c bb (1). Vgl. u. a. Stern, § 21 II 3 a.

β) Besonderes Schutzbedürfnis des öffentlichen Interesses an der Erfüllung von Daseinsvorsorgeaufgaben gegenüber vorläufigem Rechtsschutz

Hinter dem öffentlichen Interesse an der Errichtung der Versorgung dienender Großprojekte stehen die Interessen der späteren Nutznießer. Nicht nur ein abstraktes Interesse einer öffentlich-rechtlichen Körperschaft als Träger des Unternehmens, sondern die Versorgungsinteressen vieler Bürger stehen bei der Verzögerung der Errichtung eines solchen Großprojekts auf dem Spiel. Zwar kann nicht allein aus der großen Zahl der betroffenen potentiellen Nutznießer auf eine besondere Vorzugswürdigkeit dieser Interessen geschlossen werden. Ist eine größere Anzahl von Personen durch die verzögerte oder verhinderte Einrichtung betroffen, kann dies allenfalls dem Vollzugsinteresse und bei Vorliegen der entsprechenden Dringlichkeit auch dem Interesse am sofortigen Vollzug ein größeres Gewicht verleihen.

Das öffentliche Interesse an Großprojekten, die der Daseinsvorsorge dienen, könnte jedoch insofern vorzugswürdig sein, als der öffentlich-rechtliche Träger mit der Errichtung solcher Projekte einer Forderung des Sozialstaatsprinzips nachkommt.

Die Erfüllung der Daseinsvorsorge ist eine klassische Aufgabe des Sozialstaates[279]. Zwar hatte die staatliche Verwaltung schon im „polizeystaatlichen Wohlfahrtsstaat“ ähnlich wie im heutigen Sozialstaat Sozialfunktionen im Interesse der Untertanen erfüllt und als Gebende und Leistende Daseinsvorsorge betrieben[280], Zeitpunkt, Art und Weise, sowie Anlaß dieser Aktivitäten waren jedoch der Willkür und dem Belieben der Obrigkeit überlassen. Im Grundgesetz ist die Pflicht zur staatlichen Daseinsvorsorge dagegen durch das Sozialstaatsprinzip in Art. 20 Abs. 1 GG verankert.

Dem Bürger gewährt das Sozialstaatsprinzip zwar keinen direkten Anspruch auf konkrete Leistungen[281]. Gegen die Gewährung eines solchen umfassenden Anspruchs spricht schon der Umstand, daß der Staat nur über begrenzte finanzielle Mittel verfügt. Die Herstellung der sozialen Gerechtigkeit, zu der das Sozialstaatsprinzip den Staat und über Art. 28 Abs. 1 GG die Länder und Gemeinden verpflichtet, erfordert unter anderem die Gewährleistung menschenwürdigen Daseins durch Absicherung wirtschaftlicher und kultureller Mindestbedingungen der Existenz der Bürger, nicht nur durch die ausgleichende Gewährung von Unterstützung an wirtschaftlich und sozial Schwache, sondern durch die aktive Gestaltung und Gewährleistung eines wirtschaftlichen und

279 Herzog in MDH, Art. 20 VIII RN 12 f.; Stern, § 21 II 3 a.

280 Stern, § 21 II 3 b.

281 Vgl. u. a. Bley, Sozialrecht, S. 50.

kulturellen Systems, das die Benachteiligung Einzelner entweder schon gar nicht entstehen läßt oder jedenfalls ausgleicht[282]. Das Sozialstaatsprinzip richtet sich folglich nicht nur an den Gesetzgeber, obwohl es wegen seiner Allgemeinheit noch der Konkretisierung bedarf. Als rechtsgrundsätzliche Zielbestimmung[283] ist es an die Exekutive und die Rechtsprechung gerichtet, die es bei der Auslegung der Gesetze zu berücksichtigen haben. Staat und Gemeinden haben zur Erfüllung dieser Aufgabe entweder selbst als Träger von Vorhaben für die Errichtung wichtiger Versorgungseinrichtungen zu sorgen[284] oder müssen die Versorgung durch Unterstützung privater Unternehmungen gewährleisten[285]. Bei Vorhaben, deren Errichtung zur Erfüllung der Daseinsvorsorgeaufgaben geboten ist, könnte möglicherweise das Sozialstaatsprinzip einen Vorrang des öffentlichen Interesses an der sofortigen Vollziehung der Genehmigung des Projekts begründen.

Fraglich ist jedoch, ob die Erfüllung sozialstaatlicher Anforderungen der Erfüllung der rechtsstaatlich begründeten Aufgabe der Gewährung vorläufigen Rechtsschutzes — von vornherein unabhängig vom Einzelfall — vorgehen kann.

In Art. 20 Abs. 1 GG ist zwar nur von der Bundesrepublik Deutschland als demokratischem und sozialem Bundesstaat die Rede. Aus der Statuierung der Gewaltenteilung und des Gesetzmäßigkeitsprinzips in Art. 20 GG und darüber hinaus aus vielen weiteren Einzelelementen der Verfassung[286] ergibt sich jedoch auch, daß die Bundesrepublik Deutschland Rechtsstaat ist. In dem hier aufgezeigten Konflikt zwischen der Pflicht zur Erfüllung der Aufgaben der Daseinsvorsorge und der Pflicht zur Gewährung effektiven Rechtsschutzes stehen sich rechts- und sozialstaatliche Anforderungen an den Staat gegenüber, deren Verhältnis zueinander Gegenstand zahlreicher staats- und verfassungstheoretischer Überlegungen ist[287].

Ein vorgegebenes Rangverhältnis zwischen beiden Prinzipien nach dem Grundgesetz, aufgrund dessen der hier aufgezeigte Konflikt zu lösen wäre, ist nicht erkennbar. Zwar ist nicht zu übersehen, daß das Rechtsstaatsprinzip, das seinen Ursprung in einer bürgerlich-liberalen Staatsauffassung hat und auf eine Bewahrung der Rechte und Absicherung der bestehenden Güterverteilung gerichtet ist[288] und das Sozial-

---

[282] Bachof, Wolff/Bachof, VwR III § 138 RN 7.

[283] H. P. Ipsen, DÖV 1974, 294.

[284] Bachof, Wolff/Bachof, VwR III § 138 RN 7.

[285] Ebd. RN 8.

[286] Vgl. Herzog in MDH, Art. 20, VII RN 3; Schnapp, v. Münch, Art. 20 RN 21.

[287] Vgl. Herzog in MDH, Art. 20, VIII.

[288] E.-W. Böckenförde, F. S. Arndt, S. 66.

staatsprinzip, das demgegenüber die aktive Gestaltung der gesellschaftlichen Ordnung zur Schaffung sozialer Gerechtigkeit fordert[289], theoretisch gegenläufige Ziele verfolgen. Rechtsstaatliche und sozialstaatliche Elemente können sich jedoch in der Praxis andererseits auch ergänzen[290]. Die Schaffung sozialer Gerechtigkeit sichert die Voraussetzungen des Genusses der rechtsstaatlichen Freiheit[291], rechtsstaatliche Freiheitssicherung gewährleistet auch Schutz für soziale Grundrechte[292]. Da nach dem Grundgesetz die Bundesrepublik Deutschland sozialstaatlich und rechtsstaatlich sein soll, müssen jedenfalls beide Grundsätze in irgendeiner Form miteinander in Einklang gebracht werden. Dies erfordert auch der Grundsatz der Homogenität der Verfassung.

Eine Regelung, aus der sich eine generelle Vorrangigkeit eines der beiden Prinzipien ergibt, sucht man vergeblich im Grundgesetz. Aus der Aufnahme des Sozialstaatsprinzips in die Verfassung läßt sich zwar eine bewußte Absage an den orthodoxen bürgerlich-liberalen Rechtsstaat erkennen[293], dies läßt jedoch nicht den Schluß zu, daß die Forderungen des Sozialstaatsprinzips vorrangig vor denen des Rechtsstaatsprinzips zu behandeln sind[294]. Es besagt vielmehr für das Verhältnis der beiden Prinzipien zueinander lediglich[295], daß der „reine" Rechtsstaat, der nur als Bewahrer der Rechte verstanden wird, insoweit nicht durchgesetzt werden kann, als sozialstaatliche Belange dem entgegenstehen[296]. Rechtsstaats- und Sozialstaatsprinzip sind daher nach dem Grundgesetz grundsätzlich gleichrangig zu erfüllen. Zwischen ihnen bestehende Widersprüche können nicht durch abstrakte Erörterung ihres Rangverhältnisses aufgelöst werden, sondern sind im konkreten Einzelfall auszugleichen. Erst aus dem durch Gesetzgeber, Verwaltung oder Rechtsprechung unter Berücksichtigung beider Prinzipien zu regelnden oder zu beurteilenden Sachverhalt kann sich ergeben, ob die Anforderungen eines der beiden Prinzipien aus bestimmten Gründen zugunsten des anderen in diesem speziellen Fall zurückgestellt werden können oder müssen oder ob Rechtsstaats- und Sozialstaatsprinzip nicht

---

[289] Siehe u. a. BVerfGE 8, 274, 329 zur Verfassungsmäßigkeit der Regelung des § 2 Preisgesetz aus gesamtwirtschaftlichen und sozialen Gründen.

[290] Bley, Sozialrecht, S. 54.

[291] Schnapp, v. Münch, Art. 20 RN 18.

[292] Vgl. BVerfGE 53, 257, 289 f., wo der Eigentumsschutz für Versicherungsrenten begründet wird.

[293] Schnapp, v. Münch, Art. 20 RN 17.

[294] a. A. Ridder, S. 155, der jedoch schon den Rechtsstaatsbegriff im Grundgesetz sehr restriktiv faßt, anders als BVerfG und herrschende Lehre.

[295] Sofern man nicht wie Forsthoff dem Sozialstaatsprinzip überhaupt die rechtliche Bedeutung abspricht, VVDStRL 12 (19), 8 f.; diese Ansicht hat sich jedoch nicht durchgesetzt, vgl. dazu Stern, § 21 I 4 d.

[296] Vgl. Zippelius, Maunz/Zippelius, § 13 II 5.

sogar gleichermaßen erfüllt werden und ihre Anforderungen sich gegenseitig ergänzen können, wie es zum Beispiel beim Eigentumsschutz für Versichertenrenten vom Bundesverfassungsgericht angenommen wurde[297].

Obwohl das Sozialstaatsprinzip für die Errichtung und der Rechtsschutzgrundsatz für den Aufschub der Errichtung des Großprojekts zu sprechen scheinen, ist ein Konflikt zwischen beiden Prinzipien im Rahmen des vorläufigen Rechtsschutzes nach § 80 nicht unauflöslich.

Der Zweck des vorläufigen Rechtsschutzes, die Durchführung effektiven Rechtsschutzes zu sichern, muß nicht die Erfüllung von Daseinsvorsorgeaufgaben gefährden, da in diesem Verfahren noch nicht über die Rechtmäßigkeit des angefochtenen Verwaltungsakts entschieden werden soll. Der vorläufige Rechtsschutz verhindert nicht die Erfüllung der Daseinsvorsorgeaufgaben, er schiebt sie nur hinaus. Ob das Vorhaben durchgeführt werden darf, steht erst im Hauptsacheverfahren in Frage. Droht das Projekt schon wegen des Aufschubs durch den vorläufigen Rechtsschutz zu scheitern, kann diese Gefahr im Rahmen der Abwägung nach § 80 Abs. 2 Nr. 4 und Abs. 5 berücksichtigt werden und unter Umständen die Anordnung der sofortigen Vollziehung begründen. Die Regelung des vorläufigen Rechtsschutzes in § 80 sichert demnach nicht einseitig die Erfüllung der Forderungen des Rechtsstaates ab, sondern bietet Gelegenheit, die Rechtspositionen und Belange, die hinter dem angefochtenen Verwaltungsakt stehen, zu berücksichtigen und ermöglicht so auch den von der Verfassung geforderten Ausgleich zwischen Rechts- und Sozialstaatsprinzip. Wie für jedes andere Sofortvollzugsinteresse ist die zeitliche Verzögerung durch die aufschiebende Wirkung als eine vom Gesetzgeber auferlegte Last zur Sicherung des Rechtsschutzes keine unzumutbare Belastung für die Daseinsvorsorgeinteressen.

Fraglich ist, ob der durch die Verfassung geforderte Ausgleich zwischen rechts- und sozialstaatlichen Anforderungen in diesen Fällen auch die Aufrechterhaltung des prinzipiellen Vorrangs des Aufschubinteresses und die Interessenabwägung als Voraussetzung der sofortigen Vollziehung im Einzelfall zuläßt.

Die Antwort auf diese Frage kann nur mit Hilfe der Bedeutung des vorläufigen Rechtsschutzes nach § 80 für die Durchsetzung der beiden Prinzipien gefunden werden. Sie muß wie die konkrete Interessenabwägung nach § 80 Abs. 2 Nr. 4 berücksichtigen, ob beide Prinzipien im Stadium des vorläufigen Rechtsschutzes in gleichem Maße gefährdet sind, und ob einer der beiden widerstreitenden Belange leichter durch

---

[297] BVerfGE 43, 257.

andere Mittel und Vorkehrungen als durch eine Änderung des vorläufigen Rechtsschutzes abgesichert werden kann und daher eher den Erfordernissen des anderen weichen kann. Hierbei muß ausschlaggebend sein, daß nicht nur die Dauer des Rechtsschutzverfahrens und der aufschiebenden Wirkung für das Scheitern des Daseinsvorsorgeprojekts verantwortlich wären, sondern auch die in der Verantwortung des Trägers liegende Planung des Projekts, die die für die Gewährung von Rechtsschutz erforderliche Zeit berücksichtigen muß[298]. Der Rechtsschutz gegen die Genehmigung des Großprojekts kann immer nur eine Reaktion auf diese Planung sein, er kann prinzipell nur im Anschluß an Planung und Genehmigung eingreifen. Der Beginn des Rechtsschutzverfahrens durch Anfechtung der Genehmigung ist vom Abschluß der Planung und des Verwaltungsverfahrens abhängig. Daß eine Anfechtung möglich ist und wahrscheinlich erfolgen wird, ist angesichts unseres Rechtsschutzsystems vorhersehbar, kann daher auch eingeplant werden.

Die Absicherung der Anforderungen des effektiven Rechtsschutzes ist demnach von vornherein an engere zeitliche und sachliche, durch seine Funktion bestimmte Grenzen gebunden als die der Daseinsvorsorge. Während die Wirksamkeit des vorläufigen Rechtsschutzes mit der effektiven, d. h. irreparable Rechtsverletzungen verhindernden Erfüllung ihres Zwecks an einer bestimmten Stelle des Verfahrens steht und fällt, kann die Absicherung der Erfüllung der Belange des Sozialstaatsprinzips über die Daseinsvorsorge auch durch andere Vorkehrungen gewährleistet werden. Die Ausgestaltung des Verfahrens im vorläufigen Rechtsschutz ist deswegen nicht allein ausschlaggebend für die Durchführbarkeit des der Daseinsvorsorge dienenden Projekts. Seine Rettung hängt nicht von der Umgestaltung des vorläufigen Rechtsschutzverfahrens zu seinen Gunsten ab. Demgegenüber kann der Rechtsbehelfsführer das Eintreten zu befürchtender irreparabler Rechtsverletzungen durch die Vollziehung einer rechtswidrigen Genehmigung nur im vorläufigen Rechtsschutzverfahren zu verhindern suchen. Dieser Unterschied rechtfertigt es, den Vorrang, den die Absicherung des effektiven Rechtsschutzes in § 80 vor den übrigen im vorläufigen Rechtsschutzverfahren beteiligten Belangen genießt, auch gegenüber den Anforderungen der Daseinsvorsorge und des Sozialstaatsprinzips beizubehalten und die an den Bedürfnissen des effektiven Rechtsschutzes orientierte Risikoverteilung in § 80 nicht zugunsten sozialstaatlicher Forderungen zu verändern.

---

[298] Insofern kann auf die Ausführungen zur Notwendigkeit der Planung durch den privaten Unternehmer verwiesen werden, siehe oben Kapitel 3 VI 1 b.

3. Ergebnis

Auch die öffentlichen Interessen an der baldigen Errichtung von Großprojekten rechtfertigen nicht die regelmäßige Anordnung der sofortigen Vollziehung der Genehmigung solcher Vorhaben.

Öffentlich-rechtlich organisierte Unternehmer sind als Adressaten der Genehmigung im Rahmen des § 80 nicht anders zu behandeln als private Adressaten. Die öffentlichen Interessen an Errichtung oder Betrieb von Großprojekten genießen nicht von vornherein eine Vorrangstellung, die ihre verstärkte Berücksichtigung erfordern würde. Weder besteht ein genereller Vorrang des sogenannten Gemeinwohls vor Partikularinteressen einzelner Bürger, noch genießen einzelne spezielle öffentliche Interessen, wie das an sparsamer Verwendung öffentlicher Finanzen oder an der Erfüllung von Daseinsvorsorgeaufgaben aus sich heraus schon Vorrang vor den Aufschubinteressen, der ihre Gewichtung in der Interessenabwägung nach § 80 Abs. 2 Nr. 4 überflüssig machte. Auch die öffentlichen Interessen an der sofortigen Vollziehung von Großprojekten können daher nur dann die Anordnung sofortiger Vollziehung erfordern, wenn eine Interessenabwägung mit den Aufschubinteressen ein überwiegendes oder besonderes Vollzugsinteresse ergibt.

X. Zeitliche Begrenzung des Aufschubs bei Anfechtung der Genehmigung von Großprojekten

Die Zurückstellung der Belange des Adressaten als Folge des vorläufigen Rechtsschutzes des Rechtsbehelfsführers durch die automatische aufschiebende Wirkung ist zwar grundsätzlich gerechtfertigt, wie die vorstehenden Untersuchungen gezeigt haben, die Dauer der aufschiebenden Wirkung, die beim vorläufigen Rechtsschutz gegen Großprojekte oft über mehrere Jahre den Gebrauch der Begünstigung verhindert, ist jedoch nur dann dem Unternehmer zumutbar, wenn eine zeitliche Beschränkung des Aufschubs nicht möglich ist. Es ist daher zu untersuchen, ob die Versagung der Begünstigung durch die aufschiebende Wirkung ähnlich wie die Veränderungssperre im Bauplanungsrecht, mit der die bauliche Nutzung des Grundeigentums zugunsten der Sicherung der Bauleitplanung[299] zeitlich begrenzt zurückgestellt werden darf, auf eine bestimmte Zeitdauer zu beschränken ist.

Nach § 80 Abs. 5 S. 5 kann die Wiederherstellung der aufschiebenden Wirkung zeitlich befristet werden. Ob man eine generelle Befristung der aufschiebenden Wirkung bei Großvorhaben daran anknüpft oder

---

[299] Vgl. zur Funktion der Veränderungssperre Bielenberg, Bielenberg/Dyong, Vorbem. vor § 14—17 RN 1 f.

ob ihre Zulässigkeit eine Gesetzesänderung voraussetzte, muß hier zunächst nicht geklärt werden. Beide Möglichkeiten setzen nämlich voraus, daß die generelle zeitliche Befristung überhaupt erforderlich ist und die Gewährleistung effektiven Rechtsschutzes nicht gefährdet.

Eine permanente und unbegrenzte Zurückstellung der Unternehmerbelange ließe sich mit den hier gefundenen Argumenten für die grundsätzliche Zulässigkeit der Belastung des Adressaten mit der aufschiebenden Wirkung bei Verwaltungsakten mit Drittwirkung nicht rechtfertigen. Die aufschiebende Wirkung bei Anfechtung begünstigender Verwaltungsakte ist wegen des vorläufigen Charakters der Beschränkung der Adressatenrechte zugunsten des Rechtsschutzes des Rechtsbehelfsführers zulässig, also u. a. auch, weil Belange des Adressaten nicht dauerhaft, sondern nur vorübergehend zurückgestellt werden. Dies könnte auch für eine absolute und generelle Begrenzung der zulässigen Dauer der aufschiebenden Wirkung bei Anfechtung der Genehmigung eines Großprojekts sprechen, die häufig einen längeren Aufschub der Vollziehung verursacht.

1. Vergleichbarkeit der aufschiebenden Wirkung mit der Veränderungssperre im Baurecht

Die Problematik ist hier mit der bei Veränderungssperren, die in §§ 14—18 BBauG und in Fachplanungsgesetzen[300] geregelt ist, vergleichbar, da dort ebenso wie durch die aufschiebende Wirkung um eines als vorrangig eingestuften Interesses willen[301] die Nutzung eines Grundrechts vorübergehend eingeschränkt wird. Faktisch wirkt sich der Suspensiveffekt auf eine Baugenehmigung wie eine Art Bausperre für den bauwilligen Adressaten und das konkrete Projekt aus. Es könnte daher eine ähnliche Staffelung der zulässigen Dauer der Beschränkung der Nutzung des Grundrechts, wie sie bei der Veränderungssperre geregelt ist, erwogen werden. Die Tatsache, daß durch einen Aufschub der Errichtung eines planfeststellenden Vorhabens nicht immer das Recht eines Eigentümers auf Baufreiheit aus Art. 14 GG tangiert sein muß, steht diesen Überlegungen nicht entgegen. Die Schutzbedürftigkeit des Trägers des Projekts vor zu langem Aufschub kann hier auch wegen der Beschränkung grundrechtlich — etwa durch Art. 2 oder 12 GG — geschützter Tätigkeiten bestehen.

---

[300] z. B. § 9 a BFStrG.

[301] Die Veränderungssperre soll die Beeinträchtigung der Bauleitplanung durch vollendete Tatsachen verhindern, vgl. Grauvogel, Brügelmann/Grauvogel, § 14 RN 41.

2. Wesentliche Unterschiede zwischen Veränderungssperre und aufschiebender Wirkung

Trotz des ähnlichen Erscheinungsbildes und der Parallelen zwischen Veränderungssperre und aufschiebender Wirkung bestehen jedoch gravierende Unterschiede zwischen beiden Instituten, die eine Übertragbarkeit der für die Veränderungssperre geschaffenen Regelungen auf die aufschiebende Wirkung fraglich machen.

Während die aufschiebende Wirkung zur Gewährleistung des effektiven Rechtsschutzes für den Betroffenen durch die rechtsstaatliche Forderung der Überprüfbarkeit des Verwaltungsakts gerechtfertigt ist und sich nur auf die angefochtene Genehmigung auswirkt, stellt die Veränderungssperre grundsätzlich unterschiedslos alle Bauvorhaben[302] im künftigen Planungsbereich zurück, ohne jede Prüfung der Gefährdung des Sicherungszwecks durch den Einzelfall. Die Veränderungssperre soll nicht konkret gefährdete Individualrechtsgüter vor irreparablen Schäden sichern, sondern Freiraum für ungehinderte und von späteren Entschädigungsforderungen unbehelligte öffentliche Bauplanung schaffen[303]. Dies ist ein berechtigtes Interesse der Allgemeinheit, dessen Sicherung insofern auch eine Einschränkung des unter den Schranken der Sozialbindung stehenden Eigentumsrechts aus Art. 14 GG durch eine Bausperre rechtfertigt[304]. Eine Zurückstellung der baulichen Nutzbarkeit des Eigentums auf unbeschränkte Dauer hielte sich hingegen nicht mehr im Rahmen der Sozialbindung des Eigentums, da sie dem Eigentümer diese spezielle Nutzung praktisch völlig versagte.

Bei der aufschiebenden Wirkung ist die beschränkte Dauer im vorübergehenden Sicherungszweck angelegt. Solange der Rechtsschutz gefährdet sein könnte und die Effektivität der gerichtlichen Überprüfung abgesichert werden muß, ist die Beschränkung der Adressateninteressen durch die aufschiebende Wirkung gerechtfertigt. Dieses Ende der aufschiebenden Wirkung ist zwar nicht zeitlich fixiert, aber von vornherein absehbar.

Bei der Veränderungssperre ist der Abschluß der Bauleitplanung als Endpunkt dagegen viel weniger gewiß. Da sie lediglich einen Beschluß der planaufstellenden Behörde, einen Bauleitplan aufzustellen, voraussetzt und keinerlei Vorschriften über die zügige Durchführung des Planaufstellungsverfahrens bestehen, die Dauer des Aufstellungsverfahrens daher zum Teil in der Macht der aufstellenden Behörde und bei Fachplanungen eventuell auch interessierter Unternehmer liegt,

---

[302] Ausnahmen nach § 14 Abs. 2 BBauG müssen besonders zugelassen werden.

[303] Grauvogel, Brügelmann/Grauvogel, § 14 RN 3.

[304] Grauvogel, Brügelmann/Grauvogel, § 14 RN 41.

da schließlich sogar eine Sperre ohne tatsächliche Aufnahme der Planungstätigkeit möglich ist, wäre die Anknüpfung der Dauer einer Veränderungssperre an die Beendigung des Sicherungszwecks durch die Fertigstellung der Planung den betroffenen Grundstückseigentümern und Bauinteressenten nicht zumutbar. Eine generelle Obergrenze der zulässigen Dauer der Veränderungssperre, die, wenn es die Umstände des Einzelfalls zulassen, unterschritten werden muß, aber ohne Entschädigungsfolgen nicht überschritten werden darf, ist daher sowohl erforderlich, um eine unzumutbare Belastung der betroffenen Eigentümer und Bauwilligen zu vermeiden, als auch um einen Mißbrauch der Veränderungssperre als Mittel der Blockierung der Bautätigkeit ohne konkrete Planfeststellungsabsichten zu verhindern.

Demgegenüber sind solche Vorkehrungen bei der aufschiebenden Wirkung der Anfechtung drittbelastender begünstigender Verwaltungsakte nicht erforderlich, da nicht befürchtet werden muß, daß das Verwaltungsgericht ein Interesse daran hat, das Ende des Hauptsacheverfahrens hinauszuzögern. Die Rechtsprechung ist durch das Rechtsstaatsgebot und die Rechtsschutzgarantie zu zügigem Verfahren verpflichtet. Einen rechtlichen Grundsatz zügiger Planung gibt es nicht.

Es sprechen jedoch noch weitere Gründe gegen eine der Regelung der Veränderungssperre entsprechende zeitliche Begrenzung der zulässigen aufschiebenden Wirkung.

Bei der Veränderungssperre ist die zeitliche Begrenzung auch deswegen sinnvoll, weil die gleiche Behörde, die die Sperre angeordnet hat und deren Planungstätigkeit sie absichert, durch sie gezwungen wird, die Planung zügig durchzuführen.

Die aufschiebende Wirkung wird dagegen durch die Anfechtung des Verwaltungsakts ausgelöst und soll den effektiven Rechtsschutz des Anfechtenden garantieren. Die Dauer der nötigen Absicherung liegt jedenfalls zum überwiegenden Teil nicht in der Macht des Rechtsbehelfsführers, sondern hängt von der Dauer des Hauptsacheverfahrens ab. Der durch die aufschiebende Wirkung Begünstigte kann durch die zeitliche Schranke nicht zur Abkürzung der Dauer des verwaltungsgerichtlichen Verfahrens angehalten werden. Im Unterschied zur Veränderungssperre kann und darf sich die zeitliche Beschränkung hier nicht auf das abzusichernde Verfahren auswirken. Das verwaltungsgerichtliche Verfahren wird so lange dauern, wie das Verwaltungsgericht es für nötig hält. Die Festsetzung der zulässigen Höchstdauer der aufschiebenden Wirkung hätte unter Umständen die Konsequenz, daß der Rechtsbehelfsführer, ohne selbst auf den Verfahrensverlauf wesentlich Einfluß nehmen zu können, unter dem Wegfall der aufschiebenden Wirkung zu leiden hätte.

Dieser Unterschied in der Wirkung der zeitlichen Schranke zwischen Veränderungssperre und aufschiebender Wirkung ist um so gravierender, als die aufschiebende Wirkung den Schutz konkreter Rechtsgüter absichern soll, während die Veränderungssperre nur das Interesse an ungehinderter Bauleitplanung schützt, die generelle Beschränkung der Dauer bei der aufschiebenden Wirkung ein gewichtigeres Interesse treffen würde als bei der Veränderungssperre.

3. Gefahr der Vereitelung des Sicherungszwecks der aufschiebenden Wirkung durch ihre zeitliche Beschränkung

Schwierigkeiten bereitete schließlich vor allem die Ermittlung der generell zulässigen Dauer der aufschiebenden Wirkung. Die Festsetzung einer absoluten Zeitgrenze, die für alle Fälle der Anfechtung von Verwaltungsakten mit Drittwirkung gelten sollte, könnte nur rein willkürlich erfolgen, eine Übereinstimmung mit der im Einzelfall erforderlichen und zumutbaren Dauer der aufschiebenden Wirkung wäre reiner Zufall. Schon eine im konkreten Einzelfall durchgeführte Ermittlung der eventuell zulässigen Höchstdauer der aufschiebenden Wirkung, bereitet große Schwierigkeiten. Richtschnur für diese Festsetzung, die wiederum die Berücksichtigung und Abwägung aller beteiligten Interessen erfordert, müßten die Grundsätze der Erforderlichkeit und der Verhältnismäßigkeit sein. Die aufschiebende Wirkung müßte grundsätzlich, wenn sie ihren Zweck erfüllen soll, so lange dauern, bis ihr Sicherungszweck erfüllt ist. Dies ist jedenfalls vor einer Entscheidung im Hauptsacheverfahren nicht der Fall. Um die erforderliche Dauer der aufschiebenden Wirkung zu ermitteln, bedürfte es daher einer Prognose über die Dauer des Hauptsacheverfahrens.

Während bei der Veränderungssperre die erforderliche Sperrdauer in größerem Rahmen nach Erfahrungswerten über die Planaufstellungsdauer abgeschätzt werden kann[305], was sich auch in der vorgesehenen jahrweisen Anordnung der Sperre ausdrückt, kommt es bei der aufschiebenden Wirkung gerade auf die genaue Übereinstimmung der Sicherungsdauer mit dem Zweck der Sicherung an. Wäre die Veränderungssperre zu kurz bemessen, d. h. kürzer als das ordnungsgemäße zügige Planaufstellungsverfahren dauert, entstünde nicht sofort die Gefahr einer Vereitelung einer geordneten Bauleitplanung wegen vollendeter Tatsachen, da hierzu zunächst Baugenehmigungen erteilt werden müßten[306].

---

[305] Zur Bestimmung der zulässigen Dauer der Veränderungssperre vgl. Bielenberg, Ernst/Zinkahn/Bielenberg, § 17 BBauG RN 1.

[306] Der frühzeitigen Beendigung der Planaufstellung vor Ablauf der Veränderungssperre wird durch die Regelungen des § 17 Abs. 4 und Abs. 5 Rechnung getragen.

Bei Beendigung der aufschiebenden Wirkung vor Ende des Sicherungszwecks wäre die unmittelbare Folge die Vollziehbarkeit des Verwaltungsakts. Die aufschiebende Wirkung ist so lange erforderlich, wie die Schaffung vollendeter Tatsachen vor der Prüfung des Verwaltungsakts im Hauptsacheverfahren zu befürchten ist, aber auch nicht länger. Wie lange ein konkretes verwaltungsgerichtliches Verfahren möglicherweise dauern wird, kann aber nur schwer abgeschätzt werden. Eine Prognose darüber wäre sehr unsicher. Die Feststellung einer zumutbaren Dauer der aufschiebenden Wirkung erforderte hier jedoch darüber hinaus praktisch die Einschätzung, wieviel Zeit das Verwaltungsgericht für das konkrete Verfahren aufwenden *darf*. Diese Prognose wäre nicht nur unsicher, sondern wegen der Gefahr, das Verwaltungsgericht auf Kosten der Gründlichkeit und Genauigkeit der Untersuchung zeitlich einzuschränken, rechtsschutzgefährdend und daher unzulässig.

Die Sicherungsfunktion der aufschiebenden Wirkung rechtfertigt es auch nicht, die Prognose zu umgehen und eine zeitliche Obergrenze mehr oder weniger willkürlich festzusetzen.

Wenn im Einzelfall konkrete Folgen einer unzumutbar langen Dauer der aufschiebenden Wirkung zu befürchten sind, müssen diese im Rahmen der Interessenabwägung nach § 80 Abs. 2 Nr. 4 berücksichtigt werden.

4. Anpassung der aufschiebenden Wirkung an geänderte Interessenlage statt genereller zeitlicher Beschränkung

Die bei der Veränderungssperre erforderliche und durchaus angebrachte generelle zeitliche Begrenzung ist daher bei der aufschiebenden Wirkung nicht zu rechtfertigen. Die Situation ist in beiden Fällen zu unterschiedlich, um aus der zeitlichen Beschränkung der Veränderungssperre auf die Notwendigkeit einer ebensolchen Regelung der aufschiebenden Wirkung schließen zu können. Die Unterschiede zwischen Veränderungssperre und aufschiebender Wirkung, die trotz gewisser Ähnlichkeiten wegen ihrer die bauliche Nutzung verhindernden Wirkung bestehen, legen vielmehr eher den Schluß nahe, daß die aufschiebende Wirkung gerade grundsätzlich nicht zeitlich beschränkt werden sollte. Die aufschiebende Wirkung dient dem Schutz konkreter vermeintlich oder tatsächlich gefährdeter Individualrechtsgüter vor irreparablen Schäden durch vollendete Tatsachen. Sie ist so lange nötig, wie die Überprüfung des angefochtenen Verwaltungsakts im Hauptsacheverfahren dauert. Ihre Abkürzung beseitigt die Sicherung des Rechtsschutzes, könnte aber keinerlei Beschleunigungswirkung auf das gerichtliche Verfahren haben. Die negativen Folgen der generellen zeitlichen Begrenzung der zulässigen aufschiebenden Wirkung träfen vielmehr lediglich den, dessen Rechtsschutz gesichert werden soll. Die dem begünstigten Adressaten durch die aufschiebende Wirkung der Anfechtung seiner Genehmigung zugemuteten Beschränkungen seines Eigentumsrechts können demnach nicht sinnvoll durch eine generelle Beschränkung der aufschiebenden Wirkung verringert werden.

Die Gefahr einer Verletzung der Belange des Adressaten durch eine zu lange aufschiebende Wirkung kann dagegen durch eine spätere Anordnung der sofortigen Vollziehung durch die Verwaltungsbehörde nach § 80 Abs. 2 Nr. 4 oder das Verwaltungsgericht nach § 80 Abs. 5 oder Abs. 6 abgewendet werden, wenn sie konkret erkennbar ist.

Stellt sich im Laufe eines Verfahrens heraus, daß das Hauptsacheverfahren besonders lange dauert und dadurch schwerwiegende und unzumutbare Nachteile für den Adressaten zu erwarten sind, kann dieser jederzeit z. B. einen Antrag nach § 80 Abs. 5 auf Anordnung sofortiger Vollziehung stellen oder die Abänderung einer für ihn negativen früheren gerichtlichen Aussetzungsentscheidung nach § 80 Abs. 6 beantragen[307].

Diese Anträge können auf die konkreten negativen Auswirkungen der tatsächlichen Dauer des Hauptsacheverfahrens gestützt werden.

Die Behörde kann die sofortige Vollziehung in jedem Stadium des Verfahrens anordnen, allerdings nicht mehr nach der Aussetzungsentscheidung des Verwaltungsgerichts nach § 80 Abs. 5. Dann muß ein Antrag auf Abänderung nach § 80 Abs. 6 S. 1 gestellt werden[308].

Nach überwiegend vertretener Auffassung[309], die auch der Systematik der Regelung und ihrem Zweck entspricht, ist nach § 80 Abs. 6 S. 1 zwar ein Abänderungsgrund erforderlich, es ist jedoch ausreichend, wenn sich die Umstände, auf denen die frühere Entscheidung beruhte, nachträglich geändert haben oder das Gericht sie nun anders beurteilt[310]. Dies umfaßt alle für die Aussetzungsentscheidung nach § 80 Abs. 5 maßgeblichen Gesichtspunkte, relevant ist also nicht nur die Änderung der Sach- und Rechtslage, sondern auch die der Prozeßlage[311]. So können die unerwartet lange, eventuell sogar von einem Beteiligten durch bewußte Verzögerung hervorgerufene Dauer des Hauptsacheverfahrens

---

[307] Vgl. dazu die Schilderung des Meinungsstandes bei Eyermann/Fröhler, § 80 RN 50 a; Kopp, VwGO, § 80 RN 108, 109.

[308] Finkelnburg, RN 449.

[309] Auch VGH Kassel, Beschl. v. 24. 2. 1972, VerwRspr 24, 882; OVG Koblenz, Beschl. v. 26. 2. 1965, DÖV 1965, 674.

[310] K. Löwer, DVBl. 1964, 254; OVG Lüneburg, Beschl. v. 28. 8. 1976, VerwRspr 28, 894.

[311] Vgl. u. a. Kopp, VwGO, § 80 RN 109.

und dadurch verursachte oder noch konkret zu befürchtende Nachteile für den Adressaten, die in der früheren Entscheidung noch nicht überblickt und berücksichtigt werden konnten, Anlaß für eine neue Entscheidung des Verwaltungsgerichts nach § 80 Abs. 6 S. 1 sein, in der dem Vollzugsinteresse gegenüber dem Aussetzungsinteresse ein größeres Gewicht zukommen kann.

Nach § 80 Abs. 6 S. 1 kann diese Änderung „jederzeit" erfolgen[312].

Besteht ein solcher Abänderungsgrund für das Verwaltungsgericht, so hat der durch die Aussetzungsentscheidung belastete Adressat einen Anspruch auf die erneute Entscheidung des Gerichts und eine entsprechende Änderung aus seinem Rechtsschutzanspruch aus Art. 19 Abs. 4 GG[313].

XI. Verzicht auf die Anordnung der sofortigen Vollziehung bei Großprojekten zum Schutz des Rechtsbehelfsführers

Die bisherige Untersuchung hat ergeben, daß die Regelung des § 80 mit der Möglichkeit der Anordnung sofortiger Vollziehung nach § 80 Abs. 2 Nr. 4 auch unter den besonderen Umständen eines Großprojekts eine ausreichende Berücksichtigung der Interessen des Unternehmers des Vorhabens als Beteiligten i. S. des § 80 Abs. 2 Nr. 4 ermöglicht. Dabei hat sich weder die regelmäßige Anordnung sofortiger Vollziehung, die die automatische aufschiebende Wirkung nach § 80 Abs. 1 verhindern soll, noch eine andere Veränderung des Systems vorläufigen Rechtsschutzes zugunsten des Adressaten als erforderlich und zulässig erwiesen.

Zu untersuchen bleibt jedoch die oben aufgeworfene Frage, ob auf der anderen Seite die Regelungen des § 80 Abs. 1 und Abs. 2 Nr. 4 in dieser Auslegung, die ursprünglich am Normalfall des vorläufigen Rechtsschutzes orientiert war, den Anforderungen des effektiven Rechtsschutzes des Anfechtenden bei Verfahren gegen Großprojekte noch gerecht wird.

1. Besondere Gefahr der Schaffung vollendeter Tatsachen bei Großprojekten

Errichtung und Betrieb von Großprojekten haben nicht nur meist tiefgreifende und im Zeitpunkt der Genehmigung schwer überschaubare Auswirkungen auf ihre Nachbarschaft und die Umwelt[314], sie weisen

312 Kopp, VwGO, § 80 RN 107 m. w. N.

313 Ebenso für einen Anspruch des Betroffenen: Kopp, VwGO, § 80 RN 112, wenn auch ohne diese Begründung.

314 s. oben Kapitel 2 II 1.

auch die Besonderheit auf, daß einmal verwirklichte Bauabschnitte wegen des räumlichen Umfangs der Großprojekte, der Kompliziertheit ihrer Planung und Errichtung und ihrer hohen Kosten in der Regel aus tatsächlichen oder wirtschaftlichen Gründen nicht mehr rückgängig zu machen sind[315]. Zugleich ist die Überprüfung der Rechtmäßigkeit der Genehmigung eines Großprojekts im Hauptsacheverfahren in der Regel aus den gleichen Gründen so zeitaufwendig, daß in der Zwischenzeit die Bausausführung aufgrund der Anordnung der sofortigen Vollziehung schon weit voranschreiten und zu tiefgreifenden Veränderungen der Situation führen kann. Die Gefahr, daß bei sofortiger Vollziehung der Genehmigung vollendete Tatsachen geschaffen und dadurch irreparable Rechtsverletzungen verursacht werden, ist daher bei Großprojekten größer als bei normal dimensionierten Projekten.

2. Vorstellungen über einen verstärkten Schutz vor vollendeten Tatsachen in Literatur und Rechtsprechung

Fraglich ist jedoch, ob diese gesteigerte Gefahr vollendeter Tatsachen bei Großprojekten eine veränderte Auslegung des § 80 oder gar eine neue gesetzliche Regelung zum Schutz des Anfechtenden erfordern.

In Literatur[316] und Rechtsprechung[317] wird angeregt, die Verwaltung solle bei Großprojekten, die starke Auswirkungen auf die Umwelt haben und deren Rechtmäßigkeit schwer überschaubar ist, auf die Anordnung der sofortigen Vollziehung verzichten oder doch zumindest damit bis zum Abschluß des erstinstanzlichen Verfahrens in der Hauptsache warten. Die Dauer der gerichtlichen Überprüfung solle von vornherein eingeplant werden[318].

So ist Gelzer[319] der Ansicht, die Betreiber von Großprojekten sollten darauf verzichten, einen Antrag auf Anordnung sofortiger Vollziehung zu stellen und die Verwaltungsbehörden sollten derartige Anträge nur zögernd und wenn überhaupt nur bei zweifelsfreien Vorhaben positiv bescheiden. Geschehe dies nicht, müßten letzten Endes doch in gericht-

---

[315] Eine abgeholzte Waldfläche kann z. B. auch bei Wiederaufforstung — wie im Falle des geplanten Flughafens Hamburg-Kaltenkirchen — erst nach Jahrzehnten wieder annähernd mit dem alten Zustand vergleichbar sein.

[316] Schmidt-Aßmann, VVDStRL 34 (1976), 221, 260, 261; Gelzer, BauR 1975, 151; 1977, 1; Sahl, 5. AtR Symposium, S. 332.

[317] VG Freiburg, Beschl. v. 14. 3. 1975, DVBl. 1975, 343, 346.

[318] VG Freiburg, Beschl. v. 14. 3. 1975, DVBl. 1975, 343, 346.

[319] Gelzer, BauR 1977, 1, 2, 3; ders. noch etwas milder im BauR 1975, 150, wo er fordert, die Behörden sollten mit der Anordnung der sofortigen Vollziehung zurückhaltender verfahren und sie ablehnen, wenn sie die Rechtmäßigkeit des Vorhabens nicht mit ausreichender Sicherheit beurteilen könnten.

lichen Aussetzungsverfahren nach § 80 Abs. 5 die schwer zu beurteilende Rechtmäßigkeit der Genehmigung und die Gefahr vollendeter Tatsachen zugunsten des Rechtsbehelfsführers berücksichtigt werden. Die Durchführung eines Aussetzungsverfahrens bedeute aber für den Betreiber nur verlorene Zeit. Besser sei es daher, die sofortige Vollziehung bei schwer überschaubarer Sach- und Rechtslage erst gar nicht anzuordnen und stattdessen die Entscheidung zur Hauptsache im ersten Rechtszug — und zwar sinnvollerweise diejenige über die Klage des am stärksten Betroffenen — abzuwarten, um auf die dort gewonnenen Erkenntnisse gestützt, über die sofortige Vollziehbarkeit zu entscheiden[320].

Sahl hatte auf dem 5. Deutschen Atomrechts-Symposium in Münster[321] zunächst vorgeschlagen, aus politischen Erwägungen und unter Rücksicht auf Emotionen in Teilen der Bevölkerung gegen die Errichtung von Kernkraftwerken die Anordnungen der sofortigen Vollziehung nach § 80 Abs. 2 Nr. 4 nicht vor einer gerichtlichen Entscheidung nach § 80 Abs. 5 über diese Anordnungen auszunutzen. Er revidierte diese Meinung später in seinem Schlußwort zu dieser Veranstaltung[322] ausdrücklich unter Hinweis auf die Problematik der Feststellung der Rechtmäßigkeit der Genehmigung im Aussetzungsverfahren und schlug ebenfalls vor, die Genehmigung solle vor der Anordnung der sofortigen Vollziehung in einem ersten Rechtszug in der Hauptsache gründlich auf ihre Rechtmäßigkeit geprüft werden. Dies sei sowohl im Interesse der Sicherung der Rechtsschutzansprüche der Betroffenen als auch aus Rücksicht auf das Rechtsempfinden der Bevölkerung geboten.

Ebenso schlägt auch Schmidt-Aßmann[323] vor, bei Großvorhaben mit unüberschaubaren Umweltauswirkungen von Vollzugsanordnungen bis nach Abschluß des gerichtlichen Verfahrens über die Hauptsache in der ersten Instanz abzusehen und diese Zeit von vornherein bei der Planung der Projekte mitzuberücksichtigen. Der Versuch, das Risiko der Schaffung vollendeter Tatsachen anders, nämlich durch Untersuchung der Erfolgsaussichten der Anfechtungsklage im Hauptsacheverfahren zu verringern, könne aus verschiedenen Gründen nicht erfolgversprechend und sinnvoll sein[324].

Das Verwaltungsgericht Freiburg forderte in seinem Beschluß vom 14. 3. 1973[325], in dem es die aufschiebende Wirkung mehrerer Anfech-

---

[320] Gelzer, BauR 1977, 1, 4, 5.

[321] Sahl, 5. AtR Symposium, S. 7, 8.

[322] Sahl, 5. AtR Symposium, S. 334, 335.

[323] Schmidt-Aßmann, VVDStRL 34 (19), 221, 261.

[324] Ebd.; zur Problematik der Untersuchung der Erfolgsaussichten in § 80 Abs. 5 s. unten Kapitel 4.

[325] VG Freiburg, Beschl. v. 14. 3. 1975, ET 1975, 172, 175.

tungsklagen gegen die Genehmigung der Errichtung des Kernkraftwerks Wyhl wiederherstellte, Genehmigungsanträge für Kernkraftwerke sollten so rechtzeitig gestellt werden, daß eine Überprüfung der Genehmigung in einer verwaltungsgerichtlichen Instanz möglich sei, ohne daß Versorgungslücken auftreten könnten, empfiehlt damit also von vornherein den Unternehmern, Planern und Planfeststellungsbehörden, den Verzicht auf die Anordnung sofortiger Vollziehung bis zum Abschluß des Hauptsacheverfahrens in erster Instanz miteinzuplanen. Wo dies nicht erfolgt sei, dürfe es nicht zu Verkürzungen des Rechtsschutzes des Rechtsbehelfsführers führen. Das Verwaltungsgericht beschließt daher die Wiederherstellung der aufschiebenden Wirkung, da schon durch die Errichtung des Kernkraftwerks „in starkem Maße Unabänderliches bewirkt werde"[326], nimmt sogar mögliche Versorgungslücken in Kauf, um den effektiven Rechtsschutz der Anfechtenden im Hauptsacheverfahren, dessen Ausgang es als offen bezeichnete, zu gewährleisten.

Gemeinsam ist diesen Vorstellungen und Empfehlungen die Absicht, dem Rechtsbehelfsführer unter Beachtung der besonderen Bedingungen beim vorläufigen Rechtsschutz gegen Großprojekte einen besseren Schutz vor vollendeten Tatsachen zu gewähren.

3. Grundsätzlicher Verzicht auf die Anordnung der sofortigen Vollziehung zum Schutz des Rechtsbehelfsführers bei Großprojekten

a) Vorteile eines Verzichts auf die Anordnung sofortiger Vollziehung bei Großprojekten

Die dargestellten Vorschläge laufen praktisch auf die Forderung nach einem Verzicht auf die Anordnung der sofortigen Vollziehung bei Großprojekten durch die Verwaltungsbehörde bis zum Abschluß des Hauptsacheverfahrens hinaus. Dies hätte nicht nur den Vorteil, die Gefahr vollendeter Tatsachen durch Vollziehung der Verwaltungsakte auszuschalten, es bedeutete auch eine Arbeitsersparnis für die Verwaltungsbehörde und die Gerichte, die konsequenterweise mit weniger Anträgen nach § 80 Abs. 5 konfrontiert würden.

b) Argumente gegen die Verstärkung des Schutzes des Rechtsbehelfsführers durch Verzicht auf die Anordnung der sofortigen Vollziehung

Fraglich ist, ob ein solcher Verzicht generell bei Großprojekten zur Sicherung des effektiven Rechtsschutzes des Rechtsbehelfsführers erfor-

[326] VG Freiburg, Beschl. v. 14. 3. 1975, ET 1975, 172, 175.

derlich ist. Ob er den Adressateninteressen zumutbar wäre, müßte erst erörtert werden, wenn sich diese Notwendigkeit erwiesen hätte.

aa) Unzulässigkeit regelmäßiger Anordnung sofortiger Vollziehung

Gelzer und Sahl begründen die Notwendigkeit stärkeren Schutzes des Rechtsbehelfsführers teilweise mit der Verschlechterung des Rechtsschutzes des Anfechtenden durch die regelmäßige Anordnung sofortiger Vollziehung schon bei Erlaß der Genehmigung der Großprojekte[327]. Sie gehen also bei ihrer Argumentation von der die Anfechtenden zusätzlich belastenden herrschenden Praxis der Verwaltungsbehörden bei Großprojekten aus, die ihnen regelmäßig den Schutz der aufschiebenden Wirkung versagt. Wie die bisherige Untersuchung gezeigt hat[328], ist gerade diese Praxis, die — zu Unrecht — mit einem besonderen Schutzbedürfnis der Beteiligteninteressen begründet wird, unzulässig, weil sie den Anforderungen an wirksamen vorläufigen Rechtsschutz für den Rechtsbehelfsführer nach § 80 Abs. 5 nicht gerecht wird.

bb) Schutz des Anfechtenden durch Forderung eines Dringlichkeitsinteresses und durch konkrete Interessenabwägung als Voraussetzung der Anordnung sofortiger Vollziehung

Stattdessen erfordert der Grundsatz der Gewährung effektiven Rechtsschutzes, dessen Erfüllung Sinn und Zweck des § 80 ist, die Ermittlung eines im konkreten Fall das Aufschubinteresse überwiegenden Vollzugsinteresses, für das das übliche Interesse am Vollzug eines Verwaltungsakts nicht ausreicht, sondern nur ein besonderes Dringlichkeitsinteresse. Der vorläufige Rechtsschutz nach § 80 durch die aufschiebende Wirkung ist nur effektiv, wenn grundsätzlich die Aufschubinteressen vor den Vollzugsinteressen Vorrang genießen, was in entsprechend hohen Anforderungen an die Voraussetzungen der Anordnung der sofortigen Vollziehbarkeit, insbesondere der Dringlichkeit der sofortigen Errichtung zum Ausdruck kommt.

cc) Notwendigkeit der Berücksichtigung der Vollzugsinteressen

Andererseits ist jedoch auch Zweck der Regelung die ausreichende Berücksichtigung berechtigter Interessen sonstiger Beteiligter im Anfechtungsverfahren, also auch der Adressaten der Genehmigung[329]. Die Möglichkeiten der Berücksichtigung der Interessen der Beteiligten in einer Interessenabwägung mit den Aufschubinteressen und der Anord-

[327] Gelzer, BauR 1977, 1.

[328] Siehe oben Kapitel 3 VI bis IX.

[329] Siehe oben Kapitel 3 V 2 b.

nung der sofortigen Vollziehung sind Bestandteile der Regelung, die diesen notwendigen Schutz der Beteiligteninteressen sicherstellen sollen. Bei einem generellen Verzicht auf die sofortige Vollziehung ohne Interessenabwägung würde auf die Berücksichtigung der konkreten Beteiligteninteressen zunächst völlig verzichtet.

c) Gewährleistung effektiven Rechtsschutzes des Rechtsbehelfsführers bei Großprojekten bei unveränderter Auslegung des § 80 Abs. 2 Nr. 4

Es ist fraglich, ob ein solcher Verzicht zur Gewährleistung des Rechtsschutzes bei komplizierten Großprojekten notwendig ist oder ob nicht schon bei Einhaltung der oben aufgestellten Voraussetzungen für die Anordnung sofortiger Vollziehung, insbesondere der Forderung eines wirklichen Dringlichkeitsinteresses der effektive Rechtsschutz des Rechtsbehelfsführers auch bei Großprojekten, gewährleistet ist.

Die Genehmigungsbehörden müssen, wenn sie Anzeichen für die Dringlichkeit der Vollziehung des Großprojekts sehen oder wenn der Unternehmer die Anordnung der sofortigen Vollziehung angeregt hat[330], die Voraussetzungen einer solchen Anordnung prüfen. Dabei müßte eine Interessenabwägung zwischen Aufschub- und Vollzugsinteressen ein überwiegendes Interesse am sofortigen Vollzug ergeben. Da bei dieser Abwägung eine Gefahr der Schaffung vollendeter Tatsachen durch die Vollziehung auf der Seite der Aufschubinteressen ins Gewicht fallen muß und die sofortige Vollziehung erst bei Überwiegen des Vollzugsinteresses gerechtfertigt ist, kann normalerweise die Forderung nach effektivem Rechtsschutz des Rechtsbehelfsführers, der schließlich nicht unbegrenzt und ohne Rücksicht auf jegliche Beeinträchtigung der Rechte und Belange anderer beansprucht werden kann, auch unter den besonderen Bedingungen der Großprojekte ausreichend erfüllt werden.

aa) Berücksichtigung der speziellen Gefahren irreparabler Schädigung von Rechtsbehelfsführerinteressen bei Großprojekten in der Interessenabwägung

Das Ausmaß der möglichen Schädigung und die verstärkte Irreparabilität solcher Schäden, die durch die besonders stark umweltbelastenden Baumaßnahmen zur Errichtung von Großprojekten verursacht sind, also die gesteigerte Gefahr vollendeter Tatsachen durch die sofortige Vollziehung der Genehmigung von Großprojekten können in die Interessenabwägung miteinfließen.

Entscheidend für den effektiven Rechtsschutz ist, daß die Behörde die Schaffung vollendeter Tatsachen richtig einschätzt[331] und eine wirk-

[330] Ein Antrag ist für § 80 Abs. 2 Nr. 4 nicht erforderlich.

[331] Zur besonderen Gefahr vollendeter Tatsachen siehe oben Kapitel 2 II 2 b.

liche Abwägung zwischen den widerstreitenden Interessen durchführt. Bei Großprojekten ist, wie oben dargelegt[332], die Gefahr nicht wiedergutzumachender Schädigungen schon allein wegen des Aufwandes für ihre Errichtung und der Art und Weise ihrer Auswirkungen auf die Umwelt im Verhältnis zu kleinen Projekten erheblich gesteigert. Wegen der umfangreichen und schwer überschaubaren Materie ist darüber hinaus die richtige Einschätzung dieser Gefahr schwieriger als dort.

Die Verwaltungsbehörde muß daher besonders beachten, daß bei Großprojekten schon die tatsächlichen Auswirkungen als rein vorbereitend gedachter und bezeichneter Baumaßnahmen oft kaum noch zu beseitigen sind, wie etwa die Rodung von Wäldern oder die Trockenlegung von Wiesen, Gräben und Bächen für Straßen- oder Flughafenbau verdeutlichen[333]. Oft ist auch ein Rückgängigmachen der Maßnahme zwar technisch noch möglich, jedoch volkswirtschaftlich unsinnig, sei es wegen zu hoher Kosten für die Wiederherstellung des alten Zustandes, sei es wegen des Umfangs der schon investierten Mittel.

Wird die Errichtung eines Großprojekts in einzelnen, besser überschaubaren Bauabschnitten genehmigt, dürfen bei der Anordnung der sofortigen Vollziehung solcher Teilgenehmigungen nicht nur die unmittelbaren Folgen der Teilmaßnahme berücksichtigt werden, sondern es müssen auch deren Auswirkungen auf das Gesamtprojekt in die Betrachtung der Gefahren einbezogen werden, da die Auswirkungen des einzelnen Abschnitts nicht ohne die Folgen des Gesamtprojekts, dessen Einzelbaustein es ist, beurteilt werden können. Die Auswirkungen späterer Bauabschnitte, über deren sofortige Vollziehung noch nicht zu entscheiden ist, müssen auch deswegen schon mit in Betracht gezogen werden, weil nicht auszuschließen ist, daß das Bedürfnis, einmal investierte Arbeiten und finanzielle Mittel nicht unrentabel werden zu lassen, die späteren Genehmigungen beeinflussen wird[334].

Schließlich darf auch die Möglichkeit einer Wiedergutmachung in Geld für irreparable Schädigungen durch sofortige Vollziehung bei der Interessenabwägung im Rahmen des § 80 Abs. 2 Nr. 4 keine Rolle spielen, da die aufschiebende Wirkung gerade vermeiden soll, daß der Anfechtende statt effektiven Rechtsschutzes nur Entschädigungsansprüche erhält.

Da die Verwaltungsbehörden diese Überlegungen, die die besondere Gefährdung des effektiven Rechtsschutzes des Rechtsbehelfsführers durch sofortige Vollziehung der Genehmigung von Großprojekten verdeutlichen, im Rahmen der Interessenabwägung nach § 80 Abs. 2 Nr. 4

[332] Siehe oben Kapitel 2 II 1.

[333] Vgl. die jetzt aufgewendeten Kosten und Mühen für die öffentlich gefeierte Wiederaufforstung in Hamburg-Kaltenkirchen.

[334] VG Freiburg, Beschl. v. 14. 3. 1975, ET 1975, 172, 177.

berücksichtigen können, besteht, wenn sie darüber hinaus strikt die übrigen oben geschilderten Voraussetzungen der sofortigen Vollziehung einhalten, insbesondere ein wirkliches Dringlichkeitsinteresse und ein überwiegendes Vollzugsinteresse fordern, kein Bedürfnis, die Anordnung der sofortigen Vollziehung bei Großprojekten nach § 80 Abs. 2 Nr. 4 vor einer erstinstanzlichen gerichtlichen Entscheidung im Hauptsacheverfahren generell auszuschließen.

Auf diese Weise bleibt die Möglichkeit erhalten, die Erfordernisse des konkreten Einzelfalls zu berücksichtigen und dem Schutz besonders gefährdeter Sofortvollzugsinteressen der Beteiligten oder der Öffentlichkeit gerecht werden zu können. Bei dieser individuellen Abwägung muß allerdings auch, wie es das Verwaltungsgericht Freiburg[335] vorgeschlagen hat, die zu knapp bemessene Zeitplanung des Unternehmers, die die vorhersehbare, nicht rechtsmißbräuchliche Anfechtung der Genehmigung nicht berücksichtigt hat, das Sofortvollzugsinteresse mindern, da die Tatsache, daß sich der Unternehmer auf die Anordnung der sofortigen Vollziehung bei seiner Planung verlassen hat, nicht zur Vernachlässigung des effektiven Rechtsschutzes des Anfechtenden führen darf.

bb) Kein Nachteil für den Rechtsbehelfsführer durch komplizierte Sach- und Rechtslage bei Großprojekten

Ein weiteres Argument für einen generellen Verzicht auf die Anordnung der sofortigen Vollziehung durch die Verwaltungsbehörde sind die technische oder rechtliche Kompliziertheit und die nur schwer überschaubare Sach- und Rechtslage einschließlich der Schwierigkeiten in der Prognose über die Folgen der Anordnung oder der Ablehnung der sofortigen Vollziehung, die für viele Genehmigungen von Großprojekten charakteristisch sind und daher auch oft die Beurteilung der Interessenlage erschweren. Diese Schwierigkeiten lassen sich jedoch ebenfalls im Rahmen der herkömmlichen Anwendung des § 80 Abs. 2 Nr. 4 ohne Nachteil für den Rechtsbehelfsführer bewältigen.

(1) Unbeachtlichkeit der Beurteilung der Rechtslage für die Entscheidung nach § 80 Abs. 2 Nr. 4

Wie oben erörtert[336], wird im Rahmen der Entscheidung der Verwaltungsbehörde nach § 80 Abs. 2 Nr. 4 nur die offensichtliche Unzulässigkeit des Rechtsbehelfs und eine erkennbar rechtsmißbräuchliche Ausnutzung der Anfechtung zu Lasten des Rechtsbehelfsführers berücksichtigt, da ein schützenswertes Aufschubinteresse in diesem Fall nicht mehr angenommen werden kann. Ansonsten dürfen die Erfolgsaus-

---

[335] VG Freiburg, Beschl. v. 14. 3. 1975, ET 1975, 172, 177.

[336] Siehe oben Kapitel 3 II 1 d, 2 c cc.

sichten des Rechtsbehelfs, gleichgültig ob sie leicht oder nur schwer zu ermitteln sind, als Voraussetzung der Anordnung der sofortigen Vollziehung durch die Verwaltungsbehörde keine Rolle spielen[337]. Die fehlende Überschaubarkeit des Ausgangs des Anfechtungsverfahrens in der Hauptsache darf bei der Entscheidung der Verwaltungsbehörde nach § 80 Abs. 2 Nr. 4 dem Rechtsbehelfsführer nicht zum Nachteil gereichen. Die aufschiebende Wirkung hat als Instrument des vorläufigen Rechtsschutzes ihren Sinn gerade in der Vermeidung von Nachteilen für den Rechtsschutzsuchenden solange dessen Bedenken gegen die Rechtmäßigkeit des Verwaltungsakts und das Vorliegen einer Rechtsverletzung nicht in einem Widerspruchsverfahren oder einem gerichtlichen Anfechtungsverfahren untersucht wurden, also insofern eine unklare Rechtslage besteht. Die Interessenabwägung zwischen Aufschub- und sofortigen Vollzugsinteressen kann daher nur mit hypothetischen Unterstellungen durchgeführt werden. Die möglichen Rechtsverletzungen und Schäden auf Seiten des Rechtsbehelfsführers durch die sofortige Vollziehung im Falle eines Obsiegens des Rechtsbehelfsführers im Hauptsacheverfahren werden den Schäden der Betreiber, bzw. sonstiger am Sofortvollzug Interessierter bei Erfolglosigkeit der Anfechtung gegenübergestellt[338].

(2) Keine Anordnung sofortiger Vollziehung ohne Aufklärung der Interessenlage

Die oft aus technischen oder aus rechtlichen Gründen oder allein wegen des Umfangs des der Genehmigung zugrundeliegenden Materials schwer überschaubaren Auswirkungen von Großprojekten erschweren zwar auch die Beurteilung der Aufschub- und Vollzugsinteressen und infolgedessen die Interessenabwägung, da die möglichen Gefahren bei der Entscheidung für oder gegen die sofortige Vollziehung in vielen Fällen erst nach umfangreichen, zeitraubenden und aufwendigen Untersuchungen abgeschätzt werden können. Prognosen über die Notwendigkeit des Vorhabens, z. B. über die künftige Entwicklung des Energiebedarfs beim Kernkraftwerksbau oder über die Bedürfnisse des Verkehrs beim Verkehrsanlagenbau, über den notwendigen Zeitpunkt der Errichtung und der Inbetriebnahme des Großprojekts, über die Wahrscheinlichkeit von Schäden durch das Vorhaben und über die mögliche Schadenshöhe können z. B. schon für die Entscheidung über die Anordnung der sofortigen Vollziehung und nicht erst für die Beurteilung der Rechtmäßigkeit der Genehmigung im Hauptsacheverfahren bedeutsam sein.

---

[337] Siehe oben ebd.

[338] Siehe oben Kapitel 3 II 1 b.

Die Interessenabwägung zwischen Aufschub- und Vollzugsinteressen und die Ermessensentscheidung nach § 80 Abs. 2 Nr. 4 setzen voraus, daß die Behörde sich sachkundig macht und die Beteiligteninteressen ermittelt. Selbstverständlich muß sie dabei gleichmäßig gründlich für die Aufklärung beider Interessen sorgen.

Entscheidet die Ursprungsbehörde über die sofortige Vollziehbarkeit, kann vermutet werden, daß sie aufgrund des von ihr durchgeführten Verwaltungsverfahrens über die Erteilung der Genehmigung einen für die Beurteilung der Materie ausreichenden Sachverstand und Überblick über die Sach- und Rechtslage besitzt.

Hat die Behörde trotz ihrer Sachkenntnis wegen der besonderen Komplexität der Sach- und Rechtslage Schwierigkeiten, die Auswirkungen der sofortigen Vollziehung der Genehmigung zu überblicken, sei es auf Seiten des Vollzugsinteresses, sei es auf Seiten des Aufschubinteresses und ist weitere Aufklärung im Augenblick nicht möglich oder nur mit unverhältnismäßigem Aufwand zu erreichen, kann die Behörde also kein abschließendes Urteil über die Interessen an der Vollziehung fällen, ist die Anordnung der sofortigen Vollziehung nicht zulässig, weil schon die Kenntnis der Interessenlage als Voraussetzung der Interessenabwägung nach § 80 Abs. 2 Nr. 4 fehlt.

Es ist daher nicht zu befürchten, daß die Kompliziertheit der Sach- und Rechtslage bei Großprojekten im Rahmen der Entscheidung nach § 80 Abs. 2 Nr. 4 dem Rechtsbehelfsführer zum Nachteil gereichen muß.

cc) Chancen der Aufschubinteressen gegenüber Vollzugsinteressen bei Großprojekten

Die Befürchtungen, bei Großprojekten könnten regelmäßig Kosten in Millionenhöhe, die der Aufschub ihrer Errichtung verursachte, angeführt werden, die in der Interessenabwägung immer die Interessen des Rechtsbehelfsführers, die häufig einen — ziffernmäßig betrachtet — geringeren finanziellen Wert haben oder immaterielle Güter sind, bedeutungslos werden ließen, sind unbegründet, wenn die Interessenlage vollständig, d. h. unter anderem auch unter Einbeziehung der tatsächlichen Schutzbedürftigkeit und der möglichen anderweitigen, den Rechtsschutz nicht tangierenden Vorkehrungen zur Schadensvermeidung gewürdigt wird. Vor allem darf aber schon das Gewicht eines Interesses nicht nach der Höhe des mit seiner Verletzung verbundenen finanziellen Verlustes bestimmt werden. Gerade die Notwendigkeit des Vergleichs zwischen finanziellen und nicht zahlenmäßig bezifferbaren Interessen verdeutlicht, daß die Interessenabwägung einen Vergleich aufgrund anderer Kriterien erfordert. Es muß etwa der Grad der Irreparabilität der zu befürchtenden Schäden ebenso berücksichtigt werden, wie die

Möglichkeit, Schäden in zumutbarer Weise durch eigene Vorkehrungen oder rechtzeitige Planung zu vermeiden und die Tatsache, daß zumutbare Vorkehrungen unterlassen wurden. Ist daher z. B. erkennbar, daß die zu befürchtenden Nachteile durch einen Aufschub der Vollziehung bei rechtzeitiger Planung hätten verhindert werden können, kann dieser Umstand schon gegen die Dringlichkeit der Vollziehung, zumindest aber gegen die Schutzwürdigkeit der Vollzugsinteressen des Unternehmers sprechen.

Ebenfalls unbegründet ist die Befürchtung, bei Großprojekten herrsche ein bestimmter Typ besonders gewichtiger meist öffentlicher Vollzugsinteressen vor, der in der Interessenabwägung stets wegen seiner Bedeutung für die Allgemeinheit den Vorzug erhalten müsse, weshalb die Interessen des Rechtsbehelfsführers von vornherein keine Chance mehr hätten, geschützt zu werden, selbst wenn ihre irreparable Verletzung drohe. Wie bereits bei der Untersuchung der Argumente für einen verstärkten Schutz der Vollzugsinteressen ausgeführt[339], genießen auch sehr gewichtige öffentliche Interessen an der sofortigen Vollziehung von Großprojekten, wie z. B. an der Sicherung der Energieversorgung der Bevölkerung, keinen prinzipiellen Vorrang vor Aufschubinteressen von Anfechtenden und darf die Interessenabwägung auch nicht etwa nach dem Grundsatz „Gemeinnutz geht vor Eigennutz" erfolgen.

4. Zusammenfassung und Ergebnis

Die Untersuchung zeigt, daß auch in Anbetracht der Besonderheiten bei Großprojekten, wie der schwer überschaubaren Auswirkungen der Errichtung des Projekts auf die Umwelt und der gesteigerten Gefahr der Schaffung vollendeter Tatsachen durch die sofortige Vollziehung, der effektive vorläufige Rechtsschutz des Anfechtenden schon bei Einhaltung der oben aufgestellten Voraussetzungen der Anordnung sofortiger Vollziehung gewährleistet ist. Eine weitere Absicherung des Schutzes des Anfechtenden etwa durch einen generellen Verzicht auf die Anordnung sofortiger Vollziehung bis zur Entscheidung im Hauptsacheverfahren in erster Instanz, wie Sahl[340] vorschlug, ist daher nicht erforderlich. Erwägt die Behörde die sofortige Vollziehung nur, wenn ein wirkliches Dringlichkeitsinteresse erkennbar ist, ist weiterhin die Annahme eines überwiegenden, bzw. besonderen, die sofortige Vollziehung rechtfertigenden Vollzugsinteresses das Ergebnis einer Interessenabwägung, in der Aufschub- und Vollzugsinteressen auch unter besonderer Berücksichtigung der Gefahren für den Rechtsschutz bei Großprojekten durch vollendete Tatsachen gewürdigt wurden und

[339] Siehe oben Kapitel 3 IX 2 c bb.

[340] Sahl, 5. AtR Symposium, S. 334.

beachtet die Behörde bei ihrer Entscheidung den Zweck des § 80, den Rechtsbehelfsführer vor vollendeten Tatsachen zu schützen, lassen sich die aus der besonderen Situation der Großprojekte erwachsenden Gefahren für die Gewährung effektiven Rechtsschutzes des Anfechtenden bewältigen[341]. Diese Lösung bietet gegenüber einem generellen Verzicht auf die Anordnung sofortiger Vollziehung bei Großprojekten bis zur ersten Instanz den Vorteil, daß besonders dringliche Vollzugsinteressen, die trotz der hier vertretenen, das Bedürfnis nach effektivem Rechtsschutz des Anfechtenden stark betonenden Auslegung des § 80 Abs. 2 Nr. 4 im Einzelfall das Aufschubinteresse überwiegen können, eine Chance haben, in der Interessenabwägung berücksichtigt zu werden.

XII. Genereller Verzicht auf die Anordnung der sofortigen Vollziehung aus Unternehmerinteresse

Das Argument Gelzers[342], auch Interessen der Unternehmer sprächen gegen die Anordnung der sofortigen Vollziehung der Genehmigung von Großvorhaben mit schwer überschaubaren Auswirkungen auf die Umwelt, weil das sicherlich auf die Anordnung folgende Aussetzungsverfahren nach § 80 Abs. 5 wegen der dort erforderlichen umfangreichen Untersuchung so lange Zeit in Anspruch nehmen werde, daß dem Unternehmer trotz Vollzugsanordnung Zeitverluste entstehen müßten[343], vermag den generellen Verzicht auf die Anordnung der sofortigen Vollziehung durch die Verwaltungsbehörde bei Großprojekten nicht zu begründen.

Problematisch ist schon, ob eine zeitraubende Untersuchung der Rechtmäßigkeit der Genehmigung im Aussetzungsverfahren nach § 80 Abs. 5 tatsächlich angebracht ist, was im zweiten Teil der Arbeit untersucht werden soll[344]. Das Argument Gelzers ist aber auch deswegen nicht überzeugend, weil voraussehbare Zeitverluste für den Unternehmer durch die Anordnung der sofortigen Vollziehung in der Interessenabwägung des konkreten Falls gewürdigt werden können, wo sie unter Umständen die Vollzugsinteressen verringern würden. Die individuelle Berücksichtigung der Zeitverluste in der Interessenabwägung erlaubt flexibleren und auf die Bedürfnisse des Rechtsschutzes aller Beteiligten besser abgestimmten vorläufigen Rechtsschutz als die radikalere Lösung

[341] Im Ergebnis übereinstimmend mit der Ansicht Gelzers, BauR 1977, 1 f., 1979, 150 f. und Schmidt-Aßmanns, VVDStRL 34 (1976), 261, die vorschlagen, die Behörde solle bei Großprojekten im Einzelfall entscheiden, ob die Sachlage zu unübersichtlich ist.

[342] Gelzer, BauR 1977, 1, 2.

[343] Gelzer, BauR 1977, 1, 2.

[344] Siehe unten Kapitel 4.

des Verzichts auf die sofortige Vollziehung bis zur Entscheidung in erster Instanz im Hauptsacheverfahren.

XIII. Zusammenfassung

Die Beachtung der Voraussetzungen des § 80 Abs. 2 Nr. 4 bei der Anordnung der sofortigen Vollziehung durch die Verwaltungsbehörden gewährleistet auch unter den besonderen, die Schaffung vollendeter Tatsachen begünstigenden Bedingungen bei Großprojekten die Sicherung effektiven Rechtsschutzes für die Anfechtenden ohne Vernachlässigung der Interessen anderer Beteiligter.

Aus der Regelung der automatischen aufschiebenden Wirkung, aus der Systematik und vor allem aus dem Sinn und Zweck der Regelung des § 80 und aus Art. 19 Abs. 4 GG ergibt sich, daß die Gewährung wirksamen Rechtsschutzes des Rechtsbehelfsführers das Hauptziel des § 80 ist. Darüber hinaus soll die Regelung des § 80 Abs. 2 Nr. 4 einen Ausgleich zwischen Rechtsbehelfsführerinteressen und entgegenstehenden Vollzugsinteressen ermöglichen. Dies ist bei der Aufstellung der Voraussetzungen der Anordnung der sofortigen Vollziehung und bei jeder konkreten Anwendung des § 80 Abs. 2 Nr. 4 zu beachten. Die Anordnung der sofortigen Vollziehung setzt aus diesem Grund ein besonderes Dringlichkeitsinteresse voraus, das sich in einer Interessenabwägung mit dem Aufschubinteresse als ein überwiegendes Sofortvollzugsinteresse herausstellen muß.

Auch unter den besonderen Bedingungen der Großprojekte besteht kein Grund, von diesen Voraussetzungen abzuweichen. Weder Interessen und Rechte privater Unternehmer, noch die meist beteiligten öffentlichen Interessen an der Errichtung von Großprojekten erfordern eine Aufgabe oder Änderung dieser Voraussetzungen zu ihren Gunsten. Insbesondere können sie die Notwendigkeit einer regelmäßigen Anordnung der sofortigen Vollziehung ohne oder mit einer nur pro forma durchgeführten, weil von einem Überwiegen des Vollzugsinteresses schon ausgehenden Interessenabwägung nicht rechtfertigen. Auch eine zeitliche Beschränkung der bei Großprojekten oft länger andauernden aufschiebenden Wirkung zugunsten der an der Vollziehung der Genehmigung Interessierten ist für den Beteiligtenschutz weder erforderlich noch praktikabel. Werden die genannten Voraussetzungen von den Verwaltungsbehörden bei der Anordnung der sofortigen Vollziehung eingehalten, sind weitere Schutzvorkehrungen zugunsten des Rechtsbehelfsführers, wie etwa ein Verzicht auf die Anordnung der sofortigen Vollziehung bis zum Abschluß der ersten Instanz im Hauptsacheverfahren nicht erforderlich, da die Interessenabwägung bei § 80 Abs. 2

Nr. 4 im Einzelfall ausreicht, die speziell aus den Besonderheiten der Großprojekte erwachsenden Gefahren für den effektiven Rechtsschutz des Rechtsbehelfsführers zu bewältigen. Ergeben sich aus der technischen und rechtlichen Kompliziertheit eines Großprojekts und der Unvorhersehbarkeit der Auswirkungen seiner Errichtung oder seines Betriebs Schwierigkeiten, die konkreten Aufschub- oder Vollzugsinteressen festzustellen und zu beurteilen, gereicht dies nicht dem Rechtsbehelfsführer zum Nachteil, vielmehr kann allenfalls die sofortige Vollziehung deswegen nicht angeordnet werden, da sie die Feststellung eines besonderen Vollzugsinteresses voraussetzt, das das Aufschubinteresse überwiegt.

Kapitel 4

Vorläufiger Rechtsschutz nach § 80 Abs. 5 bei Großprojekten

I. Problematik

Nahezu bei jedem Großvorhaben findet um die sofortige Vollziehbarkeit ein sogenanntes Aussetzungsverfahren[1] nach § 80 Abs. 5 statt, entweder weil der Anfechtende beantragt, die durch die Anordnung der sofortigen Vollziehung nach § 80 Abs. 2 Nr. 4 beseitigte aufschiebende Wirkung wiederherzustellen oder weil der durch die Genehmigung begünstigte Beteiligte beantragt, die bisher verweigerte sofortige Vollziehung in analoger Anwendung des § 80 Abs. 5 anzuordnen.

Den gerichtlichen Aussetzungsverfahren nach § 80 Abs. 5 kommt aus mehreren Gründen bei der Errichtung von Großprojekten besondere Bedeutung zu. Wie oben schon dargelegt[2], besteht bei sofortiger Vollziehung von Großprojekten eine besonders große Gefahr der Schaffung vollendeter Tatsachen, weil die einzelnen Baumaßnahmen, die oft in erheblichem Maße Auswirkungen auf Nachbarschaft und Umwelt haben, häufig aus tatsächlichen oder wirtschaftlichen Gründen nicht mehr rückgängig zu machen sind. Zudem erstreckt sich das Hauptsacheverfahren wegen der Kompliziertheit der zu untersuchenden Materie oft über mehrere Jahre und mit der Verzögerung des Baubeginns sind meist finanzielle oder wirtschaftliche Verluste verbunden.

Da die Verwaltungsbehörden bei Großvorhaben weitgehend dazu übergegangen sind, die sofortige Vollziehung der Genehmigung — unter Nichtbeachtung der einer solchen Praxis entgegenstehenden Regelungen des § 80 Abs. 1 und Abs. 2 Nr. 4 — regelmäßig anzuordnen, ist davon auszugehen, daß die Verwaltungsgerichte ebenso regelmäßig mit einem Aussetzungsantrag der Rechtsbehelfsführer nach § 80 Abs. 5 konfrontiert werden[3]. Bei strikter Einhaltung der im ersten Teil der Arbeit dargestellten Voraussetzungen der Anordnung sofortiger Voll-

[1] Aussetzungsverfahren wird hier gleichgesetzt mit Verfahren nach § 80 Abs. 5, auch wenn dieses zur Ablehnung der Aussetzung bzw. Anordnung der sofortigen Vollziehung führt.

[2] Siehe Kapitel 2 II 2.

[3] Gelzer, BauR 1977, 1.

ziehung bei Großprojekten, verringerte sich zwar möglicherweise die Zahl der Anordnungen, dafür wäre jedoch andererseits mit einem Anstieg der Zahl der Anträge der begünstigten Adressaten auf Beseitigung der aufschiebenden Wirkung und Verpflichtung der Verwaltung zur Anordnung sofortiger Vollziehung[4] nach § 80 Abs. 5 analog zu rechnen.

Im krassen Gegensatz zur großen Bedeutung des gerichtlichen Aussetzungsverfahrens nach § 80 Abs. 5 im Rahmen des vorläufigen Rechtsschutzes gegen Großprojekte steht die Unsicherheit über seine Ausgestaltung, über Maßstab und Grundlage der Entscheidung, Umfang und Intensität der Untersuchung des Gerichts[5]. Der Wortlaut des § 80 Abs. 5 enthält dazu keine Regelungen. Aus dem Zweck des vorläufigen Rechtsschutzes und den übrigen Regelungen des § 80, insbesondere der des § 80 Abs. 2 Nr. 4 haben Rechtsprechung und Literatur Grundsätze und Maßstäbe für das Verfahren nach § 80 Abs. 5 entwickelt[6], die jedoch teilweise sehr voneinander abweichen und noch vieles im Unklaren lassen.

So bestehen Meinungsverschiedenheiten darüber, wie weitgehend und wie tief das Verwaltungsgericht im Aussetzungsverfahren die Voraussetzungen seiner Entscheidung ermitteln und untersuchen muß, was gerade bei der komplexen Materie der Genehmigung von Großprojekten von sehr großer Bedeutung ist. Während viele Gerichte gestützt auf das Argument, die Verfahren des vorläufigen Rechtsschutzes seien summarische Verfahren, nur aufgrund des von den Beteiligten vorgebrachten Tatsachenmaterials, ohne eigene Beweiserhebung entscheiden[7], sind andere immer häufiger dazu übergegangen, auch im Verfahren nach § 80 Abs. 5 selbst Gutachten einzuholen und Sachverständige anzuhören[8]. Dies ist begreiflicherweise besonders häufig bei den

---

[4] Vgl. zum Antrag Schenke, NJW 1970, 270, 271; Guthardt, DVBl. 1972, 576 f.; Hoffmann, DÖV 1976, 371, 372.

[5] Vgl. Renner, MDR 1979, 887, der die Regelung als „recht spartanisch" bezeichnet.

[6] Siehe z. B. die kurze Darstellung bei Albers, S. 42, 43.

[7] Vgl. u. a. OVG Hamburg, Beschl. v. 23. 10. 1974, DVBl. 1975, 207. Das OVG Hamburg weist in diesem Beschluß im Falle „Reynolds" auf die „in diesem Verfahren dem Gericht allein zu Gebote stehenden Erkenntnismittel" hin (S. 208), ohne sich weiter dazu zu äußern, welche Mittel dies konkret seiner Ansicht nach sind und beschränkt sich dann auf aus dem Verwaltungsverfahren herangezogene, schon vorhandene Sachverständigengutachten als Grundlage seiner Erörterung der Erfolgsaussichten des Rechtsbehelfs (S. 209). Nach Ansicht des OVG Lüneburg Beschluß vom 28. 12. 1976, DVBl. 1977, 247 (Chlorgas-F 11), überschreitet die Einholung eines Sachverständigengutachtens im Aussetzungsverfahren den Rahmen der dort möglichen Sachverhaltsaufklärung. Es überläßt die zu einzelnen Zweifelsfragen erforderliche Beweisaufnahme ausdrücklich dem Hauptsacheverfahren (S. 350).

[8] Vgl. u. a. OVG Lüneburg, Beschluß v. 27. 9. 1973, DVBl. 1974, 366 (Mülldeponie-Fall). Das OVG Lüneburg hat hier im Aussetzungsverfahren Be-

aufwendigen und oft komplizierten Großprojekten der Fall. Die Verwaltungsgerichte versuchen auf diese Weise, ihre Entscheidungen, die bei Großprojekten besonders schwerwiegende Folgen haben können, auf eine breitere, gesichertere Grundlage zu stellen.

Von dieser Frage zu unterscheiden, ist das Problem, ob die Verwaltungsgerichte bei § 80 Abs. 5 im Unterschied zu den Verwaltungsbehörden, denen dies weitgehend verwehrt ist, bei der Entscheidung über die sofortige Vollziehung auch nicht offensichtliche Erfolgsaussichten des Rechtsbehelfs berücksichtigen sollten. Zwar tauchen beide Fragestellungen oft gemeinsam auf und es besteht gegenüber beiden Fragen gleichermaßen in einem Teil der Rechtsprechung und der Literatur die Neigung, nach dem Grundsatz „je mehr, desto besser" zu verfahren, d. h. je mehr Tatsachenmaterial Grundlage der Entscheidung nach § 80 Abs. 5 ist, um so genauer und besser müsse die Entscheidung sein und je ausführlicher die Erfolgsaussichten des Rechtsbehelfs in der Hauptsache geprüft werden, um so sicherer und „richtiger" müsse die getroffene Entscheidung sein, was in beiden Fällen auch die gleiche Konsequenz hat, daß nämlich die Verfahren länger und umfangreicher werden.

Die Frage nach dem Ausmaß der Sachverhaltsermittlung und der Beweiserhebung stellt sich jedoch sowohl bei Berücksichtigung der Erfolgsaussichten als auch bei einer Entscheidung aufgrund einer reinen Interessenabwägung. So kann einerseits für die reine Interessenabwägung die Einholung von Sachverständigengutachten für erforderlich gehalten werden, andererseits auch eine Prüfung der Erfolgsaussichten des Rechtsbehelfs nur aufgrund des dem Gericht vorliegenden, von den Beteiligten vorgetragenen Tatsachenmaterials erfolgen. Die eine Frage ist daher nicht identisch mit der anderen, die beiden Fragen sind auch nicht notwendig miteinander verknüpft. Sie sind daher getrennt zu erörtern.

Im folgenden Teil der Arbeit soll vor allem der Maßstab der Aussetzungsentscheidung bei Großprojekten untersucht werden, wobei sich die Untersuchung insbesondere mit der Frage beschäftigen muß, ob die besondere Situation der Großprojekte eine Annäherung der Aussetzungsentscheidung an das Hauptsacheverfahren durch Prüfung der Erfolgsaussichten des Rechtsbehelfs erfordert.

---

weis darüber erhoben, ob ein ausreichender Schutz vor Umweltgefahren durch das Betreiben einer Mülldeponie sichergestellt ist; im Beschluß v. 1. 6. 1961, DVBl. 1961, 520, hielt es das OVG in einem Verfahren um die Aussetzung der sofortigen Vollziehung eines straßenrechtlichen Planfeststellungsbeschlusses „für seine Pflicht, den Sachverhalt in dem durch das Bedürfnis nach Beschleunigung gezogenen Rahmen aufzuklären" und hat aus diesem Grunde unter anderem eine Ortsbesichtigung vorgenommen (S. 522).

Es werden jedoch damit zugleich Probleme erörtert, die von grundsätzlicher Bedeutung für den gesamten vorläufigen Rechtsschutz nach § 80 VwGO sind.

II. Gesetzliche und von der Rechtsprechung entwickelte Grundsätze des gerichtlichen Aussetzungsverfahrens

1. Eigene originäre Entscheidung des Gerichts

Aus dem Wortlaut des § 80 Abs. 5 S. 1, 3, 5, wonach das Verwaltungsgericht die aufschiebende Wirkung anordnen oder wiederherstellen kann, läßt sich entnehmen, daß die Aussetzungsentscheidung keinen kassatorischen Charakter hat, wie das Urteil im Anfechtungsverfahren nach § 113, das Verwaltungsgericht also nicht nur die Anordnung der sofortigen Vollziehung durch die Behörde überprüft und aufhebt oder den Antrag auf Aussetzung zurückweist, sondern selbst aufgrund einer eigenen, die verwaltungsbehördliche Entscheidung nicht nur nachvollziehenden Untersuchung der Voraussetzungen die aufschiebende Wirkung anordnet oder im Falle des § 80 Abs. 2 Nr. 4 wiederherstellt[9]. Das Verwaltungsgericht stützt sich daher auf die Sach- und Rechtslage zum Zeitpunkt seiner Aussetzungsentscheidungen[10]. Fehlen allerdings schon die formellen Voraussetzungen der Anordnung der sofortigen Vollziehung, wie etwa die nach § 80 Abs. 3 S. 1 erforderliche Begründung, so muß das Gericht die behördliche Anordnung ohne weitere Sachprüfung aufheben[11]. Hier ist ausschließlich § 80 Abs. 3 der Maßstab der gerichtlichen Entscheidung[12].

Problematisch ist, ob das Gericht die Ablehnung eines Antrags auf Wiederherstellung der aufschiebenden Wirkung eines Rechtsbehelfs auf Gründe stützen darf, die die Verwaltung in ihrer Begründung der Anordnung der sofortigen Vollziehung nicht genannt hat[13]. Wegen der Schutzfunktion der Begründungspflicht nach § 80 Abs. 3 für die Anordnung der sofortigen Vollziehung ist das Verwaltungsgericht daran gehindert, die sofortige Vollziehung auf „neue" Gründe zu stützen. Reichen die von der Verwaltungsbehörde genannten Gründe nicht aus, muß das Gericht die aufschiebende Wirkung wiederherstellen, da ansonsten der Schutzzweck des § 80 Abs. 3 ausgehöhlt würde.

---

[9] Finkelnburg, RN 494; Papier, JA 1979, 561, 565.
[10] Kopp, VwGO, § 80 RN 81.
[11] Ebd. RN 82.
[12] Finkelnburg, RN 405; Kopp, VwGO, § 80 RN 79.
[13] Kopp, VwGO, § 80 RN 83.

2. Interessenabwägung entsprechend § 80 Abs. 2 Nr. 4 als Grundlage der Aussetzungsentscheidung

Der Wortlaut des § 80 Abs. 5 teilt dagegen nicht mit, welchen Maßstab die Verwaltungsgerichte ihrer Aussetzungsentscheidung zugrundelegen sollen. Schon aus dem Grundsatz der Rechtsstaatlichkeit ergibt sich jedoch die Forderung nach einem bestimmten Maßstab für die verwaltungsgerichtliche Aussetzungsentscheidung, der auch den Betroffenen erkennbar ist. Dieser Maßstab muß sich nach dem Zweck der gerichtlichen Aussetzungsentscheidung richten, der hier ebenfalls in der Gewährung effektiven Rechtsschutzes besteht. Die übrigen Regelungen des § 80, in denen der Gesetzgeber deutlichere Hinweise auf die Einzelheiten der Gewährung effektiven Rechtsschutzes gegeben hat, können zu seiner Feststellung herangezogen werden[14].

§ 80 Abs. 4 S. 3 enthält zwar einen differenzierteren Maßstab für die Entscheidung über die Aussetzung der sofortigen Vollziehung durch die Widerspruchsbehörde, diese Regelung ist jedoch so eindeutig auf den gesetzlich angeordneten Wegfall der aufschiebenden Wirkung nach § 80 Abs. 2 Nr. 1 zugeschnitten, daß sie allenfalls noch auf die übrigen Fälle der gesetzlich angeordneten sofortigen Vollziehbarkeit nach § 80 Abs. 2 Nr. 2 und Nr. 3 übertragen werden könnte, nicht aber auf die Wiederherstellung der durch behördliche Vollzugsanordnung beseitigten aufschiebenden Wirkung[15].

Als gesetzlicher Maßstab für die Wiederherstellung der durch Anordnung sofortiger Vollziehung beseitigten aufschiebenden Wirkung nach § 80 Abs. 5 und für die Anordnung der sofortigen Vollziehung nach § 80 Abs. 5 analog, kommt allein die Regelung des § 80 Abs. 2 Nr. 4 in Frage[16]. Dort hat der Gesetzgeber dargelegt, unter welchen Voraussetzungen die grundsätzlich nach § 80 Abs. 1 eintretende aufschiebende Wirkung der Anfechtung eines Verwaltungsakts durch Anordnung im Einzelfall ausgeschlossen werden darf. Entscheidend für die Anordnung der sofortigen Vollziehung ist danach die Interessenlage. Die Anordnung nach § 80 Abs. 2 Nr. 4 darf nur erfolgen, wenn ein besonderes öffentliches Vollzugsinteresse oder ein überwiegendes Interesse eines Beteiligten am Sofortvollzug besteht. Die Feststellung eines solchen überwiegenden Vollzugsinteresses erfordert eine Interessenabwägung zwischen dem konkreten Sofortvollzugsinteresse und dem Aufschubinteresse[17], die der Regel folgen muß, je größer das Aufschubinteresse ist, etwa

---

[14] Finkelnburg, RN 495.

[15] Finkelnburg, RN 502; Kopp, VwGO, § 80 RN 81; Papier, JA 1979, 561, 566; a. A. z. B. Tschira/Schmidt Glaeser, S. 158.

[16] Finkelnburg, RN 503; Albers, S. 42.

[17] Siehe oben Kapitel 3 II 1 b.

weil irreparable Rechtsverletzungen drohen, um so größer muß das sofortige Vollzugsinteresse sein, um die sofortige Vollziehung zu rechtfertigen[18]. Die Interessenabwägung erfolgt durch Gegenüberstellung der drohenden Nachteile, die sich für den Anfechtenden bei sofortiger Vollziehung, für den an der sofortigen Vollziehung interessierten öffentlichen oder privaten Beteiligten bei Aufschub der Vollziehung ergäben. Dabei wird ein für das jeweilige Interesse positiver Ausgang des Verfahrens in der Hauptsache unterstellt. Verglichen werden also auch im Aussetzungsverfahren nach § 80 Abs. 5 die Nachteile, die dem Rechtsbehelfsführer entstehen, wenn seinem Anfechtungsbegehren im Hauptsacheverfahren zwar stattgegeben würde, der Verwaltungsakt inzwischen aber vollzogen wäre, mit den Nachteilen, die dem am Vollzug Interessierten durch die aufschiebende Wirkung entstehen, wenn der Verwaltungsakt sich im Hauptsacheverfahren als rechtmäßig erweisen sollte[19]. In diesem rein hypothetischen Verfahren sind Mutmaßungen oder Prognosen über den Ausgang des Hauptsacheverfahrens systemwidrig. Da die Interessenabwägung im Rahmen des § 80 Abs. 5 grundsätzlich der der Verwaltungsbehörde nach § 80 Abs. 2 Nr. 4 gleicht, erübrigt sich hier die erneute Darstellung ihrer weiteren Einzelheiten[20]. Diese Übereinstimmung kann sich jedoch nur auf die Interessenabwägung als Maßstab der Aussetzungsentscheidung beziehen, die Durchführung der Abwägung, die Beurteilung der Sach- und Rechtslage und die Gewichtung der einzelnen Interessen beurteilt das Verwaltungsgericht, wie oben schon festgestellt, völlig selbständig und ohne sich auf ein Nachvollziehen der von der Verwaltungsbehörde angeführten Gründe zu beschränken[21].

3. Berücksichtigung offensichtlicher Erfolgsaussichten in der Interessenabwägung

In Rechtsprechung und Literatur bestehen erhebliche Meinungsverschiedenheiten darüber, ob und wie in der Aussetzungsentscheidung nach § 80 Abs. 5 die Erfolgsaussichten des Rechtsbehelfs berücksichtigt werden sollen. Abgesehen von den zur Bewältigung der Probleme beim vorläufigen Rechtsschutz gegen Großprojekte entwickelten Vorstellungen bestehen schon für den Normalfall des vorläufigen Rechtsschutzes unterschiedliche Meinungen über die Notwendigkeit der Einbeziehung von Erfolgsaussichten des Rechtsbehelfs in die Aussetzungsentschei-

---

18 BVerfGE 35, 382, 402; siehe oben Kapitel 3 II 1 b.

19 Leipold, S. 190.

20 Siehe oben Kapitel 3 II 1 b und z. B. die Darstellung bei Papier, JA 1979, 561, 566.

21 Kopp, VwGO, § 80 RN 83.

dung. Weitgehende Übereinstimmung besteht noch über die Berücksichtigung offensichtlicher Erfolgsaussichten und offensichtlicher Mißerfolgsaussichten des Rechtsbehelfs. Streitig ist jedoch schon die Frage, ob die offensichtlichen Erfolgsaussichten statt der Interessenabwägung oder im Rahmen der Interessenabwägung berücksichtigt werden sollen[22].

Die oben erörterten Zweifel an Zulässigkeit und Praktikabilität der Berücksichtigung der offensichtlichen Erfolgsaussichten oder Mißerfolgsaussichten des Rechtsbehelfs durch die Verwaltungsbehörden treffen auf die verwaltungsgerichtliche Entscheidung nicht in gleicher Weise und gleichem Umfang zu. Bei Offenkundigkeit der Erfolgsaussichten ist eine Befrachtung des Verfahrens mit — dem vorläufigen Charakter nicht angemessenen — Ermittlungen zur Feststellung der Begründetheit des Rechtsbehelfs nicht zu befürchten. Die grundsätzlichen Bedenken gegen materiell-akzessorische Entscheidungen im Rahmen des vorläufigen Rechtsschutzes beruhen zwar unter anderem darauf, daß nach § 80 Abs. 1 ohne Rücksicht auf Zulässigkeit oder Begründetheit des Rechtsbehelfs dem Anfechtenden vorläufiger Rechtsschutz gewährt wird, bei offensichtlicher Rechtswidrigkeit des angefochtenen Verwaltungsakts kann jedoch kein schützenswertes Interesse an seiner sofortigen Vollziehung bestehen[23]. Der Zweck des § 80 Abs. 1, dem Anfechtenden wirksamen vorläufigen Rechtsschutz zu gewähren, steht daher einer Berücksichtigung offensichtlicher Erfolgsaussichten im Rahmen der Interessenabwägung, wo sie in der Regel ein Überwiegen des Aufschubinteresses begründen werden, nicht entgegen.

Als problematischer hat sich die Berücksichtigung offensichtlicher Mißerfolgsaussichten des Rechtsbehelfs durch die Behörde erwiesen[24], die jedoch in beschränktem Umfang ebenfalls gestattet sein soll. Das Argument für die Gefährdung des effektiven Rechtsschutzes, die fehlende Distanz der Behörde bei der Beurteilung der Rechtswidrigkeit ihres eigenen Verwaltungsakts, kann gegenüber den verwaltungsgerichtlichen Verfahren nicht durchgreifen. Schwerer wiegt hier jedoch das Argument, der Rechtsbehelfsführer solle nach § 80 Abs. 1 durch die automatisch eintretende aufschiebende Wirkung grundsätzlich ohne Rücksicht auf die Erfolgschancen des Rechtsbehelfs vor sofortiger Vollziehung des angefochtenen Verwaltungsakts geschützt werden, der Gesetzgeber gehe also von einem immer vorhandenen Aufschubinteresse, wenn auch nur einem geringen, aus, es sei denn, die Anfechtung sei rechtsmißbräuchlich. Diesem Bedenken kann jedoch bei der Aus-

[22] Vgl. dazu Finkelnburg, RN 502 ff.

[23] Vgl. dazu Bettermann, DVBl. 1976, 64, 65; Finkelnburg, RN 504; VG Wiesbaden, Beschl. v. 4. 7. 1974, NJW 1975, 663.

[24] Siehe oben Kapitel 3 II 1 d.

setzungsentscheidung durch das Verwaltungsgericht dadurch Rechnung getragen werden, daß von der fehlenden Erfolgsaussicht des Rechtsbehelfs nicht ohne weiteres auf ein völlig fehlendes Aufschubinteresse oder gar auf das Vorhandensein eines sofortigen Vollzugsinteresses geschlossen, sondern in einer Interessenabwägung die durch die offensichtliche Mißerfolgsaussicht bedingte Minderung des Aufschubinteresses berücksichtigt wird, was voraussetzt, daß zuvor ein Sofortvollzugsinteresse festgestellt wurde.

Offensichtliche Erfolgsaussichten und offensichtliche Mißerfolgsaussichten sind daher im Rahmen der Interessenabwägung des Verwaltungsgerichts zwischen Aufschub- und Vollzugsinteressen zu berücksichtigen. Die Durchführung einer Interessenabwägung ersetzen sie nicht.

III. Gesteigerte Erfolgsaussichtenprüfung als notwendige Grundlage der Aussetzungsentscheidung bei Großprojekten

1. Argumente für eine Annäherung des Aussetzungsverfahrens an das Hauptsacheverfahren

Da für Aussetzungsverfahren gegen Großvorhaben keine besonderen Regelungen bestehen, müßten die dargestellten Grundsätze der verwaltungsgerichtlichen Entscheidung nach § 80 Abs. 5 S. 1 grundsätzlich auch dort gelten und das Ergebnis der Interessenabwägung zwischen Aufschub- und Vollzugsinteressen aufgrund einer hypothetischen Betrachtung der Interessenlage oder gegebenenfalls unter Berücksichtigung offensichtlicher Erfolgsaussichten des Rechtsbehelfs auch im vorläufigen Rechtsschutzverfahren gegen Großprojekte der Aussetzungsentscheidung zugrundezulegen sein[25].

Demgegenüber zeichnet sich in der Praxis vieler Verwaltungsgerichte die Aufgabe des hypothetischen Verfahrens in Aussetzungsentscheidungen gegen Großprojekte zugunsten eines materiell-akzessorischen Verfahrens ab, bei dem sich die Entscheidung im wesentlichen auf die vom Gericht ermittelten Erfolgsaussichten des Rechtsbehelfs stützt[26]. Die Aussetzungsentscheidung wird sowohl im Umfang der Untersuchung als auch in ihrem Maßstab und im Inhalt der Entscheidung dem Hauptsacheverfahren angeglichen.

---

[25] Ule, GewArch 1978, 73.

[26] Vgl. z. B. OVG Hamburg, Beschl. v. 23. 10. 1974, DVBl. 1975, 207 (Reynolds); OVG Münster, Beschl. v. 24. 10. 1973, OVGE 29, 113; OVG Lüneburg, Beschl. v. 28. 12. 1976, DVBl. 1977, 347 (Chlorgas-Fall); OVG Lüneburg, Beschl. v. 1. 6. 1978, DVBl. 1979, 196 (Müllverbrennungsanlage); OVG Lüneburg, Beschl. v. 20. 2. 1975, GewArch 1975, 303 (Chlorothene); zustimmend zu dieser Praxis des OVG Lüneburg Ossenbühl, S. 195.

Die Verwaltungsgerichte versuchen mit dieser Verfahrensweise bei Großprojekten, bei denen typischerweise die Folgen einmal durchgeführter Baumaßnahmen oft gar nicht mehr oder nur unter wirtschaftlich unverhältnismäßigen Aufwendungen beseitigt werden können, das Risiko einer Diskrepanz zwischen Hauptsacheentscheidung und Aussetzungsentscheidung zu verringern. Der effektive Rechtsschutz soll nicht durch Verhinderung der Schaffung vollendeter Tatsachen bei noch ungeklärter Rechtslage bis zum Hauptsacheverfahren, sondern durch Vorwegnahme der Hauptsacheentscheidung gesichert werden. Durch Angleichung des Gegenstandes und des Maßstabes der Untersuchung soll verhindert werden, daß die sofortige Vollziehung einer Genehmigung zugelassen wird, deren Rechtswidrigkeit das Gericht später im Hauptsacheverfahren feststellt, oder die Vollziehung eines sich im Hauptsacheverfahren als rechtmäßig erweisenden Verwaltungsakts aufgeschoben wird. Der Umfang des der Genehmigung zugrundeliegenden Materials und die oft technisch oder naturwissenschaftlich komplizierte Materie sowie die Befürchtung, die sofortige Vollziehung der Genehmigung eines Großprojekts führe leichter zur Schaffung vollendeter Tatsachen, lassen gerade dort das Bedürfnis nach besserer Absicherung der Aussetzungsentscheidung durch gründlichere Untersuchung aufkommen.

Da Offensichtlichkeit der Erfolgsaussichten oder der Mißerfolgsaussichten des Rechtsbehelfs, also offenkundige Rechtmäßigkeit oder Rechtswidrigkeit der Genehmigung bei Großprojekten wegen der Kompliziertheit und Unüberschaubarkeit der Genehmigungsmaterie nur selten feststellbar sein wird[27], kommt die Absicherung der Entscheidung im materiellen Recht durch eine reine Evidenzkontrolle dort kaum in Betracht[28]. In aller Regel sind daher bei Großprojekten umfangreiche Untersuchungen erforderlich, wenn das Ergebnis der Beurteilung der Erfolgsaussichten des Rechtsbehelfs als Entscheidungsmaßstab im Aussetzungsverfahren gewählt wird.

2. Bedenken gegen eine gesteigerte Erfolgsaussichtenprüfung in der Aussetzungsentscheidung

Es bestehen jedoch erhebliche Zweifel, ob die Gewährleistung effektiven vorläufigen Rechtsschutzes bei Großprojekten die Prüfung der Erfolgsaussichten im Aussetzungsverfahren fordert. So könnte schon der Zweck des vorläufigen Rechtsschutzverfahrens, die Effektivität des Rechtsschutzes im Hauptsacheverfahren abzusichern und nicht über die

---

[27] Sellmer, RN 404; lt. Albers, S. 46 stellen im Aussetzungsverfahren bei Kernkraftwerken mangels technischer Sachkenntnis die Verwaltungsgerichte nur selten Offensichtlichkeit fest.

[28] So auch Martens, Suspensiveffekt, S. 28.

Rechtmäßigkeit der angefochtenen Maßnahme selbst zu entscheiden, jeglicher Untersuchung von Erfolgsaussichten des Rechtsbehelfs entgegenstehen. Die Erfüllung dieser Funktion verlangt die Beurteilung und Berücksichtigung der Folgen der sofortigen Vollziehung und des Aufschubs der Vollziehung sowie die Feststellung, ob im konkreten Fall ein das Aufschubinteresse überwiegendes Vollzugsinteresse vorliegt. Sie verlangt jedoch nicht eine Art reduziertes Hauptsacheverfahren. Im Gegensatz zur Berücksichtigung offensichtlicher Erfolgsaussichten des Rechtsbehelfs, die keiner zeitraubenden, aufwendigen Untersuchung bedarf, läuft die weitergehende Einbeziehung der Erfolgsaussichten auf die Notwendigkeit von Ermittlungen hinaus, die nicht mehr auf das Ziel gerichtet sind, die tatsächliche Grundlage der Interessenabwägung, wie etwa die Folgen des Aufschubs, zu klären, sondern nur darauf, die Entscheidung des Hauptsacheverfahrens möglichst schon vorwegzunehmen, deren Wirksamkeit das Rechtsschutzverfahren gerade sichern soll.

Unklar ist weiterhin, mit welchem Ziel und mit welchem zeitlichen und organisatorischen Aufwand die nicht offensichtlichen Erfolgsaussichten des Rechtsbehelfs im Verfahren nach § 80 Abs. 5 untersucht werden sollen. Die Forderung nach Ermittlung hinreichender Erfolgsaussichten im Aussetzungsverfahren läßt darauf schließen, daß die Aussetzung der sofortigen Vollziehung *nur* bei Feststellung hinreichender Erfolgsaussichten erfolgen soll. Unter diesem Gesichtspunkt ist es problematisch, daß der Umfang, die Dauer und die Gründlichkeit der Prüfung nicht feststehen.

Diese Bedenken sind Anlaß für eine gründliche Untersuchung der Erforderlichkeit und Zulässigkeit der schon weitgehend praktizierten Prüfung der Erfolgsaussichten des Rechtsbehelfs als Grundlage der verwaltungsgerichtlichen Aussetzungsentscheidung bei Großprojekten.

IV. Vereinbarkeit der Untersuchung der Erfolgsaussichten des Rechtsbehelfs bei Großprojekten mit Sinn und Zweck der Aussetzungsentscheidung

Dem Wortlaut des § 80 Abs. 5 selbst ist nichts über die Einbeziehung der Erfolgsaussichten des Rechtsbehelfs in die Entscheidung zu entnehmen. Die Regelung des § 80 Abs. 4 S. 3, die ausdrücklich vorsieht, daß bei „ernstlichen Zweifeln an der Rechtmäßigkeit des angegriffenen Verwaltungsakts“ die Aussetzung der Vollziehung erfolgen soll, betrifft lediglich den speziellen Fall des in § 80 Abs. 2 Nr. 1 gesetzlich vorgeschriebenen Ausschlusses der aufschiebenden Wirkung bei Kosten oder Abgaben anfordernden Verwaltungsakten, der nicht wie die anderen

Ausnahmen von der aufschiebenden Wirkung auf Eilbedürftigkeit beruht, sondern unter anderem auf dem Bedürfnis, die Stetigkeit des Flusses öffentlicher Abgaben zu gewährleisten[29]. Daher können aus § 80 Abs. 4 S. 3 weder über Analogie noch argumentum e contrario Anhaltspunkte für die Auslegung des § 80 Abs. 5 gewonnen werden. Es bleibt zu untersuchen, was aus Sinn und Zweck des § 80 Abs. 5 für die Zulässigkeit der Berücksichtigung nicht offensichtlicher Erfolgsaussichten im Aussetzungsverfahren folgt.

1. Sinn und Zweck des § 80 Abs. 5

Funktion und Bedeutung des § 80 Abs. 5 sind im Rahmen der Gesamtregelung des § 80 zu betrachten.

Wie oben schon ausgeführt[30], soll die aufschiebende Wirkung nach § 80 Abs. 1 die verfassungsmäßigen Anforderungen an effektiven vorläufigen Rechtsschutz aus Art. 19 Abs. 4 GG erfüllen. Obwohl der Begriff „effektiver Rechtsschutz" häufig in gegensätzlichem Sinne verwendet wird, steht doch zumindest fest, daß im Bereich des vorläufigen Rechtsschutzes gegen einen Verwaltungsakt Effektivität gewährleistet ist, wenn der Eintritt von Rechtsverletzungen vor einer endgültigen Überprüfung der behördlichen Maßnahme im Hauptsacheverfahren verhindert wird. Zu diesem Zweck ist bei Anfechtung eines Verwaltungsakts der automatische Eintritt der aufschiebenden Wirkung des Rechtsbehelfs in § 80 Abs. 1 angeordnet, die während ihres Andauerns eine Vollziehung des Verwaltungsakts oder ein Gebrauchmachen von der Genehmigung ausschließt. Die gesetzliche Anordnung des automatischen Eintritts der aufschiebenden Wirkung ohne Rücksicht auf die konkreten Folgen eines Vollzugs der angefochtenen Maßnahme und auf die Erfolgsaussichten des Rechtsbehelfs erklärt sich aus dem Bestreben, den individuellen Rechtsschutz gegen Willkür und gegen die Gefahr der Fehleinschätzung der Schutzbedürftigkeit in seiner Wirksamkeit abzusichern[31].

Die Fälle des § 80 Abs. 2 Nr. 1 bis 3, in denen die aufschiebende Wirkung kraft Gesetzes ausgeschlossen ist, sprechen nicht gegen diese ratio, sondern bestätigen sie. Sie betreffen Sonderfälle, in denen jeweils besondere Interessen an der sofortigen Vollziehung bestehen, denen

[29] Finkelnburg, RN 367; a. A. offensichtlich Eyermann/Fröhler, § 80 RN 47 a, wonach die Vorschrift des § 80 Abs. 4 S. 3 „aus Gründen der Rechtslogik" auch bei § 80 Abs. 5 gelten müsse, was jedoch nicht weiter begründet wurde; sowie Czermak, BayVBl. 1976, 106, der zumindest für Fahrerlaubnisentzug die Maßstäbe des § 80 Abs. 4 S. 3 auf § 80 Abs. 2 Nr. 4 und § 80 Abs. 5 anwenden will.

[30] Siehe oben Kapitel 3 V 2 a.

[31] Ebd.

der Gesetzgeber schon aufgrund vorweggenommener genereller Abwägung ein Übergewicht gegenüber den Aufschubinteressen zugestanden hat[32]. Bei der Anordnung der sofortigen Vollziehung nach § 80 Abs. 2 Nr. 4 müssen dieser ratio folgend dieselben strengen Maßstäbe eingehalten werden. § 80 Abs. 2 Nr. 4 enthält zwar eine flexiblere Regelung, setzt aber im Einzelfall die Ermittlung eines überwiegenden Vollzugsinteresses durch Abwägung der konkreten Aufschub- und Vollzugsinteressen voraus[33].

Zwar ist auch der Zweck der Ausnahmeregelung des § 80 Abs. 2 Nr. 4, überwiegende Vollzugsinteressen vor ungerechtfertigter Beeinträchtigung zu schützen[34], die Erfüllung dieser ratio ist jedoch gegenüber der Gewährung effektiven vorläufigen Rechtsschutzes für den Rechtsbehelfsführer nicht vorrangig. Ihre Notwendigkeit ist nur eine Folge der Gewährleistung des effektiven vorläufigen Rechtsschutzes für den Rechtsbehelfsführer durch die aufschiebende Wirkung, da diese nicht auf Kosten ungerechtfertigter Beeinträchtigung anderer Interessen gehen darf.

Das Antragsverfahren auf Anordnung oder Wiederherstellung der aufschiebenden Wirkung nach § 80 Abs. 5 S. 1 durch das Verwaltungsgericht dient grundsätzlich demselben Zweck, den die aufschiebende Wirkung nach Abs. 1 des § 80 erfüllen soll[35]. In den Fällen, in denen die aufschiebende Wirkung nach § 80 Abs. 2 ausnahmsweise entfällt oder ausgeschlossen wurde, soll durch die Möglichkeit ihrer Anordnung oder Wiederherstellung durch das Gericht der Gefahr des Eintritts einer Rechtsverletzung vor Abschluß des Verfahrens in der Hauptsache begegnet werden. Das verwaltungsgerichtliche Verfahren dient dabei zugleich auch dem Schutz der Vollzuginteressen, nicht nur durch die Möglichkeit der Anordnung der sofortigen Vollziehung in analoger Anwendung des § 80 Abs. 5, sondern auch durch die Berücksichtigung der Vollzugsinteressen bei der Entscheidung, ob die Anordnung oder Wiederherstellung der aufschiebenden Wirkung erfolgen soll.

Der Zweck des § 80 Abs. 5 S. 1, an dem sich seine Auslegung zu orientieren hat, ist demnach die Gewährleistung effektiven vorläufigen Rechtsschutzes für den Rechtsbehelfsführer unter Vermeidung ungerechtfertigter, weil etwa zur Erfüllung des Zwecks nicht erforderlicher Zurücksetzung besonders gewichtiger Interessen an der sofortigen Vollziehung des Verwaltungsakts[36].

---

[32] Finkelnburg, RN 366.

[33] Siehe oben Kapitel 3 II 1 b und 2 c.

[34] Siehe oben Kapitel 3 V 2 b.

[35] Vgl. u. a. Renner, MDR 1979, 887, 889.

[36] Vgl. dazu u. a. — sehr deutlich — Renner, MDR 1979, 887, 889, 890.

2. Anforderungen aus der Funktion des § 80 Abs. 5 S. 1 an die Ausgestaltung des Aussetzungsverfahrens

a) Rasche Entscheidung

Aus dieser Funktion des § 80 Abs. 5, vorläufig und wirksam die Durchsetzung des materiellen Rechts im Hauptsacheverfahren für den Rechtsbehelfsführer abzusichern, läßt sich zunächst das Erfordernis einer raschen, alsbaldigen Entscheidung ableiten. Auf keinen Fall darf das Aussetzungsverfahren so lange dauern wie das Verfahren in der Hauptsache selbst, was keinesfalls als zeitlicher Maßstab verstanden werden darf, sondern nur theoretisch die zeitliche Obergrenze eines sinnvollen vorläufigen Verfahrens ist. Mit dem Antrag auf Anordnung oder Wiederherstellung der aufschiebenden Wirkung nach § 80 Abs. 5 wird im gesetzlich vorgeschriebenen Regelfall auf eine Situation reagiert, in der die sofortige Vollziehung entweder schon begonnen hat oder, da sie wegen ihrer ausdrücklichen Anordnung grundsätzlich zulässig wäre, jederzeit beginnen kann. Die Entscheidung nach § 80 Abs. 5 muß also, um wirkungsvoll zu sein, schnell ergehen und — sofern dem Antrag stattgegeben wird — die Vollziehung aufhalten. Denn die Gefahr vollendeter Tatsachen wird um so größer, je länger die Entscheidung nach § 80 Abs. 5 auf sich warten läßt. Diesem Eilcharakter der Entscheidung steht auch nicht entgegen, daß häufig in der Praxis, ohne daß dies gesetzlich vorgesehen wäre, die Verwaltung auf Anraten des Gerichts[37] oder der begünstigte Adressat aus eigenem Antrieb, um wirtschaftliche Risiken zu vermeiden, die Vollziehung hinausschieben bis zu einer Entscheidung über den Antrag nach § 80 Abs. 5. Denn zu diesem Verhalten besteht keinerlei Verpflichtung und die Unsicherheit des drohenden sofortigen Vollzugsbeginns für den Rechtsbehelfsführer wird dadurch nicht beseitigt. Darüber hinaus ist die freiwillige Zurückstellung der Vollziehung ein zusätzlicher Grund für die Eilbedürftigkeit der Entscheidung nach § 80 Abs. 5, weil auch die Vollzugsinteressen nicht unnötig lange bis zur gerichtlichen Aussetzungsentscheidung zurückgestellt werden dürfen. Selbst wenn der Vorsitzende nach § 80 Abs. 7 eine zeitlich befristete Aussetzung bis zur Entscheidung nach § 80 Abs. 5 anordnet, wird dadurch die Aussetzungsentscheidung selbst nicht weniger eilbedürftig.

Ein bestimmter zeitlicher Rahmen für die Aussetzungsentscheidung könnte sich nur aus den Umständen des konkreten Falles ergeben. Nur so kann der oft gegebene Hinweis zu verstehen sein, die Überprüfung der Voraussetzungen im Aussetzungsverfahren habe sich in dem durch die Erfordernisse des vorläufigen Rechtsschutzes abgesteckten zeitlichen Rahmen zu halten[38]. Bei den erwähnten „Stillhalteabkommen" zwischen

[37] Redeker/v. Oertzen, § 80 Anm. 50.

Gericht und Verwaltung oder Unternehmer wird die Feststellung der zulässigen Dauer des Aussetzungsverfahrens bis zur Aussetzungsentscheidung, die sich an der Gefahr vollendeter Tatsachen im Einzelfall orientieren muß, erschwert, weil hier die den Rechtsschutz gefährdenden Maßnahmen in Erwartung der gerichtlichen Entscheidung hinausgeschoben werden. Dauer und Umfang der Ermittlung dürfen sich daher nicht nur nach der konkreten Gefahr des Eintritts irreparabler Rechtsverletzungen richten, sondern das gerichtliche Verfahren muß generell so eingerichtet sein, daß es eine rasche Entscheidung ermöglicht[39].

Aus der Eilbedürftigkeit der Aussetzungsentscheidung folgt der „summarische Charakter" des Verfahrens nach § 80 Abs. 5[40]. Danach entscheidet das Verwaltungsgericht aufgrund der „von den Beteiligten vorgelegten oder sonst verfügbaren Beweismittel", aufgrund „glaubhaft gemachter Tatsachen" (§ 921 Abs. 2 ZPO) und „überwiegender Wahrscheinlichkeiten"[41] statt der im Hauptsacheverfahren gebotenen umfassenden Aufklärung des Sachverhalts (§ 86 VwGO). Die Diskussion um die Zulässigkeit der Einbeziehung der Untersuchung von Erfolgsaussichten in die Aussetzungsentscheidung hier anzusetzen[42], wäre jedoch verfehlt. Die Bezeichnung als „summarisches Verfahren" bedeutet nur, daß es sich um eine beschleunigte, abgekürzte Untersuchung handelt, mit der das Gericht in kürzester Zeit und mit geringerem Aufwand zu der notwendigen Überzeugung vom Vorliegen der Entscheidungsvoraussetzungen gelangt. Die Bezeichnung sagt jedoch nichts über den Maßstab aus, nach dem sich die Entscheidung zu richten hat und der bestimmt, wovon sich das Gericht in summarischen Verfahren überzeugen muß. Ob das Gericht seine Aussetzungsentscheidung nach einer reinen Interessenabwägung oder nach dem Ergebnis der Untersuchung der Rechtmäßigkeit der angefochtenen Genehmigung trifft, ist eine Frage des Maßstabs der Entscheidung, der allerdings unterschiedlich aufwendige Untersuchungen erfordern kann. Aus dem Zweck des Aussetzungsverfahrens, der Gewährung effektiven vorläufigen Rechtsschutzes, folgt zwar die Forderung nach einer einstweiligen, möglichst raschen Entscheidung, die die Durchführung einer bloß summarischen Untersuchung rechtfertigt, fraglich ist jedoch, ob sich aus diesem Gedanken der Beschleunigung des Aussetzungsverfahrens von vornherein auch bestimmte Maßstäbe ausschließen lassen, weil sie ein rasches Aussetzungsverfahren verhindern und ob ein bestimmter Maß-

38 Vgl. Martens, Suspensiveffekt, S. 31.

39 Zur Eilbedürftigkeit im vorläufigen Rechtsschutzverfahren gegen Großprojekte vgl. VGH Mannheim, Beschl. v. 8. 10. 1975, DVBl. 1976, 538, 547.

40 Kopp, VwGO, § 80 RN 91.

41 OVG Lüneburg, VerwRspr. 28, 896.

42 So aber Redeker/v. Oertzen, § 80 RN 15 und im Ergebnis ebenso Kopp, VwGO, § 80 RN 91.

stab nur, weil er die rascheste Entscheidung ermöglicht, vorzugswürdig ist. Dem steht nämlich einmal entgegen, daß kaum feststellbar ist, welcher Maßstab immer die kürzeste, am wenigsten aufwendige Untersuchung erfordert, da dies von den Umständen des Einzelfalls, wie etwa der Zahl der Beteiligten und der verschiedenen Interessen oder der rechtlichen und tatsächlichen Kompliziertheit des Genehmigungsverfahrens, abhängen kann.

Darüber hinaus wäre die Suche nach einem „idealen", weil das kürzeste Aussetzungsverfahren garantierenden, Maßstab auch deswegen sinnlos, weil es einerseits keine absolute zeitliche Grenze der Dauer des Aussetzungsverfahrens gibt und andererseits die Kürze des Verfahrens nicht die einzige und auch nicht die wichtigste Forderung an die Ausgestaltung des Aussetzungsverfahrens aus dem Zweck der Gewährleistung effektiven Rechtsschutzes ist, die anderen Anforderungen aber unter Umständen einen aufwendigeren Maßstab rechtfertigen könnten. Aus dem Grundsatz einer möglichst raschen Aussetzungsentscheidung kann daher allein noch nicht auf die Unzulässigkeit der Untersuchung der Erfolgsaussichten des Rechtsbehelfs geschlossen werden.

b) Durchsetzung materiellen Rechts

Der vorläufige Rechtsschutz nach § 80 soll der Durchsetzung materiellen Rechts durch Absicherung der Effektivität des Rechtsschutzes im Hauptsacheverfahren dienen.

Bei der Auslegung des § 80 Abs. 5 ist neben der Forderung nach Eilbedürftigkeit der Entscheidung deswegen auch zu beachten, daß die Rechtsschutzgarantie in Art. 19 Abs. 4 GG letzten Endes materielles Recht schützen soll und nicht um ihrer selbst willen geschaffen ist. Die Entscheidung im Rahmen des vorläufigen Rechtsschutzes darf daher nicht unter völliger Ausklammerung oder bewußt im Gegensatz zur materiellen Rechtslage stehen.

Die Berücksichtigung der materiellen Rechtslage durch Einbeziehung von Erfolgsaussichten in die Aussetzungsentscheidung könnte insofern sogar im Einklang mit der Funktion des § 80 Abs. 5 stehen. Da das Rechtsstaatsgebot und Art. 19 Abs. 4 GG nur den Rechtsschutz für bestehende Rechte verlangen, könnte auch die Prüfung der Erfolgsaussichten des Rechtsbehelfs und die Berücksichtigung des Untersuchungsergebnisses in der Aussetzungsentscheidung gerechtfertigt sein.

Problematisch bleibt dies allerdings, weil der vorläufige Rechtsschutz nach § 80 Abs. 1 eindeutig und aus gutem Grund[43] die Begründetheit des Rechtsbehelfs nicht voraussetzt.

[43] Siehe oben Kapitel 3 V 2 a.

Es muß zwar beim Verwaltungsgericht nicht wie bei der Verwaltungsbehörde befürchtet werden, daß es durch ein vorangegangenes Genehmigungsverfahren voreingenommen sein könnte. Im Gegensatz zur Behörde fehlten dem Verwaltungsgericht jedoch andererseits zum Zeitpunkt der Aussetzungsentscheidung die detaillierte Sachkenntnis und die Informationen, die Grundlage der Genehmigungsentscheidung sind und teilweise Voraussetzung einer Beurteilung der Rechtmäßigkeit. In dem Umfang, in dem das Gericht im Hauptsacheverfahren ermitteln und untersuchen muß, kann es im Aussetzungsverfahren die tatsächlichen Grundlagen der Entscheidung über die Rechtmäßigkeit des angefochtenen Verwaltungsakts nicht klären. Es bestehen daher auch Bedenken, ob das Verwaltungsgericht mit den ihm im Aussetzungsverfahren zur Verfügung stehenden Mittel zu einer Beurteilung nach dem materiellen Recht in der Lage ist, die dem effektiven Rechtsschutz des Rechtsbehelfsführers gerecht wird und ihn nicht gefährdet. Eine in Umfang und Gründlichkeit dem Hauptsacheverfahren angeglichene Untersuchung kollidiert mit der Forderung nach einem beschleunigten Verfahren, das eine alsbaldige Aussetzungsentscheidung gewährleistet und läuft Gefahr, die hauptsächliche Funktion des vorläufigen Rechtsschutzes, die Absicherung der Effektivität des Hauptsacheverfahrens zu verfehlen. Kann daher die Erfolgsaussichtenprüfung im Aussetzungsverfahren nicht so gründlich sein, wie die des Hauptsacheverfahrens, ist die Gefahr groß, daß ihre Entscheidung über die Rechtmäßigkeit des angefochtenen Verwaltungsakts gerade nicht der materiellen Rechtslage entspricht. Diese Befürchtung besteht bei Großprojekten noch mehr als bei weniger komplizierten und weniger umfangreichen Genehmigungen.

Prüfung und Berücksichtigung der Erfolgsaussichten des Rechtsbehelfs, die nicht offensichtlich sind, sind demnach unter dem Gesichtspunkt der Durchsetzung des materiellen Rechts als Voraussetzung der Aussetzungsentscheidung nicht geboten.

c) *Sicherung wirksamen Rechtsschutzes*

Die Erfüllung der Funktion des § 80 Abs. 5 verlangt vor allem eine wirksame Absicherung des Rechtsschutzes im Hauptsacheverfahren. Die Ausgestaltung des Aussetzungsverfahrens soll verhindern, daß zwischen Anfechtung und Entscheidung im Hauptsacheverfahren durch Vollziehung der angefochtenen Maßnahme Zustände geschaffen werden, die den Erfolg der Anfechtung gefährden, weil sie nicht mehr rückgängig gemacht werden können. Der Anfechtende soll nicht nach dem Grundsatz „dulde und liquidiere" auf eine Entschädigung für die Verletzung seines Rechts verwiesen sein, wenn sich im Hauptsacheverfahren die Rechtswidrigkeit der Maßnahme herausstellt. Grundsätzlich ist dieser Schutz durch die aufschiebende Wirkung nach § 80 verwirklicht. Das Verfahren nach § 80 Abs. 5 muß gewährleisten, daß dieser Schutz tatsächlich nur dann durch sofortige Vollziehung entfällt, wenn er nicht notwendig ist, weil irreparable Schäden nicht drohen oder die sofortige Vollziehung noch dringlicher ist, weil die beim Aufschub entstehenden Schäden noch gravierender wären.

Fraglich ist, ob zur Erfüllung dieser Aufgabe der Aussetzungsentscheidung bei Großprojekten, bei denen die Gefahr irreparabler Rechtsverletzungen in der Regel größer ist als sonst, die nicht materiell-akzessorische Interessenabwägung nicht mehr ausreicht und stattdessen die Einbeziehung auch nicht offensichtlicher Erfolgsaussichten erforderlich ist.

In einem Teil des Schrifttums[44] und der Rechtsprechung[45] wird dies vor allem deswegen angenommen, weil bei Großprojekten regelmäßig die endgültige Entscheidung über die Rechtsschutzgewährung schon im vorläufigen Rechtsschutzverfahren falle, da unter anderem durch den Kostenfaktor[46], die Größenordnung der Baumaßnahme und die Dauer des Hauptsacheverfahrens die Entscheidung im Verfahren nach § 80 Abs. 5 ein solches Gewicht erhalte, daß sie schon eine endgültige, unwiderrufliche Weichenstellung für oder gegen die Durchsetzbarkeit des Rechtsschutzes enthalte.

Ob die Annäherung der Aussetzungsentscheidung an den Prüfungsumfang des Hauptsacheverfahrens durch Untersuchung der Erfolgsaussichten des Rechtsbehelfs tatsächlich zur Sicherung des effektiven Rechtsschutzes erforderlich ist, soll im folgenden anhand einer Analyse und Kritik einer in ihrer Argumentationsweise charakteristischen verwaltungsgerichtlichen Entscheidung zum vorläufigen Rechtsschutz gegen eine fernstraßenrechtliche Genehmigung untersucht werden, die die Berücksichtigung der Erfolgsaussichten des Rechtsbehelfs auf die Effektivität des Rechtsschutzes stützt[47].

Für die Auswahl des untersuchten Beschlusses aus der großen Zahl verwaltungsgerichtlicher Entscheidungen nach § 80 Abs. 5, die auch nicht offensichtliche Erfolgsaussichten des Rechtsbehelfs in irgendeiner Form miteinbezogen haben[48], war einmal ausschlaggebend, daß diese Entscheidung im Gegensatz zu vielen anderen überhaupt eine Begründung für die Berücksichtigung der Erfolgsaussichten enthält und daß

---

[44] Gelzer, BauR 1977, 1, 2; Blümel, DVBl. 1975, 695, 702; Hoppe/Schlarmann, RN 222; Breuer, NJW 1977, 1121; Lüke, NJW 1978, 81 84.

[45] Vgl. u. a. OVG Lüneburg, Beschl. v. 7. 8. 1956, VkBl. 1956, 755.

[46] Vgl. Blümel, DVBl. 1975, 695, 702.

[47] OVG Lüneburg, Beschl. v. 1. 6. 1961, DVBl. 1961, 520.

[48] Vgl. allein die bei Albers, S. 37 ff. angeführten Beispiele aus dem Bereich der sofortigen Vollziehung von Kernkraftwerksgenehmigungen.

zudem zahlreiche spätere Beschlüsse als Beleg für die Richtigkeit dieses Maßstabs auf sie verweisen.

Hinzu kommt, daß in einem großen Teil der Beschlüsse nach § 80 Abs. 5 die Einbeziehung der Erfolgsaussichten entweder gar nicht mehr begründet wird oder die Begründung der hier aufgegriffenen früheren Entscheidungen unverändert wiedergegeben oder auf jene Entscheidung einfach verwiesen wird. Sie waren für die hier durchgeführte Untersuchung nicht brauchbar. Für den Zweck der Untersuchung waren vielmehr nur die wenigen Beschlüsse geeignet, bei denen es das Gericht überhaupt für erforderlich gehalten hatte, die oft sehr umfangreichen Untersuchungen der Rechtmäßigkeit der angefochtenen Verwaltungsakte zu begründen, wozu die im folgenden dargestellte Aussetzungsentscheidung des OVG Lüneburg als Prototyp zählt.

aa) Die Argumentation des OVG Lüneburg mit der Effektivität des Rechtsschutzes des Rechtsbehelfsführers

Der sehr frühe, kurz nach Erlaß der Verwaltungsgerichtsgerichtsordnung ergangene Beschluß des OVG Lüneburg nach § 80 Abs. 5 über einen Antrag auf Wiederherstellung der aufschiebenden Wirkung einer Anfechtungsklage stützt sich im wesentlichen auf die Untersuchung nicht offensichtlicher Erfolgsaussichten[49].

Der Antragsteller des Aussetzungsverfahrens hatte einen fernstraßenrechtlichen Planfeststellungsbeschluß angefochten und nach Anordnung der sofortigen Vollziehung die Wiederherstellung der aufschiebenden Wirkung seiner Klage durch das Verwaltungsgericht beantragt. Darüber hinaus hatte die Genehmigungsbehörde schon die vorläufige Besitzeinweisung gemäß § 19 Abs. 3 FStrG beschlossen und diese ebenfalls für sofort vollziehbar erklärt. Der Antragsteller hatte auch diesen Bescheid angefochten und die Wiederherstellung der aufschiebenden Wirkung dieser Klage beantragt.

Das OVG erklärte in seiner Entscheidung, grundsätzlich halte man an der Auffassung fest, im Verfahren nach § 80 Abs. 5 im Regelfall, wenn offensichtliche Erfolgsaussichten nicht vorhanden seien, nur auf die Abwägung der sachlichen Interessenlage abzustellen, da das Verfahren nach § 80 Abs. 5 eine hinreichend gesicherte Beurteilung des Erfolgs zumeist nicht gestatte[50]. Eine gleichzeitige Berücksichtigung nicht offensichtlicher Erfolgsaussichten und des Ergebnisses der Interessenabwägung sei bei § 80 Abs. 5 ausgeschlossen, da die Interessenabwägung nur aufgrund der Fiktion zulässig sei, daß sowohl die Behauptungen des Antragstellers als auch die des Antragsgegners zutreffen

[49] OVG Lüneburg, Beschl. v. 1. 6. 1961, DVBl. 1961, 520, 522.

[50] OVG Lüneburg, Beschl. v. 1. 6. 1961, DVBl. 1961, 521.

könnten, der Verwaltungsakt also sowohl rechtmäßig als auch rechtswidrig sein könne[51].

Wegen der Besonderheiten des vorliegenden Falles hielt der Senat jedoch hier eine Abweichung von diesem Grundsatz für erforderlich und bezog sich dabei auf einen früheren Beschluß des OVG Lüneburg, in dem die Erfolgsaussichten des Rechtsbehelfs ebenfalls als ausschlaggebend für die Aussetzungsentscheidung angesehen wurden[52]. Aufgrund der sofortigen Vollziehbarkeit sollten nämlich hier wie damals Arbeiten durchgeführt werden, die sich „ihrer Art, ihres Umfanges und ihres Aufwandes wegen praktisch nicht mehr rückgängig machen" ließen[53]. Hätte der Antragsteller im Hauptsacheverfahren Erfolg, so könnte er die Beseitigung der Anlage nicht mehr durchsetzen. Er wäre auf Schadenersatz aus § 839 BGB oder Entschädigung aus enteignungsgleichem Eingriff verwiesen. Nur die Grundlage für diesen Anspruch zu beschaffen, sei jedoch nicht der Sinn der Anfechtungsklage. Die Entscheidung über den Antrag auf Wiederherstellung der aufschiebenden Wirkung enthalte hier gleichzeitig die Entscheidung über das Anfechtungsbegehren. Von ihrem Ausgang hinge ab, ob dem Antragsteller die Durchsetzbarkeit seines Beseitigungsanspruchs erhalten bleibe, oder ob er in die Stellung eines Ersatzberechtigten gedrängt werde. Art. 19 Abs. 4 GG, die „magna charta" des Rechtsschutzes, gewährleiste aber nicht nur die Lückenlosigkeit, sondern vor allem auch die Effektivität des Rechtsschutzes, die die Erhaltung der unmittelbaren Durchsetzbarkeit der durch Maßnahmen der öffentlichen Gewalt verletzten Grundrechte fordere und sich nicht mit der Gewährung eines wirtschaftlichen Ausgleichs begnüge.

Zu dieser besonderen Gefahr der Schaffung vollendeter Tatsachen komme hier noch hinzu, daß der mit der Durchführung des geplanten Vorhabens verbundene Eingriff in die Belange des Antragstellers „außerordentlich schwerwiegend" sei[54]. Aus diesen Gründen sei es hier ausgeschlossen, die Entscheidung nach § 80 Abs. 5 nur aufgrund des Ergebnisses einer Interessenabwägung zu fällen, nachdem offensichtliche Erfolgsaussichten nicht festgestellt werden konnten. Vielmehr dränge die besondere Fallgestaltung dazu, „unter Beachtung der gebotenen Beschleunigung des Verfahrens alles zu tun, um eine Entscheidung auf der Ebene des voraussichtlichen Ausganges des Hauptsacheverfahrens und nicht der Ebene der sachlichen Interessenabwägung zu ermöglichen[55].

[51] Ebd.

[52] OVG Lüneburg, Beschl. v. 7. 8. 1956, VkBl. 1956, 755.

[53] OVG Lüneburg, Beschl. v. 1. 6. 1961, DVBl. 1961, 520, 521.

[54] Ebd.

[55] OVG Lüneburg, Beschl. v. 1. 6. 1961, DVBl. 1961, 522.

Darüber hinaus war der Senat der Ansicht, wegen der besonderen Umstände des Falls dürften die Anforderungen an die Gewißheit des Ergebnisses der Untersuchungen der Erfolgsaussichten nicht übersteigert werden. In Fällen wie dem vorliegenden müsse es ausreichen, wenn es durch „hinreichende Aufklärung der tatsächlichen Umstände gelingt, die Gefahr einer Beurteilung aufgrund eines unrichtigen oder unvollständigen Sachverhaltes nahezu auszuschließen“[56]. In rechtlicher Hinsicht müsse es genügen, daß das erkennende Gericht eine nach dem gegenwärtigen Sachstand eindeutige und den Entscheidungen anderer Gerichte nicht zuwiderlaufende Würdigung erreiche, die der Entscheidung nach § 80 Abs. 5 zugrundezulegen sei. Die Forderung nach Offensichtlichkeit des Ergebnisses sei unter den vorliegenden Umständen mit den verfassungsrechtlichen Anforderungen nicht vereinbar[57].

Der Senat hat sich aufgrund dieser Erwägungen für verpflichtet gehalten, den Sachverhalt in dem Rahmen aufzuklären, „den das Bedürfnis nach Beschleunigung steckte“. Er hielt es für notwendig und wegen der Besonderheiten des Falls im Rahmen des § 80 Abs. 5 für gerechtfertigt, die Örtlichkeiten in Augenschein zu nehmen.

Das Gericht kam dabei zu dem Ergebnis, daß die Anfechtungsklagen zum Teil Aussicht auf Erfolg hätten, da die angefochtenen Verwaltungsakte teilweise rechtswidrig seien. Den Beschwerden des Antragstellers wurde daher zum Teil stattgegeben[58].

bb) Erörterung der Argumentation des OVG Lüneburg

Die Argumentation des OVG Lüneburg ist an einigen Stellen schon in sich nicht plausibel und es ist sehr fraglich, ob sie die Einbeziehung der Erfolgsaussichten überzeugend begründen kann.

(1) Ungeeigneter Verweis auf frühere Entscheidung des OVG Lüneburg

Zunächst ist schon bedenklich, ob sich das OVG Lüneburg bei seiner Argumentation auf die Entscheidung des Gerichts aus dem Jahre 1956[59] stützen konnte. Zwar lag der damaligen Entscheidung ein ähnlicher Sachverhalt zugrunde[60] und der Senat hatte damals ebenfalls die Prüfung der Erfolgsaussichten der Anfechtungsklage zur Sicherung der Effektivität des Rechtsschutzes für erforderlich gehalten, er stützte sich jedoch auf eine völlig andere Begründung für diese Notwendigkeit als das OVG im vorliegenden Fall.

---

[56] Ebd.

[57] Ebd.

[58] OVG Lüneburg, Beschl. v. 1. 6. 1961, DVBl. 1961, 522.

[59] OVG Lüneburg, Beschl. v. 7. 8. 1956, VkBl. 1956, 755.

[60] Vgl. ebd.

Die Begründung des OVG für die Prüfung der Erfolgsaussichten lautete dort, der Bau der Straße, dessen Beginn nach den Ausführungen der Beklagten nicht aufgeschoben werden könne, koste 4 Millionen DM und werde für die Allgemeinheit von größter Bedeutung sein.

Sollte sich später der angefochtene Planfeststellungsbeschluß als rechtswidrig herausstellen, könnten die Betroffenen möglicherweise die Beseitigung der Straße verlangen. Das Gericht befürchtete, daß im Falle eines Obsiegens des Klägers im Hauptsacheverfahren öffentliche Mittel in unverantwortlicher Weise vergeudet worden seien. Diese Befürchtung sei auch nicht deswegen unbeachtlich, weil an sich die beklagte Straßenbaudirektion das Risiko für die Vollziehung des noch nicht „rechtskräftigen“[61] Planfeststellungsbeschlusses trage. Da eine derartige Vergeudung öffentlicher Mittel nach Ansicht des Gerichts dem öffentlichen Interesse noch mehr widerspreche als die derzeitige Verkehrslage vor dem Bau der Umgehungsstraße, könne eine sofortige Vollziehung schon nicht verantwortet werden, falls die Klage auch nur hinreichend begründet sei und nicht nur bei offensichtlicher Erfolgsaussicht[62].

Um zu ermitteln, ob die Klage hinreichend begründet war, nahm der Senat eine Untersuchung der Erfolgsaussichten der Klage im Hauptsacheverfahren vor. Im Ergebnis hielt er die Erfolgsaussichten für nicht hinreichend, da Ermessensfehler der Beklagten bei der Trassenfestlegung nicht zu erkennen seien. Das Interesse des Klägers am Aufschub der Vollziehung müsse daher hinter dem öffentlichen Interesse an der Beseitigung der Verkehrsgefahren, das der Kläger hier nicht bestritten hatte, zurücktreten. Die Anordnung der sofortigen Vollziehung des Planfeststellungsbeschlusses wurde daher bestätigt, bzw. der Antrag auf Aussetzung abgelehnt[63].

Entscheidendes Argument für die Prüfung der Erfolgsaussichten der Klage war demnach im Jahre 1956 für das OVG Lüneburg, das Risiko einer Vergeudung öffentlicher Mittel durch die Vollziehung einer möglicherweise fehlerhaften Planfeststellungsbeschlusses auszuschließen. Nachdem der Senat die Erfolgsaussichten der Klage aufgrund seiner Ermittlungen in der Sache und der Prüfung der Rechtmäßigkeit des Planfeststellungsbeschlusses als nicht hinreichend begründet eingeschätzt hatte, konnte er die sofortige Vollziehung folglich als unbedenklich zulassen. Der Senat stützte sich hier demnach mit seiner Argumentation nicht auf den Sinn und Zweck des § 80 bzw. der damaligen Form der Gewährung vorläufigen Rechtsschutzes, den einzelnen Rechtsschutz-

[61] Nach heutiger Terminologie: der angefochtene bzw. noch anfechtbare Planfeststellungsbeschluß.

[62] OVG Lüneburg, Beschl. v. 7. 8. 1956, VkBl. 1956, 755.

[63] Ebd.

suchenden vor der Gefahr der irreparablen Verletzung seiner Rechte zu bewahren. Da er gerade von einer möglichen Beseitigung des Vorhabens bei Rechtswidrigkeit des Planfeststellungsbeschlusses ausging, schien ihm die Gefahr vollendeter Tatsachen für den Kläger auch nicht erwägenswert zu sein. Er hat stattdessen nur das öffentliche Interesse an der Vermeidung der Vergeudung öffentlicher Mittel gegen das öffentliche Interesse an der Beseitigung einer Gefahr für den Straßenverkehr abgewogen.

Die fehlende Auseinandersetzung mit der Bedeutung des vorläufigen Rechtsschutzes für den effektiven Rechtsschutz des Rechtsbehelfsführers erklärt sich möglicherweise daraus, daß es sich hier um eine sehr frühe Entscheidung handelte, die zu einem Zeitpunkt gefällt wurde, als mehrere Entscheidungen des Bundesverfassungsgerichts, die die Bedeutung eines effektiven vorläufigen Rechtsschutzes besonders hervorgehoben haben, noch nicht vorlagen.

Während es dem OVG Lüneburg in dem Beschluß von 1956 in erster Linie um die Wahrung öffentlicher Interessen und nicht um die Effektivität des Rechtsschutzes für den Antragsteller ging, war im Jahre 1961 Ausgangspunkt der Überlegungen des OVG gerade die Befürchtung, eine Beseitigung der Anlagen könne gar nicht mehr durchgesetzt werden, deswegen sei der effektive Rechtsschutz des Antragstellers gefährdet. Allein die Tatsache, daß beide Begründungen zu demselben Ergebnis kamen, das Gericht müsse die hinreichenden Erfolgsaussichten des Rechtsbehelfs bei seiner Entscheidung berücksichtigen, rechtfertigt es nicht, die ältere Entscheidung ohne Hinweise auf die Differenzen in der Begründung als Beleg für die Richtigkeit der eigenen Argumentation zu zitieren.

Ob die auf öffentliche Interessen und nicht auf die Absicherung des effektiven Rechtsschutzes des Rechtsbehelfsführers gestützte Argumentation des OVG Lüneburg von 1956 für die Erfolgsaussichtenprüfung überzeugend ist, wird später bei der Auseinandersetzung mit der Begründung des VGH München für die Erfolgsaussichtenprüfung[64] noch erörtert.

(2) Verdeckte Argumentation des OVG Lüneburg

Das OVG Lüneburg ging in der hier erörterten Begründung aus dem Jahre 1961 von der Besonderheit des Falles aus, daß schon aufgrund der Entscheidung im vorläufigen Rechtsschutzverfahren vollendete Tatsachen geschaffen würden, die das Anfechtungsverfahren leerlaufen ließen, im Verfahren nach § 80 Abs. 5 also schon über das Anfechtungsbegehren endgültig entschieden werde. Deswegen könne die Interessen-

[64] Siehe unten Kapitel 4 IV 2 d.

abwägung allein als Grundlage der Entscheidung nach § 80 Abs. 5 nicht ausreichen. Dem kann insofern zugestimmt werden, als trotz der Aufhebung des rechtswidrigen Verwaltungsakts im Falle des Obsiegens des Klägers im Hauptsacheverfahren die tatsächliche Beschwer für den Kläger bestehen bleibt, wenn die beabsichtigten Arbeiten tatsächlich nicht mehr rückgängig gemacht werden können. Die Schlußfolgerung, deswegen reiche die Interessenabwägung nicht aus, den wirksamen vorläufigen Rechtsschutz zu sichern, die Effektivität des Rechtsschutzes könne hier nur durch eine Berücksichtigung auch der nicht offensichtlichen Erfolgsaussichten der Klage gewahrt werden, ist jedoch nicht überzeugend begründet.

Es scheint, als habe dem OVG schon allein die Befürchtung, die Besonderheiten des Falles erschwerten den wirksamen vorläufigen Rechtsschutz, weil der irreparable Eintritt von Rechtsverletzungen trotz Durchführung des Aussetzungsverfahrens möglich sei, als Grund für die Annahme der Unbrauchbarkeit der reinen Interessenabwägung und der Notwendigkeit der Prüfung der Erfolgsaussichten im Rahmen des Aussetzungsverfahrens nach § 80 Abs. 5 ausgereicht. Eine Begründung für die Verbesserung der Effektivität des Rechtsschutzes für den Antragsteller durch das Erfordernis hinreichender Erfolgsaussichten als Voraussetzung der Aussetzungsentscheidung sucht man vergeblich in dem Beschluß.

Wegen der Äußerung, man müsse alles tun, um in einem Fall wie dem vorliegenden eine Entscheidung auf der Ebene des Hauptsacheverfahrens statt aufgrund reiner Interessenabwägung zu ermöglichen[65], liegt die Annahme sehr nahe, daß das Gericht von folgender Überlegung ausgegangen ist: wenn schon das Ergebnis des vorläufigen Rechtsschutzverfahrens das Schicksal des Anfechtungsbegehrens des Klägers bestimmen kann, weil mögliche Beseitigungsansprüche später nicht mehr durchsetzbar sind, kann die Gefahr des Eintritts einer irreparablen Rechtsverletzung nur durch eine Vorverlagerung des durch das Anfechtungsverfahren gewährten Rechtsschutzes in das vorläufige Rechtsschutzverfahren gebannt werden. Je mehr das Aussetzungsverfahren nach § 80 Abs. 5 schon dem Anfechtungsverfahren gleicht, um so weniger ist es bedenklich, daß das Hauptsacheverfahren durch eine sofortige Vollziehung, die vollendete Tatsachen schafft, seiner eigentlichen Funktion enthoben wird und die Rechtsverletzung nicht mehr verhindern kann[66]. Je ausführlicher die Erfolgsaussichten des Rechtsbehelfs geprüft und berücksichtigt werden, um so mehr gleicht der durch § 80 Abs. 5 gewährte Rechtsschutz dem des Hauptsacheverfahrens.

---

[65] OVG Lüneburg, Beschl. v. 1. 6. 1961, DVBl. 1961, 520, 522.

[66] Ebenso die Argumentation Blümels, DVBl. 1975, 695, 702.

(3) Verfehlung des Zwecks des Aussetzungsverfahrens durch gesteigerte Erfolgsaussichtenprüfung

Dieser Gedankengang wirkt jedoch allenfalls auf den ersten Blick überzeugend. Es ist nämlich sehr fraglich, ob eine Annäherung des Verfahrens nach § 80 Abs. 5 an das Hauptsacheverfahren tatsächlich einen effektiveren vorläufigen Rechtsschutz ermöglicht. Das OVG müßte konsequenterweise aufgrund seiner Argumentation zu dem Ergebnis gelangen, ein optimales vorläufiges Rechtsschutzverfahren müsse einen Umfang der Überprüfung der Erfolgsaussichten aufweisen, der mit dem des Hauptsacheverfahrens identisch ist — was einzelnen Verwaltungsgerichten auch fast gelungen zu sein scheint[67].

Dem liegt eine Fehlinterpretation der Aufgaben des vorläufigen Rechtsschutzverfahrens und des Hauptsacheverfahrens zugrunde. Diese Argumentation beruht auf dem Mißverständnis, das vorläufige Rechtsschutzverfahren sei ein minus und kein aliud zum Hauptsacheverfahren. Weil es normalerweise geringeren Anforderungen an die Genauigkeit der Untersuchung als das Hauptsacheverfahren genügen müsse, werde es seine Funktion um so besser erfüllen, je mehr es an das Hauptsacheverfahren angeglichen werde.

Wie schon oben festgestellt[68], hat das gerichtliche Aussetzungsverfahren im Rahmen des vorläufigen Rechtsschutzes jedoch den Zweck, effektiven Rechtsschutz zu gewährleisten, indem es sicherstellt, daß bis zur Entscheidung im Hauptsacheverfahren keine irreparablen Rechtsverletzungen eintreten. Diese Sicherungsfunktion stellt andere Anforderungen an das Verfahren als die Untersuchung der Rechtmäßigkeit des angefochtenen Verwaltungsakts im Hauptsacheverfahren. Sie kann nicht durch einen im beschleunigten und summarischen Verfahren durchzuführenden Versuch der Vorwegnahme des voraussichtlichen Verlaufs des Hauptsacheverfahrens erfüllt werden. Dies würde einerseits, falls man den Versuch konsequent und gründlich betriebe, das eigentliche Hauptsacheverfahren überflüssig machen, andererseits zum Zwecke der Erfüllung des Gebots des Art. 19 Abs. 4 GG, effektiven Rechtsschutz zu gewährleisten, wegen des Umfangs und der Dauer der wie ein Hauptverfahren ausgeweiteten vorläufigen Rechtsschutzverfahren ein weiteres, nämlich „vorläufiges, vorläufiges Rechtsschutzverfahren" bis zum Abschluß des Aussetzungsverfahrens erfordern, da die sofortige Vollziehung grundsätzlich so lange zulässig ist, bis die Aussetzungsentscheidung ergangen ist. Tatsächlich könnte man das Verhalten der Verwaltungsgerichte, der Behörden und der Beteiligten

---

[67] Vgl. nur den zweihundertseitigen Umfang des Beschlusses des VGH München v. 16. 4. 1981, Az. Kap. 1 FN 3, abgekürzt veröffentlicht in BayVBl. 1981, 402.

[68] Siehe oben Kapitel 2 II 2; Kapitel 3 V 2.

während der lange andauernden, umfangreichen vorläufigen Rechtsschutzverfahren bei zahlreichen Großprojekten nur als die stillschweigende Praktizierung eines solchen außergerichtlichen, unechten vorläufigen Rechtsschutzverfahrens bezeichnen[69]. Da dem begünstigten Adressaten und der Behörde offenbar das Risiko zu groß ist, während der Dauer eines Aussetzungsverfahrens in die Vorhaben größere Mittel zu investieren, die im Falle einer Aussetzung der sofortigen Vollziehung unnötig gebunden oder gar verloren wären und weil darüber hinaus bei großen, politisch umstrittenen Projekten ein starker Druck der öffentlichen Meinung gegen den Beginn der Vollziehung vor Abschluß des vorläufigen Rechtsschutzverfahrens besteht, werden häufig gar keine oder lediglich als unbedeutende Vorbereitungsmaßnahmen zu bezeichnende Arbeiten an den Großvorhaben durchgeführt, bevor das Aussetzungsverfahren — oft sogar in zweiter Instanz — beendet ist, obwohl die sofortige Vollziehung zulässig gewesen wäre. Stillschweigend scheinen die Verwaltungsgerichte bei ihren Dispositionen auf dieses Verhalten der Beteiligten während der Durchführung der Aussetzungsverfahren zu vertrauen[70].

Es besteht aber einmal die Gefahr, daß auf diese Weise den begünstigten Adressaten der angefochtenen Genehmigung eine vom Gesetz jedenfalls nicht vorgesehene und möglicherweise ungerechtfertigte Verzögerung der Durchführung ihres Vorhabens zugemutet wird[71]. Vor allem muß jedoch befürchtet werden, daß durch die Praxis, das vorläufige Rechtsschutzverfahren im Umfang dem Hauptsacheverfahren anzunähern und dabei auf die Nichtvollziehung zu vertrauen, die vorläufigen Rechtsschutzverfahren ihres eigentlichen Sinns enthoben werden.

Werden ohnehin keine Arbeiten durchgeführt, so fehlt den Gerichten der Druck, in einem besonders raschen Verfahren eine Entscheidung zur Sicherung durch die Schaffung vollendeter Tatsachen bedrohter Rechtsgüter und Belange zu treffen. Sie können sich Zeit lassen, den Sachverhalt und die Rechtsfragen ausführlich zu prüfen und ihre Entscheidung — statt des Rechtsschutzes des Antragstellers — abzusichern.

Das Aussetzungsverfahren nach § 80 Abs. 5 kann dann aber nicht mehr als ein vorläufiges Rechtsschutzverfahren bezeichnet werden, das

---

[69] Siehe z. B. Flughafen München II, wo die Arbeiten während des Aussetzungsverfahrens vor dem Verwaltungsgericht nicht vorangetrieben wurden.

[70] Nach der Dauer der auf die Erfolgsaussichtenprüfung gestützten Verfahren zu schließen; vgl. z. B. die Eltville-Entscheidung des VG Wiesbaden v. 7. 12. 1983, die über einen Antrag v. 11. 2. 1983 erging oder VGH München, Beschl. v. 16. 4. 1981, auf einen Antrag vom November 1980.

[71] Zu den Auswirkungen der Erfolgsaussichtenprüfung auf Belange des Unternehmers s. unten Kapitel 4 IV 2 d.

der Sicherung effektiven Rechtsschutzes dient, es wird tatsächlich zu einer Art vorgezogenem Hauptsacheverfahren, wie es das OVG Lüneburg auch letzten Endes anstrebt[72].

Die Schaffung vollendeter Tatsachen wird lediglich durch außerrechtliche, wirtschaftliche oder politische Umstände zufällig verhindert. Rechtlich abgesichert ist diese Schonung der Belange der Antragsteller jedoch nicht. Sie ist nur eine tatsächliche Folge des Zögerns der Unternehmer oder der Behörden, das jederzeit, z. B. wegen erhöhter Risikobereitschaft, aufgegeben werden kann.

Da keine rechtliche Verpflichtung für den Unternehmer besteht, den Beginn der genehmigten Maßnahme hinauszuschieben, entspricht diese Verfahrensweise nicht den Anforderungen an die Absicherung effektiven Rechtsschutzes aus Art. 19 Abs. 4 GG. Durch ein an das Hauptsacheverfahren angenähertes Aussetzungsverfahren wird eine effektivere Absicherung des vorläufigen Rechtsschutzes daher nicht gewährleistet, sondern eher noch in Frage gestellt. Die Sicherungsfunktion verlangt vielmehr ein Verfahren, das es ermöglicht, die Risiken der sofortigen Vollziehung und des Aufschubs und die Beteiligteninteressen in Kürze abzuschätzen und gegeneinander abzuwägen. Dies erlaubt die Interessenabwägung, nicht aber die vom OVG Lüneburg und zahlreichen anderen Gerichten angestrebte Annäherung des Aussetzungsverfahrens an das Hauptsacheverfahren. Schon aus diesem Grund widerspricht die Erfolgsaussichtenprüfung als Grundlage der Aussetzungsentscheidung dem Sinn und Zweck des vorläufigen Rechtsschutzverfahrens. Als eine Art vorgezogenes Hauptsacheverfahren kann das Aussetzungsverfahren kein effektives vorläufiges Rechtsschutzverfahren mehr sein.

(4) Gefährdung des Rechtsschutzes durch zu oberflächliche Untersuchung

Die Effektivität des Rechtsschutzes des Rechtsbehelfsführers ist entgegen der Ansicht des OVG Lüneburg aus weiteren Gründen durch die Prüfung der Erfolgsaussichten des Rechtsbehelfs und den Versuch einer Annäherung an das Hauptsacheverfahren eher gefährdet als erhöht.

Das OVG verlangt keine Prüfung der Zulässigkeit und der Begründetheit der Anfechtungsklage in demselben Umfang und derselben Weise, wie sie im Hauptsacheverfahren geleistet werden soll, sondern hält eine Aufklärung des Sachverhalts in dem Rahmen für nötig, den das Bedürfnis nach der durch den Charakter als vorläufiges Rechtsschutzverfahren gebotenen Beschleunigung steckt[73]. Die Prüfung der

[72] Eine Entscheidung auf der Ebene des Hauptsacheverfahrens soll lt. OVG Lüneburg, Beschl. v. 1. 6. 1961, DVBl. 1961, 520, 521, ermöglicht werden.

[73] OVG Lüneburg, Beschl. v. 1. 6. 1961, DVBl. 1961, 520.

Erfolgsaussichten im Aussetzungsverfahren wird folglich immer oberflächlicher bleiben als im Hauptsacheverfahren.

Im Tenor äußerte das Gericht die Ansicht, es sei geboten, die Sach- und Rechtslage so vollständig aufzuklären, wie es die Kürze der Zeit zulasse[74]. Die Anforderungen an die Gewißheit des bei der Sachverhaltsaufklärung und der rechtlichen Würdigung gefundenen Ergebnisse dürften nach Ansicht des Gerichts nicht übersteigert werden[75]. Wie weit oder eng der durch die bei § 80 gebotene Beschleunigung gezogene Rahmen für die Beurteilung der Erfolgsaussichten ist, bleibt jedoch ungewiß. Das erforderliche Ausmaß der Sachverhaltsaufklärung an der Kürze der zur Verfügung stehenden Zeit auszurichten, wie es das OVG im Leitsatz seines Beschlusses angedeutet hat[76], vermag das Dilemma der Unsicherheit nicht zu beseitigen, da zum einen schon keinerlei Richtlinien dafür bestehen, wie kurz oder lang diese Zeit ist und zum anderen die Zeit für ein bestimmtes Verfahren auch durch die Ausgestaltung des Verfahrens selbst wesentlich mitbestimmt wird. Die Unbrauchbarkeit dieses zeitlichen Maßstabs tritt deutlich hervor, wenn die Verwaltungsgerichte durch die abwartende Reaktion der Beteiligten die Zeit erhalten, besonders lange und gründlich die Erfolgsaussichten zu prüfen. Ob sie sich diese Zeit nehmen und sich darauf verlassen dürfen, daß inzwischen keine vollendeten Tatsachen geschaffen werden, ist jedoch gerade fraglich.

Die vom OVG Lüneburg vorgeschlagene Erfolgsaussichtenprüfung weist daher den gravierenden Unsicherheitsfaktor auf, daß der erforderliche oder auch zulässige Umfang der tatsächlichen und rechtlichen Untersuchungen, die das Gericht zur Ermittlung der Erfolgsaussichten vornehmen muß, völlig offen ist. Macht man aber die Gewährung vorläufigen Rechtsschutzes von der Beurteilung der Erfolgsaussichten des Rechtsbehelfs abhängig, so darf nicht derart im Ungewissen bleiben, wie genau diese zu untersuchen sind, unter welchen Voraussetzungen also der vorläufige Rechtsschutz abgelehnt würde.

Die Äußerung des Gerichts, die Ermittlung der „*hinreichenden* Begründetheit" der Anfechtungsklage im Unterschied zu „offensichtlichen Erfolgsaussichten"[77] reiche als Grundlage der Entscheidung über die Aussetzung der vorläufigen Vollziehung in den Fällen aus, in denen die Schaffung vollendeter Tatsachen drohe, ist ebenfalls nicht geeignet, den erforderlichen Prüfungsumfang und den vom Gericht angestrebten Grad der Gewißheit über das Ergebnis des Hauptsacheverfahrens zu verdeutlichen.

---

[74] Ebd., S. 520.
[75] Ebd., S. 521.
[76] Ebd., S. 520.
[77] OVG Lüneburg, Beschl. v. 1. 6. 1961, DVBl. 1961, 522.

Eine hinreichend begründete Anfechtungsklage an sich gibt es nicht. Hinreichend kann nur eine Bedingung in bezug auf eine bestimmte Größe sein. Eine Anfechtungsklage ist nur entweder begründet oder unbegründet. Es können zwar hinreichende Anhaltspunkte für die Annahme sprechen, daß die Klage begründet ist. Die Forderung, eine hinreichend begründete Klage ausreichen zu lassen, kann daher als Äußerung über den Grad der für eine Aussetzung ausreichenden Gewißheit der Erfolgsaussichten verstanden werden. Auch als solche ist ihr Aussagewert jedoch sehr begrenzt. Welcher Grad der Sicherheit der tatsächlichen und rechtlichen Beurteilung der Erfolgsaussichten hinreichend oder ausreichend für die Annahme einer Aussicht auf Begründetheit der Klage ist, ist nämlich keineswegs feststehend.

Es besteht demnach bei dem vom OVG gewählten Weg Unsicherheit darüber, wie tiefgehend und wie breit angelegt die Untersuchung der Rechtmäßigkeit des Verwaltungsakts und wie gesichert die Beurteilung der Erfolgsaussichten des Rechtsbehelfs im Hauptsacheverfahren sein muß, um wirksamen Rechtsschutz zu gewährleisten. Mißt man — wie es die Argumentation des OVG nahelegt — die Effektivität des vorläufigen Rechtsschutzes an dem Grad der Annäherung des Aussetzungsverfahrens an das Hauptsacheverfahren und an der Übereinstimmung der Beurteilung der Rechtmäßigkeit der angefochtenen Maßnahme im Aussetzungsverfahren mit der Gründlichkeit des Hauptsacheverfahrens, so wäre angesichts dieses Anspruchs jede Untersuchung, die unterhalb des Niveaus des Hauptsacheverfahrens bliebe, zu oberflächlich und zu kurz. Die Argumentation, bei Gefahr der Schaffung vollendeter Tatsachen durch vorläufige Vollziehung von Großprojekten, wie hier dem Bau einer Fernstraße, müsse das Aussetzungsverfahren nach § 80 Abs. 5 möglichst auf der Ebene des Hauptsacheverfahrens aber unter Berücksichtigung der durch den Charakter des vorläufigen Rechtsschutzverfahrens gebotenen Beschleunigung erfolgen, ist daher in sich widersprüchlich und praktisch nicht durchführbar.

Die Ansicht des OVG Lüneburg ist weiterhin auch deswegen angreifbar, weil sie nicht in Rechnung stellt, daß das Verwaltungsgericht trotz des Versuchs der Annäherung an das Hauptsacheverfahren rechtlich oder tatsächlich fehlerhaft entscheiden oder in seiner Einschätzung der Erfolgsaussichten des Rechtsbehelfs vom Ergebnis des Hauptsacheverfahrens abweichen kann.

Ein wichtiger Ausgangspunkt der Argumentation des OVG ist die Annahme, je gründlicher und je umfangreicher die Untersuchung der Erfolgsaussichten im Anfechtungsverfahren sei, um so besser lasse sich erkennen, ob und aus welchem Grund der angefochtene Verwaltungsakt später im Hauptsacheverfahren voraussichtlich aufgehoben werden müsse und ob daher die Schaffung irreparabler Zustände durch dessen Vollziehung nicht mehr zugelassen werden dürfe. Da als Grundlage dieser Aussetzungsentscheidung jedoch wegen der gebotenen Beschleunigung des vorläufigen Rechtsschutzverfahrens die Feststellung hinreichender Erfolgsaussichten ausreichen soll[78], kann — wo auch immer man dabei die Grenze des notwendigen Ermittlungsaufwandes zieht — die Gründlichkeit der Prüfung nie die des Hauptverfahrens erreichen. Da außerdem die Prüfung der Erfolgsaussichten nicht völlig mit der Zulässigkeits- und Begründetheitsprüfung im Hauptsacheverfahren identisch sein kann und der Anspruch an den Umfang der Ermittlungen im Aussetzungsverfahren von vornherein reduziert ist, besteht die Gefahr, daß das Verwaltungsgericht sich bei der Einschätzung der Erfolgsaussichten irrt bzw. die rechtliche oder tatsächliche Lage falsch einschätzt. Es kann jedenfalls nicht völlig ausgeschlossen werden, daß es zu einem anderen Ergebnis bei der Beurteilung der Zulässigkeit und Begründetheit des Rechtsbehelfs gelangen kann, als später im Hauptsacheverfahren. Dies stellt die vom OVG beabsichtigte positive Wirkung der Annäherung an das Hauptsacheverfahren in Frage.

(5) Präjudizierung des Hauptsacheverfahrens durch Erfolgsaussichtenprüfung

Andererseits bringt der Versuch des OVG, das Aussetzungsverfahren durch eine ausführliche Erfolgsaussichtenprüfung an das Hauptsacheverfahren anzunähern, die Gefahr der unerwünschten Präjudizierung der Hauptsacheentscheidung. Die Gefahr der Selbstbindung des Gerichts, das in der Regel über Aussetzung und Hauptsache entscheidet, ist hier weit größer als bei einer Aussetzungsentscheidung aufgrund einer reinen Abwägung zwischen Aufschub- und Vollzugsinteressen.

Wird im Aussetzungsverfahren schon mit hauptverfahrensähnlichem Aufwand ermittelt und die Rechtslage untersucht, ist der Druck auf das Gericht im Hauptsacheverfahren erheblich, vom Ergebnis einer so gründlich fundierten Untersuchung nicht abzuweichen. Zur Begründung dieser Gefahr bedarf es nicht einmal der Erwähnung des unwägbaren „richterlichen Unterbewußtseins“, das die richterliche Unabhängigkeit in Frage zu stellen scheint[79]. Wenn im Aussetzungsverfahren geradezu darauf abgestellt wird, das Hauptsacheverfahren inhaltlich möglichst vollständig vorwegzunehmen[80], findet die Beeinflussung des Hauptsacheverfahrens auf sehr bewußter Ebene statt.

---

[78] OVG Lüneburg, Beschl. v. 1. 6. 1961, DVBl. 1961, 522.

[79] Siehe dazu Roßnagel, GewArch 1980, 145, 150, der darlegt, daß vorläufiger Rechtsschutz auch dazu dienen soll, die Entscheidungsfindung in der Hauptsache vor „sanftem“ Druck durch vollendete Tatsachen zu schützen.

Die Annäherung des Aussetzungsverfahrens an das Hauptsacheverfahren, durch die ihre Befürworter die Präjudizierung des Hauptsacheverfahrens durch Schaffung vollendeter Tatsachen vermieden sehen wollen[81], ist daher nicht nur wenig geeignet, diese Gefahr wirksam zu vermeiden, sie schafft vielmehr gerade zusätzlich eine weitere Gefahr der Präjudizierung[82], die den Rechtsschutz in weit stärkerem Maße gefährdet. Nach einem für den Anfechtenden negativ verlaufenden Aussetzungsverfahren, das inhaltlich das Hauptsacheverfahren vorwegzunehmen versucht, aber die Gewähr der richtigen Entscheidung nicht in dem Maße zu liefern vermag wie das Hauptsacheverfahren, hat die Durchführung des Hauptsacheverfahrens für ihn praktisch kaum noch einen Sinn. Ist die Aussetzungsentscheidung dagegen nur unter Berücksichtigung des Ergebnisses einer Abwägung zwischen Aufschub- und Vollzugsinteressen und der jeweils für diese Interessen drohenden Schäden getroffen worden, besteht kein Druck auf das Gericht im Hauptsacheverfahren, von dem Ergebnis der Aussetzungsentscheidung nicht abzuweichen. In einem völlig eigenständigen, auf andere Maßstäbe gestützten Verfahren ist das Verwaltungsgericht frei, auch die Rechtmäßigkeit eines Verwaltungsakts festzustellen, der zunächst nicht für sofort vollziehbar erklärt wurde oder die Rechtswidrigkeit eines Verwaltungsakts, dessen sofortige Vollziehbarkeit angeordnet worden war. Der befürchteten faktischen Präjudizierung und dem Druck auf die Richter des Hauptsacheverfahrens durch vollendete Tatsachen bei Gestattung der Vollziehung muß durch eine Einbeziehung dieser Gefahren in die Interessenabwägung entgegengewirkt werden.

Wird die Gefahr der Präjudizierung nicht berücksichtigt und aus dem Bestreben, die Aussetzungsentscheidung möglichst abzusichern, das Aussetzungsverfahren dem Hauptsacheverfahren anzunähern versucht, wirkt sich die Aushöhlung des Hauptsacheverfahrens auf den Rechtsschutz des Rechtsbehelfsführers noch schwerwiegender aus als der Verlust einer gerichtlichen Instanz. Während die Schaffung und Einhaltung eines gerichtlichen Instanzenzuges gegen eine Maßnahme, die Rechte des Bürgers verletzt, nicht durch Art. 19 Abs. 4 GG verfassungsrechtlich garantiert ist[83], ist der effektive Rechtsschutz in einem Hauptsachever-

[80] Wie es z. B. Blümel, DVBl. 1975, 695, 702 oder Redeker/v. Oertzen, § 80 Anm. 15 fordern.

[81] z. B. Redeker/v. Oertzen, § 80 Anm. 15; Blümel, DVBl. 1975, 695, 702; ders., Raumplanung, S. 153, 154; Martens, Suspensiveffekt, S. 27; a. A. z. B. Ule, GewArch 1978, 73, der gegen die Erfolgsaussichtenprüfung überhaupt ist.

[82] Sehr deutlich wird dies in der Argumentation Martens, Suspensiveffekt, S. 29, der gerade durch die Antizipation der Sachprüfung die Präjudizierung des Hauptsacheverfahrens für gerechtfertigt hält, die Problematik des Verlusts der Funktion des vorläufigen Rechtsschutzverfahrens dabei jedoch übersieht.

[83] Hendrichs, v. Münch, Art. 19 RN 56; BVerfGE 4, 94, 95.

fahren durch die Rechtsweggarantie nach Art. 19 Abs. 4 GG verfassungsrechtlich gefordert[84].

Wenn Martens[85] meint, die sogenannte „Anprüfung" der Hauptsache[86] sei keine unerwünschte und unbeabsichtigte Präjudizierung, denn eine antizipierte Sachprüfung rechtfertige geradezu eine Selbstbindung des Gerichts in dem Ausmaße, in dem die Prüfung erfolgt sei, so geht er von einer Gleichwertigkeit der Prüfungen im Aussetzungsverfahren und im Hauptsacheverfahren aus, die nicht besteht. Sein Versuch, den hier verfolgten Bedenken wegen einer Aushöhlung des Hauptsacheverfahrens den Wind aus den Segeln zu nehmen, indem er die Präjudizierung geradezu als wünschenswert hinstellt, berücksichtigt nicht die unterschiedlichen Funktionen von Hauptsacheverfahren und Aussetzungsverfahren und ist daher als ungeeignet abzulehnen.

(6) Verfassungsrechtliche Bedenken gegen eine Beurteilung der Rechtmäßigkeit des Verwaltungsakts im „falschen Verfahren"

Die Prüfung der Erfolgsaussichten im Aussetzungsverfahren und der Versuch der Annäherung an das Hauptsacheverfahren sind nicht nur unpraktisch und nicht geeignet, die Effektivität des Rechtsschutzes zu erhöhen, sie widersprechen auch rechtsstaatlichen Grundsätzen.

Die Gefahr, daß ein Gericht falsch, also nicht der tatsächlichen materiellen Rechtslage entsprechend entscheidet, besteht zwar auch im Hauptsacheverfahren. Art. 19 Abs. 4 GG und das Rechtsstaatsgebot können dieses Risiko nicht ausschließen, sie garantieren nur gerichtliche Verfahren, die eine materiell gerechte Entscheidung *ermöglichen*[87]. Da die gerichtlichen Verfahren — mehr oder weniger speziell ausgestaltet — auf die Erlangung einer materiell gerechten Entscheidung ausgerichtet sein müssen[88], kann bei ihrer Einhaltung auch eine solche Entscheidung erwartet werden[89], ohne damit zugleich den generellen Schluß von der formellen Rechtmäßigkeit auf die materielle Richtig-

[84] Siehe oben Kapitel 3 V 2.

[85] Martens, Suspensiveffekt, S. 29.

[86] So Martens, ebd., der hier einen Begriff Leipolds, S. 192, aufgreift.

[87] Vgl. u. a. Dürig in MDH, Art. 19 Abs. 4 RN 9, 12; Scholz, VVDStRL 34 (19), 145, 154 f.

[88] Dies zumindest läßt sich für die Ausgestaltung des gerichtlichen Verfahrens aus dem Zweck der Rechtsschutzgewährung nach Art. 19 Abs. 4 GG schließen. Obwohl Art. 19 Abs. 4 GG kein konkretes Verfahren garantiert, vgl. insofern restriktiv Schenke, BK, Art. 19 Abs. 4 RN 159-161. Zugleich fordert dies das Gebot der allgemeinen Gerechtigkeit, vgl. BVerfGE 37, 57, 65, das aus dem Rechtsstaatsgebot folgt, Klein in Schmidt-Bleibtreu/Klein, Art. 20 RN 10.

[89] Lt. Scholz, VVDStRL 34 (1976), 145, 155 bildet das formalisierte verwaltungsprozessuale Verfahren „die Garantie für eine konfliktlösende und verbindliche Rechtsverwirklichung".

keitsgewähr zu ziehen. Daß der Bürger eine ihn betreffende gerichtliche Entscheidung akzeptiert, kann zudem nur dann erwartet werden, wenn die Entscheidung in dem formell richtigen, ordnungsgemäßen Verfahren zustande gekommen ist. Dies folgt nicht zuletzt daraus, daß Voraussetzung eines verfassungsmäßigen Eingriffs öffentlicher Gewalt in Rechte des Bürgers die Einhaltung eines formell ordnungsgemäßen, eines fairen, d. h. rechtsstaatlichen Grundsätzen entsprechenden, Verfahrens ist[90].

Die Bedeutung der Gestaltung des Verfahrensrechts im behördlichen Verfahren für den Grundrechtsschutz spielt eine zunehmende Rolle in der Rechtsprechung des Bundesverfassungsgerichts[91]. In seiner Entscheidung zum Kernkraftwerk Mülheim-Kärlich[92] hat das Bundesverfassungsgericht die Bedeutung der Verfahrensvorschriften und nicht nur der materiellen Genehmigungsvorschriften für die Erfüllung des Zwecks des Atomgesetzes hervorgehoben, der u. a. darin bestehe, den staatlichen Schutz vor Verletzung der körperlichen Unversehrtheit und den Schutz des Lebens zu gewährleisten. Der Gesetzgeber habe dieser Schutzpflicht des Staates nicht nur durch die materiellen Genehmigungsvorschriften, sondern auch durch die Aufstellung strenger formeller Voraussetzungen, die den Rechtsschutz vorverlagern und absichern sollen, nachkommen wollen. Diene das formelle Verfahren derart dem Schutz der Betroffenen, hätten diese Anspruch auf seine Einhaltung.

Der dieser Rechtsprechung zugrundeliegende Gedanke, das Verfahren, in dem eine Entscheidung ergehe, habe nicht lediglich eine Ordnungsfunktion, sondern eine nach außen wirkende Schutzfunktion, darf auch im gerichtlichen Verfahren nicht außer Betracht bleiben. Die Parallele zwischen Verwaltungsverfahren und gerichtlichem Verfahren besteht darin, daß beides der Erlangung einer richtigen, d. h. der Funktion des Verfahrens, Rechte und insbesondere Grundrechte zu schützen, entsprechenden Entscheidung dienen muß.

---

[90] Vgl. Suhr, NJW 1979, 145, zum Anspruch auf faires und rechtsstaatlichen Grundsätzen entsprechendes Verfahren bei Einschränkung von Grundrechten aus dem betroffenen Grundrecht.

[91] BVerfGE 37, 132, 141, 148; 46, 325, 334; 49, 220, 225; 53, 30; vgl. die Hervorhebung der Bedeutung dieser Rechtsprechung des BVerfG, insbes. der Entscheidung in E 53, 30 f. (Mülheim-Kärlich) und E 61, 82 f. (Sasbach) und zur Entwicklung des Verfahrensgedankens im öffentlichen Recht und den Konsequenzen der Betonung des Verfahrensgedankens, Schmidt-Aßmann, Verfahren, S. 4, sowie Schmitt Glaeser u. Lerche, daselbst, S. 35 f. und 97 f. Vgl. auch die Zusammenstellung bei Goerlich, S. 57 f. und zu den Grundrechten als Verfahrensgarantien: Goerlich, NJW 1981, 2616.

[92] BVerfG, Beschl. v. 20. 12. 1979, DÖV 1980, 299; vgl. zur Bedeutung dieser Entscheidung für den Grundrechtsschutz durch Verfahren: Bosselmann, KJ 389, 391.

Aus Art. 19 Abs. 4 GG hat der durch eine hoheitliche Maßnahme beeinträchtigte Bürger einen Anspruch auf Rechtsschutz und auf ein diesen Rechtsanspruch sicherndes und dessen Wirksamkeit gewährleistendes vorläufiges Rechtsschutzverfahren. Beides zusammen gewährleistet wirksamen Rechtsschutz. Elemente beider Verfahren, die dabei unterschiedliche Funktionen wahrnehmen — Rechtsschutzgewährung und Absicherung der Rechtsschutzgewährung — dürfen nicht beliebig vertauscht werden, soll ihre Wirksamkeit nicht gefährdet werden.

Das Anfechtungsverfahren in der Hauptsache ist das für die Entscheidung über die Rechtmäßigkeit des Verwaltungsakts vorgesehene Verfahren. Nur ein im Anfechtungsverfahren durch das Verwaltungsgericht und aufgrund der unter den Bedingungen des Hauptsacheverfahrens durchgeführten Untersuchung ausgesprochenes Verdikt der Rechtswidrigkeit oder der Rechtmäßigkeit des Verwaltungsakts müssen die Beteiligten daher akzeptieren.

Die Beurteilung der Rechtmäßigkeit der Genehmigung im Aussetzungsverfahren, das einem ganz anderen Zweck dient, erfüllt diese Voraussetzungen nicht. Sie kommt allenfalls unter hauptverfahrensrechtlichen Bedingungen zustande, unterliegt aber nicht nur der Ungewißheit eines unbestimmten Prüfungsmaßstabs, was schon Umfang und Art der Prüfung wesentlich ungenauer und unkalkulierbarer als das Hauptsacheverfahren macht, sondern kann im Gegensatz zum Hauptsacheverfahren ohne mündliche Verhandlung und daher auch ohne ehrenamtliche Beisitzer stattfinden.

Es spielt keine Rolle, daß aufgrund der Beurteilung der Erfolgsaussichten des Rechtsbehelfs im Aussetzungsverfahren der Verwaltungsakt noch nicht aufgehoben wird bzw. das Aufhebungsbegehren nicht endgültig abgelehnt wird, wenn — wie bei den Großprojekten zu befürchten — das vorläufige Rechtsschutzverfahren das Hauptsacheverfahren praktisch doch ersetzt[93]. Daß bei großen Projekten wegen der erheblich gesteigerten Gefahr der Schaffung irreparabler Zustände häufig im Ergebnis schon im Aussetzungsverfahren über die Gewährung von Rechtsschutz entschieden wird, darf nicht dazu verleiten, die zu befürchtende Aushöhlung der Bedeutung des Hauptsacheverfahrens praktisch zu zementieren. Dies ginge auf Kosten der Rechtssicherheit und der Genauigkeit der Entscheidung über das Anfechtungsbegehren, die nur im Hauptsacheverfahren erreicht werden kann. Stattdessen muß die Absicherung des Rechtsschutzes bei Großprojekten vor vollendeten Tatsachen in dem dafür vorgesehenen und geeigneten Verfahren,

[93] Die Ansicht Martens, Suspensiveffekt, S. 29, das Verwaltungsgericht betreibe durch eine Annäherung des Aussetzungsverfahrens an das Hauptsacheverfahren eine legitime Selbstbindung, ist daher abzulehnen.

nämlich durch eine Beachtung des besonderen Sicherungsbedürfnisses im Rahmen der Interessenabwägung erreicht werden.

(7) Verschlechterung des vorläufigen Rechtsschutzes des Rechtsbehelfsführers durch Forderung hinreichender Erfolgsaussichten

Die Forderung „hinreichender Erfolgsaussichten" des Rechtsbehelfs, die schon wegen ihrer Ungenauigkeit als Maßstab gerügt wurde[94], ist ebenfalls im Hinblick auf die Erfüllung des Sinns und Zwecks des vorläufigen Rechtsschutzes, der Absicherung des effektiven Rechtsschutzes des Rechtsbehelfsführers im Hauptsacheverfahren, problematisch.

Die scheinbar großzügige Auffassung des Gerichts, die Offensichtlichkeit des Ergebnisses des Hauptsacheverfahrens sei nicht erforderlich für die Wiederherstellung der aufschiebenden Wirkung, sie sei „mit den verfassungsrechtlichen Zusammenhängen" nicht vereinbar, vielmehr genüge die Feststellung hinreichender Erfolgsaussichten des Rechtsbehelfs, bzw. die „hinreichende Aufklärung der tatsächlichen Umstände"[95], führt bei genauerer Betrachtung nicht zu einer Erleichterung für den rechtsschutzsuchenden Rechtsbehelfsführer bei Großprojekten.

Zunächst wird durch die geforderte Feststellung hinreichender Begründetheit des Rechtsbehelfs im Gegensatz zur Feststellung evidenter Erfolgsaussichten, die eindeutig vorhanden und klar ersichtlich sein müssen, dem Rechtsbehelfsführer ein größeres Risiko aufgebürdet, daß solche Aussichten richtig erkannt oder eingeschätzt werden. Nachteilig wirkt sich die Erfolgsaussichtenprüfung für den Rechtsschutz des Rechtsbehelfsführers vor allem dann aus, wenn das Gericht keine hinreichenden Erfolgsaussichten festgestellt hat, bzw. nach Ansicht des Gerichts nach hinreichender Aufklärung der tatsächlichen Umstände keine Begründetheit des Rechtsbehelfs erkennbar ist. Das OVG äußert sich nicht direkt zu der Frage, wie dann zu entscheiden sei; die konkrete Anwendung seiner theoretischen Ausführungen zum Verfahren enthält jedoch die Antwort. Das Gericht lehnte in seinem Beschluß die Anträge auf Aussetzung der sofortigen Vollziehung, soweit sie sich auf die Anfechtung der Trassenführung bezogen, mit der Begründung ab, den Anfechtungsklagen könne kein Erfolg prophezeit werden[96]. Eine Interessenabwägung lag dieser Entscheidung ersichtlich nicht zugrunde. Dies könnte zwar insofern konsequent sein, als das Gericht, nachdem es mit der Untersuchung der nicht offensichtlichen Erfolgsaussichten die Ebene der Fiktion des Ausgangs des Hauptsacheverfahrens verlassen hat, gewissermaßen seine Unschuld verloren und die Möglichkeit der hypo-

[94] Siehe oben Kapitel 4 IV 2 c bb (4).
[95] OVG Lüneburg, Beschl. v. 1. 6. 1961, DVBl. 1961, 520, 522.
[96] OVG Lüneburg, Beschl. v. 1. 6. 1961, DVBl. 1961, 520, 522.

thetischen Interessenabwägung zerstört hat. Nach Sinn und Zweck des effektiven Rechtsschutzes ist dieser Verzicht auf die Interessenabwägung jedoch nicht haltbar. Er verschlechtert den Rechtsschutz des Rechtsbehelfsführers entgegen der erklärten Intention gegenüber der gesetzlichen Lösung.

Wie oben dargestellt[97], sieht § 80 Abs. 1 die aufschiebende Wirkung ohne Rücksicht auf Erfolgsaussichten des Rechtsbehelfs vor und dürfen die offensichtlichen Erfolgsaussichten daher allenfalls im Rahmen einer Interessenabwägung eine Rolle spielen. Offensichtliche Erfolgsaussichten des Rechtsbehelfs lassen zwar das Aufschubinteresse in einer Weise anwachsen, daß die sofortige Vollziehung praktisch nicht mehr zu rechtfertigen sein wird, und offensichtliche Mißerfolgsaussichten sind ein starkes Indiz für das Fehlen eines Aufschubinteresses und für ein überwiegendes Vollzugsinteresse, sie treten jedoch nicht an die Stelle einer Interessenabwägung. Aufschub- und Vollzugsinteressen müssen daher unabhängig von sogar evidenten Erfolgsaussichten untersucht und gegeneinander abgewogen werden. Insbesondere verbietet der vorrangige Zweck des § 80, den Rechtsschutz des Rechtsbehelfsführers zu schützen, ein Sofortvollzugsinteresse schon bei Mißerfolgsaussichten des Rechtsbehelfs anzunehmen[98]. Noch wichtiger als bei den relativ unproblematisch feststellbaren offensichtlichen Erfolgsaussichten wäre jedoch bei den durch hinreichende Aufklärung festgestellten Erfolgs- oder Mißerfolgsaussichten, die von geringerer Evidenz sind, daß die eigentlichen Aufschub- und Vollzugsinteressen von der Aussetzungsentscheidung in einer Interessenabwägung berücksichtigt werden.

Die Forderung hinreichender Erfolgsaussichten des Rechtsbehelfs als Grundlage der Aussetzungsentscheidung belastet den Rechtsbehelfsführer mehr als sie ihm Vorteile bringt, da nunmehr Voraussetzung der Aussetzungsentscheidung das Vorliegen hinreichender Erfolgsaussichten ist, bzw. bei Fehlen einer hinreichenden Erfolgsaussicht die sofortige Vollziehung angeordnet werden soll, ohne weitere Berücksichtigung sonstiger Aufschubinteressen. Die hier vorgeschlagene Berücksichtigung lediglich der evidenten Erfolgsaussichten bei der Aussetzungsentscheidung des Gerichts erhebt diese dagegen nicht zu Voraussetzungen der Aussetzung, sondern nur zu Bestandteilen der Interessenabwägung. Sind sie nicht feststellbar, ist die Interessenabwägung zwischen Aufschub- und Vollzugsinteressen allein ausschlaggebend für die Aussetzungsentscheidung.

Zumindest unter diesem Gesichtspunkt verdiente die von Martens[99] vorgeschlagene Lösung den Vorzug, das Gericht solle dann, wenn die

---

[97] Siehe u. a. Kapitel 3 II 1 d und V 2 a.

[98] Siehe oben Kapitel 3 II 1 d und Kapitel 4 II 3.

[99] Martens, Suspensiveffekt, S. 33.

Erfolgsaussichten trotz einer an die Hauptsacheprüfung angenäherten Beurteilung offen seien, zu einer Interessenabwägung übergehen, weil diese Lösung die Feststellung hinreichender Erfolgsaussichten nicht zur Voraussetzung der aufschiebenden Wirkung zu erheben scheint. Auch der Vorschlag Martens macht jedoch den vorläufigen Rechtsschutz des Rechtsbehelfsführers nicht effektiver. Nicht nur weil die übrigen oben angeführten Nachteile der Erfolgsaussichtenprüfung gegen ihn sprechen, sondern auch weil nach Martens offensichtlich die Interessenabwägung nur eingreifen soll, wenn die Erfolgsaussichtenprüfung überhaupt keine hinreichenden Ergebnisse bringt. Denn die Erfolgsaussichten sind schon dann nicht mehr „offen", wenn das Gericht hinreichende Mißerfolgsaussichten des Rechtsbehelfs festgestellt hat.

Gerade bei Großprojekten, bei denen die Entscheidung über den vorläufigen Rechtsschutz zumeist über die Zulässigkeit der Schaffung vollendeter Tatsachen durch die Vollziehung des angefochtenen Verwaltungsakts und auf diese Weise praktisch über die Gewährung des Rechtsschutzes überhaupt entscheidet, dürfen die in dem für die Beurteilung des Anfechtungsbegehrens unzureichenden Aussetzungsverfahren festgestellten Mißerfolgsaussichten nicht allein der Grund für die Ablehnung des Aufschubs der Vollziehung sein.

Obwohl das OVG die verstärkte Berücksichtigung der Erfolgsaussichten in seiner Aussetzungsentscheidung mit der Notwendigkeit verstärkten Schutzes des Rechtsbehelfsführers bei Großprojekten vor vollendeten Tatsachen begründet hatte, führt sie zu einer Verschlechterung dessen Schutzes, weil die Last der Ermittelbarkeit hinreichender Erfolgsaussichten dem Rechtsbehelfsführer aufgebürdet wird und mit dem Wegfall der Interessenabwägung andererseits auf die Feststellung eines konkreten überwiegenden Sofortvollzugsinteresses verzichtet wird. Mit der Verstärkung des Schutzes des Rechtsbehelfsführers vor vollendeten Tatsachen bei Großprojekten kann diese Entwicklung daher nicht gerechtfertigt werden. Ob sie aus anderen Gründen geboten ist, etwa weil der Schutz der Vollzugsinteressen des Unternehmers verlangt, daß bei nicht hinreichenden Erfolgsaussichten des Rechtsbehelfs die Vollziehung der Genehmigung nicht aufgeschoben wird, soll im folgenden Abschnitt untersucht werden, der sich mit der Argumentation des VGH München[100], den Unternehmern des Großprojekts sei ein Aufschub ohne Prüfung der Erfolgsaussichten des Rechtsbehelfs nicht zumutbar, kritisch auseinandersetzt.

cc) Ergebnis

Die Auseinandersetzung mit der Argumentation des OVG Lüneburg als typischem Beispiel für die auf den effektiven Rechtsschutz des

[100] VGH München, Beschl. v. 16. 4. 1981, BayVBl. 1981, 402.

Rechtsbehelfsführers gestützte Begründung der Notwendigkeit der Untersuchung der Erfolgsaussichten des Rechtsbehelfs im Aussetzungsverfahren hat gezeigt, daß die Erfolgsaussichtenprüfung entgegen der Intention des OVG nicht die Effektivität des Rechtsschutzes des Rechtsbehelfsführers erhöht, sondern vielmehr dieser Funktion des vorläufigen Rechtsschutzes gerade zuwiderläuft. Der Versuch der Annäherung der Aussetzungsentscheidung an das Hauptsacheverfahren, um auf diese Weise die bei Großprojekten besonders gesteigerte Gefahr der Schaffung irreparabler Rechtsverletzungen zu verringern, ist dazu nicht nur wegen des zu unbestimmten und ungenauen Prüfungsmaßstabs und des dem Eilcharakter entsprechend begrenzten Prüfungsumfangs, der die Gefahr des Irrtums bei der Einschätzung der Erfolgsaussichten als der nach dem OVG entscheidenden Grundlage des Aussetzungsbeschlusses erhöht, ungeeignet. Er widerspricht vielmehr sogar dem Zweck des Aussetzungsverfahrens, effektiven vorläufigen Rechtsschutz zu gewährleisten, weil er allenfalls zu einer unzulänglichen Vorwegnahme des Hauptsacheverfahrens führen kann, durch die der in Art. 19 Abs. 4 GG garantierte effektive Rechtsschutz im Hauptsacheverfahren präjudiziert und ausgehöhlt zu werden droht. Darüber hinaus stellt schon die Forderung hinreichender Erfolgsaussichten bei Gefahr der Schaffung irreparabler Zustände als Voraussetzung der Aussetzung der sofortigen Vollziehung nach § 80 Abs. 5 den Rechtsbehelfsführer gegenüber der Entscheidung aufgrund der reinen Interessenabwägung unter Berücksichtigung lediglich offensichtlicher Erfolgsaussichten des Rechtsbehelfs schlechter, da der Rechtsbehelfsführer das Risiko der Ermittlung der hinreichenden Erfolgsaussichten tragen muß und seine durch die Gefahr irreparabler Rechtsverletzungen bei Großprojekten besonders gewichtigen Aufschubinteressen nicht mehr in einer Interessenabwägung berücksichtigt werden.

Zur Erfüllung seiner Funktion, effektiven vorläufigen Rechtsschutz des Rechtsbehelfsführers zu gewähren, ist das Aussetzungsverfahren daher bei einer Annäherung seiner Prüfungen und seiner Voraussetzungen an das Hauptsacheverfahren weniger geeignet als bei einer Entscheidung aufgrund einer reinen Interessenabwägung.

d) Schutz des Unternehmers und der öffentlichen Interessen an der Vollziehung

Wie oben schon festgestellt[101], hat das Aussetzungsverfahren nach § 80 Abs. 5 S. 1 neben der Sicherung des Rechtsschutzes des Rechtsbehelfsführers im Hauptsacheverfahren auch die Aufgabe, die Interessen am sofortigen Vollzug des Verwaltungsakts vor ungerechtfertigter Benachteiligung durch die aufschiebende Wirkung zu schützen. Dies

[101] Siehe oben Kapitel 4 IV 1.

geschieht durch die Berücksichtigung der Interessen bei der Entscheidung über die Aussetzung der Vollziehung. Es stellt sich die Frage, ob die Erfüllung dieser Funktion die Prüfung nicht offensichtlicher Erfolgsaussichten des Rechtsbehelfs im Aussetzungsverfahren bei Großprojekten erfordert. In einem Aussetzungsbeschluß des VGH München im Rahmen des vorläufigen Rechtsschutzverfahrens gegen den Planfeststellungsbeschluß zum Bau des Flughafens München II bejaht der VGH im Ergebnis diese Frage. Mit einer erstaunlich umfangreichen Begründung für sein Vorgehen stützt er die ausführliche, fast 200 Seiten umfassende Untersuchung der Erfolgsaussichten des Rechtsbehelfs im Hauptsacheverfahren auf die Notwendigkeit des Schutzes des Unter- und des dem Eilcharakter entsprechend begrenzten Prüfungsumfangs, nehmerinteresses und der öffentlichen Interessen am Sofortvollzug[102]. Daß diese Ansicht nicht nur vom VGH München vertreten wird, zeigen unter anderem[103] die Ausführungen Martens[104], der die Untersuchung der Erfolgsaussichten des Rechtsbehelfs im Aussetzungsverfahren gegen die sofortige Vollziehung der Genehmigung von Kernkraftwerken mit dem Schutz der „wohlverstandenen Interessen" der Unternehmer, bei Kernkraftwerken der Hersteller und Betreiber von Energieversorgungsunternehmen, begründet. Martens ist der Ansicht, durch Vorverlagerung der Untersuchungen des Hauptsacheverfahrens könne und müsse für den Unternehmer das Risiko möglichst gering gehalten werden[105].

Ob die meist wirtschaftlichen Interessen des Unternehmers des Großprojekts die Prüfung der Erfolgsaussichten des Rechtsbehelfs tatsächlich erfordern, soll im folgenden anhand einer Analyse und kritischen Betrachtung der Argumentation des Bayerischen VGH in dem erwähnten Aussetzungsbeschluß vom 16. 4. 1981[106], untersucht werden.

aa) Die Argumentation des VGH München mit den Unternehmerinteressen und den öffentlichen Vollzugsinteressen

Die Antragsteller in dem Verfahren hatten gegen einen Beschluß des Verwaltungsgerichts München, in dem dieses die beantragte Aussetzung der sofortigen Vollziehung des von den Antragstellern angefochtenen Planfeststellungsbeschlusses ablehnte[107], Beschwerde eingelegt, über die der VGH nach § 80 Abs. 5 zu entscheiden hatte. Die Begründung der

[102] VGH München, Beschl. v. 16. 4. 1981, BayVBl. 1981, 402.

[103] So VG Wiesbaden, Beschl. v. 7. 12. 1983 (Eltville-Umgehung), Az. s. oben Kapitel 1 FN 5, bisher unveröffentlicht.

[104] Martens, Suspensiveffekt, S. 30.

[105] Ebd.

[106] VGH München, Beschl. v. 16. 4. 1981, BayVBl. 1981, 401.

[107] VG München, Beschl. v. 31. 10. 1980 (Flughafen München).

Antragsteller für ihren Aussetzungsantrag lautete im wesentlichen, der Planfeststellungsbeschluß sei sowohl rechtswidrig, weil er in fehlerhaftem Verfahren zustande gekommen sei, als auch weil er inhaltliche Mängel aufweise. Es fehle nämlich schon die Planrechtfertigung, der Flughafen sei nicht erforderlich und zumindest zu groß. Die Bedarfsprognosen, die seiner Planung zugrunde lägen, seien fragwürdig. Außerdem sei auch der Standort des Flughafens aus verschiedenen Gründen ungeeignet und die vorgesehenen Lärmschutzmaßnahmen seien nicht ausreichend[108].

Der Antragsgegner begründete die Notwendigkeit der sofortigen Vollziehung im wesentlichen mit dem öffentlichen Interesse an der Beseitigung der Beeinträchtigung durch den Betrieb des bisherigen Münchner Flughafens in München-Riem, an der Schaffung von Planungssicherheit für die Gemeinden in der Umgebung des geplanten neuen Flughafens und für die Stadt München und an der Erfüllung von Verkehrsbedürfnissen. Außerdem sprächen verkehrspolitische, wirtschafts- und arbeitsmarktpolitische, strukturpolitische und landesplanerische Zielsetzungen für die sofortige Vollziehung. Ebenso erfordere ein überwiegendes Interesse der FMG[109] als Betreiberin die sofortige Vollziehung des Planfeststellungsbeschlusses. Dieses Interesse bestehe einmal wegen der Verpflichtung der FMG, den Verkehrsbedürfnissen entsprechende Flughafenanlagen bereitzuhalten, und zum anderen sei es durch das Anliegen begründet, die bereits übernommenen finanziellen Investitionen in das Vorhaben zu sichern und weitere wirtschaftliche Investitionen in die alten Flughafenanlagen in München-Riem zu vermeiden[110].

Der VGH München war zwar der Ansicht, die Entscheidung über den Aussetzungsantrag müsse aufgrund einer Interessenabwägung zwischen den geschilderten Vollzugsinteressen und den Aufschubinteressen der Antragsteller erfolgen. Er hielt jedoch dazu eine Untersuchung und Berücksichtigung der Erfolgsaussichten der gegen den Planfeststellungsbeschluß erhobenen Klagen im vorliegenden Fall für unerläßlich[111].

Seine Argumentation geht davon aus, daß bei hoher Wahrscheinlichkeit der Erfolgsaussicht eines Rechtsbehelfs, die nach seiner eigenen Interpretation der sogenannten offensichtlichen Erfolgsaussicht entsprechen soll, kein Interesse an sofortiger Vollziehung bestehe und umgekehrt bei mit hoher Wahrscheinlichkeit erfolglosem Rechtsbehelf das

---

[108] Lt. VGH München, Beschl. v. 16. 4. 1981, a.a.O. (Kap. 1, FN 3), S. 10, 11.

[109] FMG = Flughafengesellschaft.

[110] VGH München, Beschl. v. 16. 4. 1981, a.a.O. (Kap. 1, FN 3), S. 13, 9.

[111] Vgl. die Begründung des VGH München ebd., S. 21.

Interesse an der sofortigen Vollziehung in der Regel überwiegen werde[112].

Darüber hinaus vertritt der VGH aber für die Fälle, in denen die Erfolgsaussichten nicht offensichtlich sind, eine differenzierende Ansicht über die Bedeutung der Erfolgsaussichten. Seine Differenzierung knüpft wie die oben erörterte Entscheidung des OVG Lüneburg[113] daran an, ob aufgrund der sofortigen Vollziehung schon Vorhaben durchgeführt werden, die nur mit unverhältnismäßigen Aufwendungen wieder rückgängig gemacht werden können, ob also die Gefahr der Schaffung vollendeter Tatsachen besteht. Der VGH argumentiert, die Schaffung irreparabler, vollendeter Tatsachen verletze das Gebot effektiven Rechtsschutzes. Die sofortige Vollziehung sei an sich nur dann zulässig, wenn die Gefahr vollendeter Tatsachen nicht bestehe. Wenn auch rein technisch fast jede Maßnahme rückgängig gemacht werden könne, so könne der voraussichtlich erforderliche Aufwand dafür doch ein wirtschaftlich unvernünftiges Ausmaß annehmen. Die Übernahme eines derartigen Risikos sei kaum zu verantworten. Außerdem sei nicht auszuschließen, daß die Entscheidung des Gerichts in der Hauptsache oder die verwaltungsbehördliche Entscheidung, ob und wie die Maßnahme rückgängig gemacht werden soll, durch das faktisch schon Vollzogene beeinflußt werde[114]. Die Möglichkeit einer derartigen Beeinflussung zu leugnen[115], hält der VGH für lebensfern. Gerade bei Großvorhaben wie dem geplanten Flughafen München II fordere die spätere Beseitigung einmal geschaffener Anlagen einen kaum vertretbaren Aufwand, die Gefahr irreparabler Rechtsbeeinträchtigungen müsse daher hier besondere Beachtung finden.

Den Gegeneinwand, der Unternehmer baue und investiere auf eigenes Risiko, wenn er von der Anordnung der sofortigen Vollziehung Gebrauch mache, will der Senat nicht gelten lassen, da zum einen die Rückgängigmachung nicht dadurch einfacher und weniger kostspielig werde, daß der Unternehmer mit ihr rechnen mußte, zum anderen das Verwaltungsgericht bei § 80 Abs. 5 alle beteiligten Belange zu berücksichtigen habe, daher vor allem auch die bei Vorhaben dieser Größenordnung besonders schwerwiegende Gefahr sinnloser Schädigungen der Landschaft und Vergeudung öffentlicher Mittel bei Rückgängigmachung der Maßnahmen zu bedenken habe.

Daraus kann aber nach Ansicht des VGH München nun nicht etwa gefolgert werden, das Gericht dürfe bei ungewissen Erfolgsaussichten

---

112 Ebd., S. 21.

113 OVG Lüneburg, Beschl. v. 1. 6. 1961, DVBl. 1961, 520.

114 VGH München, Beschl. v. 16. 4. 1981, a.a.O. (Kap. 1, FN 3), S. 22.

115 Ule, GewArch 1978, 73; VGH Mannheim, Beschl. v. 8. 10. 1975, DVBl. 1976, 538, 546, 558; Beschl. v. 26. 2. 1979, NJW 1979, 2528, 2529.

die Anordnung der sofortigen Vollziehbarkeit nicht bestätigen, es müsse die aufschiebende Wirkung wiederherstellen oder anordnen und die ausführlichere Prüfung des Rechtsbehelfs dem Hauptsacheverfahren überlassen, da ein solches Vorgehen ebenfalls der besonderen Situation nicht gerecht werde. Für die gerichtliche Überprüfung im Hauptsacheverfahren ist hier nämlich nach Ansicht des Gerichts eine für den Unternehmer unzumutbar lange Zeit erforderlich. In absehbarer Zeit sei eine rechtskräftige Entscheidung über die Anfechtungsklage wegen der Größenordnung und der Schwierigkeit des Vorhabens nicht zu erwarten. Dieses zeitraubende gerichtliche Verfahren trete zu einem sich über lange Zeit erstreckenden Planungs- und Genehmigungsverfahren hinzu, deswegen würden die Belange des Unternehmers, sowie die öffentlichen Interessen an dem geplanten Projekt unverhältnismäßig benachteiligt, ordnete man bei ungewissen Erfolgsaussichten die aufschiebende Wirkung an. Stattdessen sei hier eine im Verhältnis zu anderen Aussetzungsverfahren nach § 80 Abs. 5 „gesteigerte Prüfung der Erfolgsaussichten" unumgänglich[116].

Der VGH kam aufgrund der ausführlichen Untersuchung der Erfolgsaussichten des Rechtsbehelfs im Hauptsacheverfahren zu dem Ergebnis, die Antragsteller hätten ein überwiegendes Interesse an der Wiederherstellung der aufschiebenden Wirkung ihrer Klagen, da diese voraussichtlich Erfolg haben würden[117]. Entgegenstehende Interessen hält der VGH unter diesen Umständen gar nicht für ersichtlich[118].

bb) Auseinandersetzung mit der Argumentation des VGH München

Der VGH München hat demnach ebenso wie das OVG Lüneburg in dem zuvor erörterten Beschluß die Notwendigkeit der Prüfung und Berücksichtigung der nicht offensichtlichen Erfolgsaussichten der Anfechtungsklagen im wesentlichen mit dem Gebot der Gewährung effektiven Rechtsschutzes begründet. Die bei Großprojekten besonders zu befürchtende Gefahr der Schaffung vollendeter Tatsachen bis zum Hauptsacheverfahren müsse durch Untersuchung der Erfolgsaussichten des Rechtsbehelfs in der Hauptsache verringert werden. Im Gegensatz zum OVG Lüneburg räumt der VGH hier zwar ein, die Effektivität des Rechtsschutzes des Rechtsbehelfsführers könne am besten durch die Wiederherstellung oder Anordnung der aufschiebenden Wirkung sichergestellt werden, wenn irreparable Rechtsverletzungen durch den Sofortvollzug zu befürchten seien. Diese Möglichkeit verwirft er aber mit dem Argument, dem Unternehmer des Projektes sei ein Abwarten bis zu

[116] VGH München, Beschl. v. 16. 4. 1981, a.a.O. (Kap. 1, FN 3), S. 21 f., 24.
[117] Ebd., S. 25.
[118] Ebd., S. 25.

einer rechtskräftigen Entscheidung im Hauptsacheverfahren wegen der langen Verfahrensdauer nicht zumutbar. Die umfangreiche Untersuchung der Erfolgsaussichten der Anfechtungsklagen durch den VGH München ist daher letzten Endes aus dem Bestreben zu erklären, dem Unternehmer ein Abwarten bis zum Abschluß des Hauptsacheverfahrens zu ersparen.

Die Ermittlung von Erfolgsaussichten wird hierdurch sehr deutlich als zusätzliche Voraussetzung der Aussetzung der sofortigen Vollziehung bei Großprojekten aufgestellt. Ein dort häufiger als sonst anzutreffendes Aufschubinteresse aufgrund der Gefahr irreparabler Rechtsverletzungen reicht dem VGH mit Rücksicht auf die Unternehmerbelange nicht aus.

(1) Anspruch des Unternehmers auf Berücksichtigung seines Schutzbedürfnisses bei Gestaltung des Aussetzungsverfahrens aus Art. 19 Abs. 4 GG

Die Notwendigkeit, die Belange der am Sofortvollzug interessierten Beteiligten im Verfahren nach § 80 Abs. 5 S. 1 zu berücksichtigen, ergibt sich — wie oben schon festgestellt[119] — aus dem Zweck des Aussetzungsverfahrens.

Als Träger von Grundrechten hat der Unternehmer ebenso Anspruch auf effektiven Rechtsschutz wie der den Verwaltungsakt anfechtende Bürger. Er kann sowohl aus dem gefährdeten materiellen Grundrecht selbst[120] als auch aus Art. 19 Abs. 4 GG ein gerichtliches Verfahren beanspruchen, das seine Rechte wirksam vor Verletzungen durch die staatliche Gewalt schützt. Art. 19 Abs. 4 GG garantiert nicht nur die Eröffnung des Rechtswegs, sondern auch eine tatsächlich wirksame, den lückenlosen effektiven Rechtsschutz gewährleistende gerichtliche Kontrolle[121].

Beschränkte sich die Garantie des Art. 19 Abs. 4 GG nur auf die Rechtswegeröffnung, könnte der Adressat aus ihr lediglich die Einräumung einer eigenen Beschwerdemöglichkeit beanspruchen[122]. Der durch Art. 19 Abs. 4 GG gewährte Rechtsschutzanspruch ist jedoch wesentlich umfassender und erschöpft sich nicht in der institutionellen Garantie des Rechtswegs. Die Garantie lückenlosen Rechtsschutzes gegen Eingriffe der öffentlichen Hand fordert auf Seiten des Adressaten auch prozessuale Vorkehrungen, die rechtzeitigen Rechtsschutz ermöglichen. Daraus erklärt sich z. B. auch die notwendige Beiladung des begünstig-

---

[119] Vgl. oben Kapitel 4 IV 2 d.

[120] Dürig in MDH, Art. 19 Abs. 4 RN 12; BVerfGE 35, 263, 274.

[121] Vgl. zum Grundrechtsschutz durch Verfahren BVerfGE 39, 276, m. w. N. FN 91.

[122] Dürig in MDH, Art. 19 Abs. 4 RN 12.

ten Adressaten im Aussetzungsverfahren[123]. Sie ist nicht nur durch den prozessualen Grundsatz der Verfahrensökonomie, den Grundsatz des rechtlichen Gehörs aus Art. 103 Abs. 1 GG, durch Art. 2 Abs. 1 GG, sowie das speziell betroffene Grundrecht — hier zumeist Art. 14 GG — gefordert[124], sondern auch durch die Rechtsweggarantie des Art. 19 Abs. 4 GG. Der beigeladene Adressat erhält durch sie die Möglichkeit, in einem frühen Stadium des gerichtlichen Verfahrens seine Rechte und Interessen wahrzunehmen und zu verteidigen und ist daher nicht gezwungen, abzuwarten bis eine seine Rechte verletzende Entscheidung ergangen ist, gegen die er sich erst im Nachhinein wehren kann. Dies erfüllt die auf dem Rechtsstaatsprinzip beruhende Forderung aus Art. 19 Abs. 4 GG, den Bürger nicht passiv staatlichen Maßnahmen und unabänderlichen Entscheidungen auszuliefern, sondern ihm als Rechtssubjekt die Mittel zur Verteidigung und Wahrnehmung seiner Rechte zu gewähren.

Aus den gleichen, auf Art. 19 Abs. 4 GG und das Rechtsstaatsprinzip gestützten Gründen ergibt sich die Pflicht, Art und Weise der Durchführung des Aussetzungsverfahrens, wie etwa Prüfungsumfang und -intensität und Prüfungsmaßstab nicht nur nach den Bedürfnissen des effektiven Rechtsschutzes des Rechtsbehelfsführers zu bestimmen, sondern auch nach denen des Rechtsschutzes des Adressaten. Reicht zur Erfüllung dieses Zwecks die Berücksichtigung der Sofortvollzugsinteressen in der Interessenabwägung nicht aus, muß auch die Anpassung des Aussetzungsverfahrens an die Bedürfnisse des Schutzes der am Vollzug interessierten Beteiligten erwogen werden.

Die Zulässigkeit der Anpassung des Aussetzungsverfahrens an die Belange des Adressaten ist aber nicht nur durch den konkurrierenden Anspruch auf effektiven Rechtsschutz des Rechtsbehelfsführers begrenzt, sie setzt vor allem ein entsprechendes Bedürfnis voraus. Die Anpassung des Aussetzungsverfahrens an das Hauptsacheverfahren, die die Effektivität des Rechtsschutzes des Rechtsbehelfsführers, wie festgestellt, nicht erhöht, müßte zum Schutz der Vollzugsinteressen notwendig sein, was keineswegs so sicher ist, wie der VGH München meint. Wäre dies schon nicht der Fall, hätte die Untersuchung der Erfolgsaussichten der Anfechtungsklage und die damit verbundene Beschränkung des effektiven vorläufigen Rechtsschutzes des Rechtsbehelfsführers auch nach der Argumentation des VGH München keine Berechtigung.

---

[123] Die Möglichkeit der Beschwerde gegen die Aussetzungsentscheidung nach § 80 Abs. 5 wurde vom BVerfG im Wege verfassungskonformer Auslegung des § 80 Abs. 6 a.F. wegen der Rechtsweggarantie aus Art. 19 Abs. 4 GG dem Adressaten zugesprochen.

[124] Nur wenn es die Eilbedürftigkeit des Aussetzungsverfahrens erfordert, kann die Beiladung unterbleiben, vgl. Kopp, VwGO, § 80 RN 92.

Zu untersuchen ist daher, warum die Erfolgsaussichtenprüfung für den Schutz am Vollzug interessierter Unternehmer erforderlich sein könnte. Der VGH München führt als einzigen Grund an, der Zeitbedarf für eine rechtskräftige Entscheidung über die Anfechtung übersteige das für den Unternehmer zumutbare Maß. Da die Vorhaben „wegen ihrer Größenordnung und ihres Schwierigkeitsgrades ohnehin schon mit einem ungewöhnlich langen Planungs- und Genehmigungszeitraum belastet" seien, würden „die Belange des Unternehmers (und auch die für das Vorhaben geltend gemachten öffentlichen Belange)" durch eine „ebenfalls besonders lange gerichtliche Überprüfung in einem nicht mehr vertretbaren Ausmaß hintangestellt". Eine zwar summarische Prüfung der Erfolgsaussichten des Rechtsbehelfs, die „aber im Vergleich zu anderen Verfahren nach § 80 Abs. 5 VwGO gesteigert" sein müsse, sei daher unumgänglich[125].

(2) Zeitgewinn für den Unternehmer durch Prüfung der Erfolgsaussichten

Ob die gesteigerte Prüfung der Erfolgsaussichten im Aussetzungsverfahren tatsächlich im Unternehmerinteresse liegt, ist jedoch fraglich. Wird als Ergebnis der Untersuchung die aufschiebende Wirkung abgelehnt und die sofortige Vollziehung angeordnet, scheint der Unternehmer zwar einen zeitlichen Vorteil im Vergleich zur Aussetzung aufgrund einer reinen Interessenabwägung zu erlangen. Dieses Ergebnis ist jedoch nur eine von mehreren Möglichkeiten, deren Eintreten wegen der unklaren Erfolgsaussichten gerade nicht vorher abgeschätzt werden kann. Daß der Unternehmer durch die Erfolgsaussichtenprüfung immer den direkten Vorteil der Anordnung der sofortigen Vollziehung erhoffen könnte, kann also nicht der Grund für die gesteigerte Prüfung der Erfolgsaussichten im Aussetzungsverfahren sein. Dies unterstreicht schon die hier untersuchte Entscheidung des VGH München, die die aufschiebende Wirkung wiederherstellte, nachdem das Gericht eine Verletzung der Rechte der Antragsteller, d. h. der Rechtsbehelfsführer durch den angefochtenen Planfeststellungsbeschluß aufgrund umfangreicher Ermittlungen festgestellt hatte[126].

Kommt das Gericht nach umfangreichen Beweisaufnahmen zu dem Schluß, der Rechtsbehelf habe Aussicht auf Erfolg, die aufschiebende Wirkung sei daher wiederherzustellen[127], haben Unternehmer und die übrigen Sofortvollzugsinteressenten eine zusätzliche Verzögerung zu ertragen. Da in der Regel das Hauptsacheverfahren während der Dauer des Aussetzungsverfahrens nicht voranschreitet, weil normaler-

[125] VGH München, Beschl. v. 16. 4. 1981, a.a.O. (Kap. 1, FN 3), S. 24.

[126] Ebd., S. 24.

[127] Ebd., S. 25.

weise das Gericht der Hauptsache mit dem Antrag nach § 80 Abs. 5 beschäftigt ist oder, falls sich ein Gericht der nächsten Instanz mit der Aussetzungsentscheidung im Beschwerdeverfahren beschäftigt, jedenfalls die Behörden- und Gerichtsakten für die Dauer dieser Aussetzungsentscheidung dem Gericht der Hauptsache nicht zur Verfügung stehen, verlängert sich die Wartezeit des Unternehmers bis zur Vollziehung noch um die Dauer der Erfolgsaussichtenprüfung im Aussetzungsverfahren[128].

Dem kann nicht entgegengehalten werden, die Erfolgsaussichtenprüfung bringe im Hauptsacheverfahren verwertbare Beweisergebnisse, die dieses abkürzen könnten. Ist schon problematisch, ob ein Beweisergebnis, das für ein bestimmtes Verfahrensziel gewonnen wurde, in ein anderes Verfahren mit unterschiedlicher Fragestellung, anderem Verfahrensziel und anderer Besetzung des Gerichts übernommen werden darf, so muß aber vor allem der Vorteil einer solchen Übernahme für den Unternehmer bezweifelt werden. War das Gericht aufgrund seiner gesteigerten aber summarischen Prüfung zu dem Ergebnis gelangt, die Klage habe Aussicht auf Erfolg, wird der Unternehmer an einer bloßen Übernahme dieser Einschätzung nicht interessiert sein.

Ein Vorteil der gesteigerten Erfolgsaussichtenprüfung bei Wiederherstellung der aufschiebenden Wirkung könnte für den Unternehmer aber darin liegen, daß theoretisch solange vollzogen werden darf, bis die Aussetzungsentscheidung ergangen ist. Dies gilt jedoch nur, wenn die sofortige Vollziehung zuvor angeordnet worden ist und das Verfahren demnach nicht auf Antrag des Unternehmers nach § 80 Abs. 5 analog auf Anordnung der sofortigen Vollziehung stattfindet. Außerdem wird dieser Vorteil praktisch kaum ausgenutzt, da gerade bei Großprojekten der Baubeginn oder Weiterbau während des Aussetzungsverfahrens meist für zu riskant gehalten wird. Schließlich wäre dieser Vorteil vor allem auch nicht schützenswert und daher kein akzeptables Argument für eine Veränderung des Systems des vorläufigen Rechtsschutzes, die immerhin den Anspruch des Rechtsbehelfsführers auf effektiven Rechtsschutz berührte.

(3) Erhöhte Akzeptanz der Aussetzungsentscheidung für den Unternehmer durch Prüfung der Erfolgsaussichten

Der Vorteil der Erfolgsaussichtenprüfung für den Unternehmer könnte jedoch in der gesteigerten Akzeptanz einer für ihn negativen

128 Wie es nicht nur in dem hier untersuchten Beschluß des VGH München vom 16. 4. 1981 im Falle des Flughafens München der Fall war, sondern auch in VG Wiesbaden, Beschl. v. 7. 12. 1983 Az. s. Kap. 1 FN 3 (Ortsumgehung Eltville), wo das Gericht ausdrücklich gestützt auf die Begründung des VGH München die Erfolgsaussichten der Klage in erheblich gesteigertem Umfang geprüft hatte, S. 17, 18.

Aussetzungsentscheidung liegen. Weiß der Unternehmer, daß die Aussetzung der Vollziehung der ihm gewährten Genehmigung auf Erwägungen beruht, die die Rechtmäßigkeit dieser Genehmigung selbst in Zweifel ziehen, könnte es ihm leichter fallen, den Aufschub zu akzeptieren und die Entscheidung in der Hauptsache abzuwarten. Dies wäre ein Vorteil der gesteigerten Erfolgsaussichtenprüfung für den Unternehmer, der nicht voraussetzte, daß das Gericht die sofortige Vollziehung anordnet, sondern gerade auch gelten könnte, wenn die aufschiebende Wirkung wiederhergestellt würde. Die nach Ansicht des VGH unzumutbar lange Dauer des Gesamtverfahrens bis zum rechtskräftigen Abschluß des Hauptsacheverfahrens würde durch die Prüfung der Erfolgsaussichten des Rechtsbehelfs zwar nicht verkürzt, sie könnte jedoch eventuell zumutbarer und weniger belastend für den Unternehmer sein, wenn sie ihm dadurch einsehbarer würde.

Eine Belastung für den Bürger einsehbarer und dadurch leichter akzeptierbar zu machen, ist im Interesse des Rechtsfriedens und der Rechtsstaatlichkeit auf jeden Fall anzustreben. Ob dazu jedoch die gesteigerte Prüfung der Erfolgsaussichten im Aussetzungsverfahren erforderlich ist, die diesem Verfahren ursprünglich fremd ist, ist jedoch aus mehreren Gründen fraglich.

Eine gerichtliche Entscheidung ist durch den Betroffenen nur zu akzeptieren, wenn sie in einem sachgemäßen und rechtsstaatlichen Verfahren getroffen wurde[129]. Sachgemäß ist ein Verfahren, das, unabhängig davon, ob es spezialgesetzlich geregelt ist, geeignet ist, auf das Verfahrensziel hinzuführen. Ob die Erfolgsaussichtenprüfung sich derartig positiv auf das Verfahrensziel auswirkt, ist jedoch gerade die Frage. Vorausgesetzt, dem Unternehmer fiele es leichter, eine für ihn negative Aussetzungsentscheidung zu akzeptieren, wenn sie auf eine ausführliche Prüfung der Erfolgsaussichten der Anfechtungsklage im Hauptsacheverfahren gestützt ist, beruhte diese positivere Einstellung des Unternehmers nicht auf der Annahme, das Aussetzungsverfahren habe sich zu seinem Vorteil verbessert, sei unternehmerfreundlicher oder jedenfalls durchsichtiger und einleuchtender geworden und die Methode, die richtige, d. h. den effektiven Rechtsschutz von Rechtsbehelfsführer und Unternehmer schützende Entscheidung zu finden, sei verbessert worden. Vielmehr beruhte diese Einstellung auf der durch die negative Voraussage über den Ausgang des Hauptsacheverfahrens erleichterten Hinnahme des Vollzugsaufschubs. Die in der Begründung der Aussetzungsentscheidung enthaltene Prognose des Gerichts über den Ausgang des Hauptsacheverfahrens würde der Unternehmer, erhielte er sie unter anderen Voraussetzungen, in anderem Zusammenhang, unter Umstän-

---

[129] Gelzer, BauR 1977, 1, 2 f.

den — je nach ihrer Verläßlichkeit — ebenfalls in seinen Planungen berücksichtigen. Daß die gesteigerte Prüfung der Erfolgsaussichten des Rechtsbehelfs die Funktion des vorläufigen Rechtsschutzverfahrens nach § 80 Abs. 5, effektiven Rechtsschutz für Rechtsbehelfsführer und sofortige Vollzugsinteressen zu leisten, nicht verbessert, wurde oben schon festgestellt[130].

Eine gesteigerte Annehmbarkeit der Aussetzungsentscheidung, die nur auf einem besseren „Marketing" für die Entscheidung, einer besseren Verkaufsstrategie, beruht und nicht einer Verbesserung der Entscheidungsfindung und einer plausiblen Darstellung der maßgeblichen Entscheidungsgründe, kann keine Änderung des vorläufigen Rechtsschutzverfahrens rechtfertigen, die noch dazu die Rechtsposition des Rechtsbehelfsführers zu tangieren droht.

Gegen das Argument, durch die gesteigerte Prüfung der Erfolgsaussichten könne die Aussetzungsentscheidung für den Unternehmer leichter akzeptierbar werden, sprechen jedoch noch weitere Gründe. Da die Erfolgsaussichtenprüfung im Aussetzungsverfahren nach § 80 Abs. 5 wegen des Eilcharakters der vorläufigen Rechtsschutzverfahren allenfalls hauptverfahrensähnlich sein kann und darüber hinaus auch bei noch so gründlicher Prüfung die Möglichkeit eines abweichenden Urteils über die Rechtmäßigkeit des angefochtenen Verwaltungsakts im Hauptsacheverfahren immer bleibt, ist die Gefahr einer Fehleinschätzung der Erfolgsaussichten nie auszuschließen. Darunter muß der Wert der Voraussage für den Unternehmer leiden, was zugleich die Bereitschaft zur Hinnahme der Aussetzungsentscheidung in dem oben aufgeführten Sinn sinken lassen wird.

(4) Verbesserte Einschätzbarkeit des wirtschaftlichen Risikos der sofortigen Vollziehung durch Prüfung der Erfolgsaussichten

Ein Vorteil der gesteigerten Erfolgsaussichtenprüfung für den Unternehmer könnte allerdings darin liegen, daß sie sein wirtschaftliches Risiko bei einer sofortigen Vollziehung verringern helfen könnte. Gleichgültig, ob das Gericht die aufschiebende Wirkung wiederherstellt oder die sofortige Vollziehung gestattet, könnte die Untersuchung der Erfolgsaussichten dem Unternehmer helfen, bei Großprojekten oft erhebliche Fehlinvestitionen zu vermeiden.

Dieses Argument läßt sich nicht schon durch die — an sich, soweit allein Interessen des Unternehmers betroffen sind, nicht unzutreffende — Überlegung entkräften, der Unternehmer investiere und baue auf eigenes Risiko, wenn er nicht abwarte bis über die Anfechtung der Genehmigung in einem rechtskräftigen gerichtlichen Verfahren ent-

[130] Siehe oben Kapitel 4 IV 2 c bb (5).

schieden sei[131]. Denn das Gericht hat bei seiner Entscheidung alle beteiligten Belange, also auch die Vor- und Nachteile der sofortigen Vollziehung oder aufschiebenden Wirkung für den Unternehmer und die öffentlichen Interessen am Großprojekt zu berücksichtigen[132]. Zu diesen Interessen zählt auch die Vermeidung sinnloser Vergeudung öffentlicher und privater Mittel. Fehlinvestitionen bei Errichtung von Großprojekten gehen häufig nicht nur zu Lasten des Unternehmers, sondern können vielerlei sonstige öffentliche und private Belange treffen, wie etwa das Interesse an der Erhaltung von Arbeitsplätzen oder, z. B. bei Energieversorgungsbetrieben, das Interesse an kostengünstiger Versorgung mit Elektrizität[133].

Sind deswegen auch im vorläufigen Rechtsschutzverfahren die Interessen der Unternehmer an der Vermeidung von Fehlplanung und Fehlinvestitionen schützenswert, so ist doch die gesteigerte Untersuchung der Erfolgsaussichten kaum geeignet, diese Interessen besonders zu schützen. Als Planungsgrundlage für den Unternehmer hätte das Ergebnis der gesteigerten Prüfung der Erfolgsaussichten nur begrenzte Aussagekraft. Das Ergebnis der Erfolgsaussichtenprüfung wäre nämlich nur Bestandteil der Begründung der Aussetzungsentscheidung und könnte dem Unternehmer das Risiko einer anderslautenden Beurteilung der Rechtmäßigkeit der Genehmigung im Hauptsacheverfahren nicht abnehmen[134].

Das Aussetzungsverfahren dient dem Zweck, ein wirksames Hauptsacheverfahren zu ermöglichen, nicht es zu ersetzen. Die Sicherungsfunktion des vorläufigen Rechtsschutzverfahrens unterscheidet sich von der Rechtschutzfunktion des Hauptsacheverfahrens, in dem der Rechtsstreit rechtskräftig entschieden werden soll. Diese unterschiedlichen Verfahrensziele haben Auswirkung auf die Ausgestaltung des Verfahrens. Das Verfahren nach § 80 Abs. 5 ist primär darauf gerichtet, die Effektivität der Rechtmäßigkeitskontrolle im Hauptsacheverfahren zu sichern; im Hauptsacheverfahren soll die Rechtmäßigkeit der Genehmigung überprüft werden. Auch bei Übernahme einiger Elemente der

---

131 Siehe oben Kapitel 4 IV 2 d aa.

132 Siehe zum unternehmerischen Risiko beim Sofortvollzug der Genehmigung von Kernkraftwerken, das in der Interessenabwägung nicht zu berücksichtigen sei, VGH Mannheim, Beschl. v. 8. 12. 1975, DVBl. 1976, 438, 449; kritisch zur Rechtsprechung über das unternehmerische Risiko Degenhart, S. 90.

133 Zur Auswirkung von Fehlinvestitionen beim Bau von Kernkraftwerken auf die Energieversorgung vgl. Degenhart, S. 91.

134 Auch nach Ansichts Papiers, Sofortvollzug, S. 99, geschieht der Baubeginn aufgrund der sofortigen Vollziehbarkeit bei Großprojekten, die durch die Teilgenehmigung gestattet sind, letztlich auf eigenes Risiko des Betreibers, womit er die Berücksichtigung der Risiken in der Interessenabwägung allerdings nicht ausschließt.

Rechtmäßigkeitsprüfung kann das Aussetzungsverfahren allenfalls hauptverfahrensähnlich sein, es darf wegen der Gefahr der Präjudizierung und wegen des Anspruchs auf einen wirksamen Rechtsschutz im Hauptsacheverfahren jedoch keinesfalls den Anspruch erheben, das Hauptsacheverfahren praktisch vorwegzunehmen[135]. Eine abweichende Beurteilung der Rechtmäßigkeit im Hauptsacheverfahren und im Aussetzungsverfahren ist daher leicht möglich[136]. Die Erfolgsaussichtenprüfung im Aussetzungsverfahren bietet keine verläßliche Grundlage für die Planung von Investitionen. Der gewünschte Effekt der Erfolgsaussichtenuntersuchung als verläßlicher Grundlage für die Investitionsplanungen des Unternehmers würde nur dann erreicht, wenn das Gericht des Hauptsacheverfahrens an das Ergebnis dieser Prüfung gebunden wäre. Das Hauptsacheverfahren wäre dann jedoch überflüssig. Diese Bindung widerspräche daher eindeutig der Rechtsweggarantie aus Art. 19 Abs. 4 GG.

Dem geringen Vorteil der gesteigerten Erfolgsaussichtenprüfung für die unternehmerische Planung stehen erhebliche Nachteile nicht nur für den Rechtsbehelfsführer, sondern auch für den Unternehmer gegenüber. So könnte das Ergebnis der Erfolgsaussichtenprüfung auch zu Fehlinvestitionen verleiten, wenn der Unternehmer sich auf eine falsche Einschätzung der Chancen des Rechtsbehelfs im Aussetzungsverfahren stützt.

Einziger Vorteil der Erfolgsaussichtenprüfung scheint daher die Chance zu sein, daß das Gericht im Aussetzungsverfahren das Fehlen von Erfolgsaussichten feststellen könnte, daraufhin die sofortige Vollziehung anordnet und das Gericht im Hauptsacheverfahren Zulässigkeit und Begründetheit der Anfechtungsklage mit dem gleichen negativen Ergebnis beurteilt. Das Ausnutzen dieser Chance ist mit einem erheblichen Risiko verbunden, das ihre Vorteilhaftigkeit in Frage stellt. Durch die notwendige Offenheit des Hauptsacheverfahrens besteht die Gefahr einer abweichenden Beurteilung der Rechtmäßigkeit der angefochtenen Genehmigung. Um diese Unsicherheit möglichst gering zu halten — zu beseitigen ist sie nicht — müßte die Erfolgsaussichtenprüfung so gründlich und umfassend sein und eine so lange Zeit in Anspruch nehmen, daß inzwischen auch ein für den Unternehmer wertvolleres, weil aussagekräftigeres, Urteil im Hauptsacheverfahren in erster Instanz gefällt werden könnte.

Nur die rechtzeitige Planung des Projekts, die eine für die gerichtliche Kontrolle der Genehmigung im Anfechtungsverfahren erforderliche Verzögerung des Baubeginns einkalkuliert, ist daher ein erfolg-

---

[135] Siehe dazu oben Kapitel 4 IV 2 c bb (5) und (6).

[136] Papier, Sofortvollzug, S. 99; Degenhart, S. 92.

versprechender Weg für den Unternehmer zur Vermeidung von Fehlinvestitionen während des vorläufigen Rechtsschutzes.

(5) *Ausgleich der Nachteile der Teilgenehmigungspraxis für den Unternehmer durch Prüfung der Erfolgsaussichten*

Dies gilt auch für die vorläufigen Rechtsschutzverfahren nach § 80 Abs. 5 bei Großprojekten, für die mehrere Teilgenehmigungen erlassen werden. Zwar kann dort aufgrund der Verkettung der einzelnen Genehmigungsabschnitte miteinander das Ausmaß der Verluste des Unternehmers durch Fehlinvestitionen noch größer sein und das Verlangen nach einer verläßlichen, frühzeitigen gerichtlichen Äußerung, als Basis gesicherter Investitionen seitens der Unternehmer noch stärker sein als bei einteiliger Genehmigung[137], die Unternehmer hätten jedoch durch die gesteigerte Erfolgsaussichtenprüfung auch hier nicht den Vorteil einer verbesserten Kalkulierbarkeit des Risikos der Realisierung einzelner Bauabschnitte aufgrund der Anordnung der sofortigen Vollziehung. Das besondere Risiko der Fehlinvestitionen, das bei Teilgenehmigungen durch die Möglichkeit der Errichtung des Projekts ohne gesicherte Genehmigung des Betriebs für den Unternehmer besteht, ist nicht durch den vorläufigen Rechtsschutz verursacht. Durch die Verkettung der einzelnen Teilgenehmigungsabschnitte miteinander hat eine Fehleinschätzung der Erfolgsaussichten weitreichende Folgen. Sie wirkt sich möglicherweise erst in späteren Abschnitten aus. Zugleich wird wegen schon durchgeführter früherer Investitionen die Gefahr der Präjudizierung späterer Teilentscheidungen erhöht[138].

Besteht der Zweck des Instituts der Teilgenehmigung nicht nur in der Einwendungsabschichtung, sondern gerade auch in der vorzeitigen Gestattung der Errichtung von Teilabschnitten ohne abschließende Überprüfung des Gesamtprojekts[139], so kann das Verwaltungsgericht durch die Untersuchung der Erfolgsaussichten im Aussetzungsverfahren dem Unternehmer nicht das daraus zusätzlich entstehende Risiko eines Verlusts durch Fehlinvestitionen abnehmen[140].

Mit demselben Argument ist auch die Ansicht Degenharts[141] abzulehnen, die Tendenz der Rechtsprechung zur Vorprüfung der Hauptsache bei Teilgenehmigungen erkläre sich aus der Übertragung der Verantwortung für die „plangemäße Durchführung des Vorhabens“ und gar

137 Vgl. für die Errichtung von Kernkraftwerken Martens, Suspensiveffekt, S. 22, 23.

138 Blümel, DVBl. 1975, 695, 701.

139 Papier, Sofortvollzug, S. 99; Degenhart, S. 92.

140 Daß der Unternehmer bei Teilgenehmigungen dieses Risiko zu tragen hat, betont besonders deutlich Papier, Sofortvollzug, S. 99.

141 Degenhart, S. 92.

für dessen „Realisierung überhaupt" auf das Verwaltungsgericht[142]. Diese Aufgabenzuteilung an das Verwaltungsgericht ruft darüber hinaus schwerwiegende Bedenken wegen der Gefährdung der wirksamen Erfüllung der Kontrollaufgabe der Gerichte gegenüber der Verwaltung, zu der sie ebenfalls aufgrund der Rechtsweggarantie, wie zur Gewährung des Individualrechtsschutzes, berufen sind[143], hervor[144]. Die Verantwortung für die Rechtmäßigkeit des Projekts und für seine Realisierung bleibt beim Unternehmer und der Behörde. Das Gericht trägt nur Verantwortung für die ordnungsgemäße Gewährung gerichtlichen Rechtsschutzes. Würde ihm die Verantwortung für die plangemäße Durchführung des Vorhabens aufgebürdet, wäre die Erfüllung seiner Rechtsschutzaufgaben in Frage gestellt.

Die Erhöhung des Risikos von Fehlinvestitionen durch die Teilgenehmigungspraxis beruht auf einer den Unternehmer besonders begünstigenden Regelung. Der Unternehmer hat es in der Hand, dieses Risiko auf sich zu nehmen, es durch eigene Planung und Kalkulation einzuschätzen und möglichst niedrig zu halten. Der letzten Endes aus den oben angeführten Gründen nicht erfolgversprechende Versuch, durch eine gesteigerte Prüfung der Erfolgsaussichten des Rechtsbehelfs im Aussetzungsverfahren durch das Verwaltungsgericht dieses Risiko dem Unternehmer abnehmen zu wollen, ist daher abzulehnen.

(6) Prüfung der Erfolgsaussichten wegen öffentlicher Interessen an Großprojekten

Die Ansicht des VGH München, „die für das Vorhaben geltend gemachten öffentlichen Belange" würden „in nicht mehr vertretbarem Ausmaß hintangestellt"[145], wenn das Gericht nach § 80 Abs. 5 die Aussetzung der Vollziehung anordnete ohne zuvor die Erfolgsaussichten des Rechtsbehelfs zu prüfen, muß schon aufgrund des Ergebnisses der vorangehenden Untersuchung abgelehnt werden.

Wie bei allen Großprojekten sind auch im Falle des Flughafens München II zahlreiche öffentliche Interessen mit dessen Errichtung und Inbetriebnahme verknüpft. Sind es dort, wie bei Verkehrsanlagen häufig, Interessen an der Erfüllung von Verkehrsbedürfnissen, von wirtschafts-, arbeitsmarkt-, strukturpolitischen sowie landesplanerischen Zielsetzungen, sind es bei Kernkraftwerken das Interesse an der ge-

---

[142] Ebd.

[143] Vgl. zur Kontrollaufgabe des Verwaltungsgerichts gegenüber der Verwaltung Jesch, AöR 82, 163 f., 236.

[144] Siehe besonders die Kritik Breuers an der Dogmatik der „mitlaufenden Verwaltungskontrolle" durch die Rechtsprechung in NJW 1980, 1832, 1833.

[145] VGH München, Beschl. v. 16. 4. 1981, a.a.O. (Kap. 1, FN 3), S. 24.

sicherten Energieversorgung sowie technische Belange[146], die neben den genannten Interessen in den Vordergrund treten. Bestehen diese Interessen an dem Projekt, so werden sie fast immer auch als Interessen am sofortigen Vollzug der Genehmigung, d. h. einer baldigen Durchführung des Vorhabens, genannt[147].

Ob diese wichtigen Interessen im Rahmen des Aussetzungsverfahrens nach § 80 Abs. 5 im einzelnen besonders und bevorzugt schutzwürdig sein könnten, was angesichts der Untersuchung spezieller öffentlicher Interessen an Großprojekten im ersten Teil bezweifelt werden darf[148], muß hier nicht geklärt werden, da die Erfolgsaussichtenprüfung nach dieser Untersuchung überhaupt keinen verbesserten Schutz der Vollzugsinteressen gewährleisten kann. Wie festgestellt, dauert das gesamte gerichtliche Verfahren durch die Erfolgsaussichtenprüfung im Aussetzungsverfahren länger als ohne sie. Auch die öffentlichen Interessen an der baldigen Errichtung und Inbetriebnahme des Großprojekts können daher entgegen der Ansicht des VGH München nicht die gesteigerte Prüfung der Erfolgsaussichten im Aussetzungsverfahren rechtfertigen.

cc) Ergebnis

Ergeben sich demnach für den Unternehmer und für die öffentlichen Interessen an der Errichtung des Großprojekts aus der gesteigerten Prüfung der Erfolgsaussichten keine rechtlich beachtlichen, durch das gerichtliche Verfahren zu schützenden Vorteile, sondern eher Nachteile, wie die zeitliche Verzögerung der Entscheidung im Hauptsacheverfahren, so ist die Ansicht des VGH München, für die Unternehmerinteressen sei es unzumutbar, bei Großprojekten die Aussetzung ohne Erfolgsaussichtenprüfung anzuordnen, schon deswegen abzulehnen.

Den vom VGH München als unzumutbar bezeichneten Nachteilen der aufschiebenden Wirkung für den Unternehmer von Großprojekten muß auf andere Weise begegnet werden. Wie schon im ersten Teil der Arbeit erörtert und dargelegt wurde, ist ein genereller Ausschluß der aufschiebenden Wirkung bei Großprojekten zum Schutz der Unternehmer oder der öffentlichen Interessen nicht zulässig. Der Schutz der Unternehmerinteressen und der öffentlichen Belange hat daher im gerichtlichen Aussetzungsverfahren durch die Berücksichtigung der Vollzugsinteressen und der Nachteile des Aufschubs der Vollziehung in der Interessenabwägung zu erfolgen.

Darüber hinaus muß der Unternehmer selbst die Nachteile der aufschiebenden Wirkung durch rechtzeitige Einplanung der für die gericht-

[146] Degenhart, S. 89; Winters, DÖV 1978, 265, 269.

[147] Albers, S. 57.

[148] Siehe oben Kapitel 3 IX 2.

liche Überprüfung der Genehmigung zumindest in einer erstinstanzlichen Hauptsacheentscheidung erforderlichen Zeit abzuwenden versuchen. Auch die Erfüllung öffentlicher Belange, die von der rechtzeitigen Errichtung und Inbetriebnahme eines Großprojekts abhängen kann, kann häufig durch rechtzeitige Einplanung der durch den Rechtsschutz verursachten Verzögerung und eventuell vorsorgliche Ersatzbeschaffung sichergestellt werden.

e) Zusammenfassung

Die Behauptung, die Prüfung der Erfolgsaussichten des Rechtsbehelfs sei zur Sicherung der Effektivität des vorläufigen Rechtsschutzes bei Großprojekten erforderlich, ist durch die Untersuchung der Argumentation der beiden in ihrer Stellungnahme zur Problematik typischen Beschlüsse des OVG Lüneburg und des VGH München widerlegt. Weder wird, wie vom OVG Lüneburg angeführt, der vorläufige Rechtsschutz des Rechtsbehelfsführers durch die Untersuchung der Erfolgsaussichten im Aussetzungsverfahren verbessert, noch kommt eine gesteigerte Erfolgsaussichtenprüfung dem effektiven Rechtsschutz des Unternehmers oder den öffentlichen Interessen am Großprojekt zugute. Der Verdacht liegt vielmehr nicht ganz fern, daß sie vor allem der Rechtfertigung des bei der Aussetzungsentscheidung zugegebenermaßen mit einer schwerwiegenden, folgenreichen Entscheidung belasteten Gerichts dienen soll, um auf diese Weise ohne Rücksicht auf die mögliche Präjudizierungsgefahr eine unangenehme Differenz zwischen Hauptsacheergebnis und Ergebnis der Aussetzungsentscheidung zu vermeiden.

Die Auseinandersetzung mit den für die Erfolgsaussichtenprüfung angeführten Argumenten hat ergeben, daß schon die behauptete Verbesserung der Effektivität des Rechtsschutzes nicht eintritt, darüber hinaus aber viele Gründe gegen die Erforderlichkeit und sogar schon gegen die Zulässigkeit der Annäherung des Aussetzungsverfahrens nach § 80 Abs. 5 an das Hauptsacheverfahren durch die Erfolgsaussichtenprüfung sprechen.

Die Erfolgsaussichtenprüfung ist daher keine angemessene Reaktion auf die bei Großprojekten bestehenden Schwierigkeiten bei der Gewährung effektiven vorläufigen Rechtsschutzes. Sie verändert vielmehr den Charakter des Aussetzungsverfahrens, verringert dadurch seine Effektivität und ist Ursache neuer Gefahren für den effektiven Rechtsschutz. Die Erfolgsaussichtenprüfung erhöht die Dauer der Aussetzungsverfahren und führt unter Umständen zu einer doppelten Rechtmäßigkeitsprüfung. Sie verändert den Inhalt der Aussetzungsentscheidung, indem sie sie entgegen dem Sinn und Zweck des vorläufigen Rechtsschutzes zu einer Entscheidung über die Rechtmäßigkeit der angefochtenen Genehmigung werden läßt. Zur Feststellung der Rechtmäßigkeit oder Rechtswidrigkeit der Genehmigung ist das Aussetzungsverfahren jedoch nicht geeignet, es sei denn, sie ist ohnehin offensichtlich. Es ist — und muß es auch bleiben — ein summarisches, auf den Zweck des § 80, rasch und vorläufig die Wirksamkeit des Rechtsschutzes im Hauptsacheverfahren zu sichern, gerichtetes Verfahren, das trotz der Annäherung an das Hauptsacheverfahren nicht mit ihm identisch sein kann, zumal es dieses auch nicht ersetzen darf. Aus diesem Grund besteht nicht nur die Gefahr von Fehlern und Ungenauigkeiten bei der Beurteilung der Erfolgsaussichten des Rechtsbehelfs oder jedenfalls einer Abweichung in der Einschätzung der Rechtmäßigkeit der Genehmigung zwischen Hauptsacheverfahren und Aussetzungsverfahren. Problematisch ist deswegen vor allem, daß das Verdikt der Rechtswidrigkeit der Genehmigung in dem dafür nicht vorgesehenen, auf ein anderes Ziel und einen anderen Zweck ausgerichteten Verfahren zustandekommt und Folgen für die Beteiligten haben kann, die erst aufgrund des Rechtswidrigkeitsurteils des Gerichts im Hauptsacheverfahren gelten sollen, nämlich die tatsächliche, wenn auch nicht formale, Aberkennung eines materiellen Rechts.

Der Schluß von der vorläufigen Beurteilung der Rechtmäßigkeit der Genehmigung auf die Versagung des Anspruchs auf vorläufigen Rechtsschutz gegen diese Genehmigung, ist durch den Zweck der Aussetzungsentscheidung, die Überprüfung der Rechtmäßigkeit der Genehmigung im Hauptsacheverfahren zu ermöglichen und deren Wirksamkeit abzusichern, nicht gedeckt.

Gegen die Erfolgsaussichtenprüfung im Aussetzungsverfahren spricht schließlich außerdem die Gefahr der Präjudizierung des Hauptsacheverfahrens, durch die die Erfüllung des Rechtsschutzanspruchs in Frage gestellt wird.

Folglich muß die Entscheidung nach § 80 Abs. 5 ohne Erfolgsaussichtenprüfung und nur aufgrund des Ergebnisses der Interessenabwägung zwischen Aufschub- und Vollzugsinteressen getroffen werden. Die Berücksichtigung offensichtlicher Erfolgsaussichten oder Mißerfolgsaussichten des Rechtsbehelfs ist nur scheinbar eine Ausnahme von diesem Grundsatz. Sie ist nämlich nur deshalb zulässig, weil die dargestellten Gefahren für den Rechtsschutz durch die Erfolgsaussichtenprüfung dort gerade nicht oder allenfalls in viel geringerem Umfang bestehen. Zum einen erfordert die Einbeziehung der offensichtlichen Erfolgsaussichten keine zeitraubenden Ermittlungen und Untersuchungen und die Gefahr der Fehlentscheidung ist dort geringer als bei nicht offensichtlichen Erfolgsaussichten. Denn Offensichtlichkeit besteht ohnehin nur, wenn schon nach dem dem Gericht vorliegenden Sachverhalt, der sich aus den Akten oder dem Vorbringen der Beteiligten ergeben kann, ohne weitere Aufklärung vernünftigerweise jeder Zweifel an der Rechtswidrigkeit oder Rechtmäßigkeit des Verwaltungsakts bzw. an der Aussicht des Rechtsbehelfs auf Erfolg ausgeschlossen ist[149]. Zum anderen ist bei offenkundiger Erfolgsaussicht der Schluß von einer fehlenden materiellen Berechtigung auf die Versagung vorläufigen Rechtsschutzes sehr viel leichter zu akzeptieren als bei aufgrund komplizierter und umfangreicher Untersuchungen ermittelten Erfolgsaussichten.

Schließlich ist der Rechtsschutz durch Berücksichtigung offensichtlicher Erfolgsaussichten in der Aussetzungsentscheidung auch deswegen nicht gefährdet, weil diese nur im Zusammenhang mit einer Interessenabwägung berücksichtigt werden dürfen, die Interessenabwägung also nicht ersetzen sollen.

V. Zum Umfang der Sachverhaltsermittlung im Aussetzungsverfahren bei Großprojekten

Die zu Beginn der Untersuchung des § 80 Abs. 5 angesprochene[150], ebenfalls problematische Frage nach dem zulässigen Umfang der Sachverhaltsermittlung und der Beweiserhebung im Aussetzungsverfahren bei Großprojekten, muß von dem Problem der Berücksichtigung der Erfolgsaussichten des Rechtsbehelfs bei § 80 Abs. 5 strikt unterschieden werden, was jedoch häufig nicht getan wird[151]. Inhalt und Umfang der Beweisaufnahme und der Sachverhaltsermittlungen richten sich nach den für die Entscheidung erheblichen Tatsachen. Da Grundlage der Aussetzungsentscheidung nicht die Erfolgsaussichten des Rechtsbehelfs, sondern die Interessenabwägung zwischen Aufschub- und Vollzugsinteressen ist, sind die Tatsachen Gegenstand der Ermittlung und wenn nötig der Beweiserhebung durch das Gericht, die für die Interessenabwägung erforderlich sind und nicht jene, die Voraussetzung der Beurteilung der Erfolgsaussichten sind. In der Praxis ist wegen der Gefahr des Eintritts vollendeter Tatsachen aufgrund der Entscheidungen im vorläufigen Rechtsschutz bei Großprojekten bei den Gerichten häufig die Neigung erkennbar, die Entscheidung nicht nur durch eine gesteigerte Erfolgsaussichtenprüfung abzusichern, sondern auch durch ein umfangreiches Beweisverfahren[152]. Obwohl das Motiv für die Erfolgs-

[149] Eyermann/Fröhler, § 84 RN 5; Redeker/v. Oertzen, § 84 Anm. 3; Kopp, VwGO, § 84 RN 3.

[150] Siehe oben Kapitel 4 I.

[151] OVG Lüneburg, Beschl. v. 19./20. 6. 1974, DVBl. 1975, 190 (KKW-Stade).

[152] OVG Lüneburg, Beschl. v. 1. 6. 1961, DVBl. 1961, 520; VG Wiesbaden, Beschl. v. 7. 12. 1983, vgl. Kap. 1 FN 3 (Ortsumgehung Eltville), das nur die Erfolgsaussichtenprüfung begründet, nicht die Beweisaufnahme.

aussichtenprüfung und für eine aufwendigere und intensivere Beweiserhebung demnach übereinstimmen können, ist ihre Zulässigkeit unterschiedlich zu beurteilen.

Über die entsprechende Anwendung der allgemeinen Verfahrensgrundsätze gilt der Amtsermittlungsgrundsatz, der sich aus dem Untersuchungsgrundsatz des § 86 ergibt, auch im vorläufigen Rechtsschutzverfahren nach § 80 Abs. 5[153]. Das Verwaltungsgericht ermittelt daher den für die Entscheidung notwendigen Sachverhalt; Behauptungs- oder Beweislast der Beteiligten bestehen folglich grundsätzlich auch im Aussetzungsverfahren nicht. Umfang und Ausmaß der Sachverhaltsermittlungen sind jedoch im Aussetzungsverfahren durch dessen Eilcharakter beschränkt[154]. Deswegen kann das Gericht sich mit einer nur kursorischen Aufklärung begnügen, es kann sich grundsätzlich auf präsente Beweismittel beschränken und seine Überzeugung aufgrund glaubhaft gemachter Tatsachen (§ 294 ZPO) bilden. Die eidesstattliche Versicherung ist als Beweismittel im Aussetzungsverfahren zulässig.

Darüber hinaus erlaubt der vorläufige und summarische Charakter des Aussetzungsverfahrens eine Entscheidung aufgrund eines geringeren Grades der Überzeugung vom Vorliegen einer die Entscheidung begründenden Tatsache als er im Hauptsacheverfahren erforderlich ist. Statt der jeden vernünftigen Zweifel ausschließenden Wahrscheinlichkeit, die im Hauptsacheverfahren notwendig ist, wird eine nur überwiegende Wahrscheinlichkeit für ausreichend gehalten[155].

Diese Beschränkung des notwendigen Umfangs der Ermittlungen und des Überzeugungsgrades rechtfertigt sich aus der Eilbedürftigkeit des Verfahrens und dem Zweck der Entscheidung, den Rechtsschutz im Hauptsacheverfahren lediglich vorläufig abzusichern. Die Verringerung der Anforderungen an Intensität und Gründlichkeit der Prüfung ist jedoch nicht unerläßliche Voraussetzung der Erfüllung der Funktion des § 80 Abs. 5. Eine absolute zeitliche Grenze für die zulässige Dauer der Ermittlung ließe sich nicht aufstellen. Nur in wenigen Fällen, die in der Regel gerade nicht die hier erörterte Anfechtung der Genehmigung von Großprojekten betreffen, wird die Aussetzungsentscheidung durch Zeitablauf praktisch sinnlos. Das Maß der Ermittlungstätigkeit muß sich daher — unter Beachtung der grundsätzlichen Eilbedürftigkeit — einmal nach dem Maß der Aufklärungsbedürftigkeit und der Unklarheit der für die Entscheidung relevanten tatsächlichen Umstände richten und zum anderen nach dem erforderlichen Grad der Über-

[153] Finkelnburg, RN 486; Redeker/v. Oertzen, § 80 Anm. 48; Kopp, VwGO, § 80 RN 91.

[154] Finkelnburg, RN 488.

[155] Vgl. Finkelnburg, RN 190 zu dem § 80 Abs. 5 insofern vergleichbaren § 123 VwGO.

zeugung des Richters vom Vorliegen der Tatsachen. Dieser Grad muß um so größer sein, je größer die Gefahr endgültiger Schädigung von Rechten Beteiligter, des Rechtsbehelfsführers oder des begünstigten Unternehmers ist, oder je schwerwiegender der Eingriff in das bedrohte Recht eingeschätzt werden muß[156]. Durch den Zweck des Aussetzungsverfahrens ausgeschlossen ist nur ein Übergehen auf ein hauptsacheverfahrensähnliches Verfahren, was bei Untersuchung der tatsächlichen Voraussetzungen der Interessenabwägung jedoch nicht zu befürchten ist.

Eine im Verhältnis zum Normalfall intensivierte Ermittlungstätigkeit und eine umfangreichere Beweisaufnahme bei aufwendigen und technisch schwierigen Großprojekten widerspräche — anders als die gesteigerte Erfolgsaussichtenprüfung — daher nicht dem Zweck des Aussetzungsverfahrens, wenn sich das Gericht nur durch sie von den für die Interessenabwägung erforderlichen Umständen überzeugen könnte. So kann z. B. ein umfangreiches und zeitaufwendiges Sachverständigengutachten über schwierige technische Fragen erforderlich sein, deren Verständnis Voraussetzung der Beurteilung der durch die Vollziehung oder den Aufschub des Projekts drohenden Gefahren ist.

VI. Zusammenfassung

§ 80 Abs. 5 enthält zwar keine ausdrückliche Regelung des Verfahrens und der Grundlagen der gerichtlichen Aussetzungsentscheidung, aus Stellung und Funktion der Gesamtvorschrift des § 80 läßt sich jedoch ableiten, daß Grundlage der gerichtlichen Entscheidung über die Gewährung vorläufigen Rechtsschutzes ebenso wie der behördlichen Entscheidung nach § 80 Abs. 2 Nr. 4 das Ergebnis einer Interessenabwägung zwischen Aufschub und Vollzugsinteressen sein soll. Das Verwaltungsgericht beschränkt sich nicht auf das Nachvollziehen einer möglicherweise vorhandenen behördlichen Abwägung, sondern hat völlig unabhängig abzuwägen und selbständig zu entscheiden. Die offensichtlichen Erfolgsaussichten des Rechtsbehelfs hat es im Rahmen der Abwägung zu berücksichtigen. Evidente Erfolgsaussichten spielen jedoch in der Praxis des vorläufigen Rechtsschutzes bei Großprojekten wegen der Kompliziertheit der Materie kaum eine Rolle. Die wegen der Schwierigkeiten der Beurteilung des Ausgangs des Hauptsacheverfahrens und der bei Großprojekten erheblich größeren Gefahr vollendeter Tatsachen vorgeschlagene und teilweise schon praktizierte Berücksichtigung auch nicht offensichtlicher Erfolgsaussichten im Aussetzungs-

---

[156] So Finkelnburg, RN 190 zu § 123, der auch insofern mit § 80 Abs. 5 vergleichbar ist.

verfahren, die eine gesteigerte Prüfung der Rechtmäßigkeit der Genehmigung erfordert und das Aussetzungsverfahren dem Hauptsacheverfahren annähert, ist dagegen abzulehnen. Sie trägt nicht zur Steigerung der Effektivität des vorläufigen Rechtsschutzverfahrens bei, verbessert weder den Schutz des Rechtsbehelfsführers noch den des Unternehmers und der öffentlichen Interessen an Großprojekten, sondern stellt die Wirksamkeit des Rechtsschutzes eher in Frage, indem sie das Gesamtverfahren zu verlängern und das Hauptverfahren auszuhöhlen und zu präjudizieren droht. Der Rechtsschutz der Beteiligten ist daher am effektivsten durch die Interessenabwägung in der Aussetzungsentscheidung als dem originären Verfahren zur Sicherung des vorläufigen Rechtsschutzes zu gewährleisten.

Ein anderes Problem, das von dem erörterten des Umfangs der Erfolgsaussichtenprüfung strikt zu trennen ist und daher auch nur gestreift wird, ist die Frage des Umfangs der Sachverhaltsermittlung im Aussetzungsverfahren. Diese Frage betrifft die tatsächlichen Grundlagen der Entscheidung und den Grad der Gewißheit des Richters von ihrem Vorhandensein. Sie ist auch bei der Durchführung einer reinen Interessenabwägung als Grundlage des Aussetzungsverfahrens von Bedeutung.

Im Aussetzungsverfahren gilt grundsätzlich wie im übrigen verwaltungsgerichtlichen Verfahren der Amtsermittlungsgrundsatz. Der zulässige Umfang der Sachverhaltsermittlungen und der Beweisaufnahmen wird jedoch durch den Eilcharakter des vorläufigen Rechtsschutzes in der Regel eingeschränkt. Er richtet sich nach Eilbedürftigkeit, Aufklärungsbedürftigkeit und dem Grad der notwendigen Überzeugung des Richters vom Vorliegen der Tatsachen, die die Entscheidung begründen sollen. Da der Zweck des vorläufigen Rechtsschutzes, die effektive Sicherung des Hauptsacheverfahrens, gerade beim Rechtsschutz gegen Großprojekte in der Regel nicht die Einhaltung absoluter zeitlicher Grenzen der Ermittlungstätigkeit vorschreibt, ist es zulässig, den Grad dieser notwendigen Überzeugung dem Grad der Gefährdung der Rechte Beteiligter durch vollendete Tatsachen anzupassen, auch wenn damit eine umfänglichere Ermittlungs- und Untersuchungstätigkeit des Gerichts verbunden ist.

Kapitel 5

Thesenförmige Zusammenfassung

I. Zur regelmäßigen Anordnung der sofortigen Vollziehung bei Großprojekten nach § 80 Abs. 2 Nr. 4 VwGO

1. Effektiver vorläufiger Rechtsschutz läßt sich auch angesichts der besonderen Gefahr der Schaffung vollendeter Tatsachen bei Großprojekten durch die Anwendung der vorhandenen Regelung des § 80 VwGO sicherstellen. Sie sieht den automatischen Eintritt der aufschiebenden Wirkung vor und fordert als Voraussetzung der Anordnung der sofortigen Vollziehung nach § 80 Abs. 2 Nr. 4 ein besonderes, das Aufschubinteresse überwiegendes Sofortvollzugsinteresse.

2. Ein öffentliches Sofortvollzugsinteresse und ein überwiegendes Beteiligteninteresse an sofortiger Vollziehung setzen besondere Dringlichkeit voraus.

3. Die überwiegend praktizierte Anordnung der sofortigen Vollziehung ist nicht schon wegen Verstoßes gegen das Regel-Ausnahme-Verhältnis zwischen § 80 Abs. 1 und § 80 Abs. 2 Nr. 4 VwGO unzulässig. Zwar besteht ein solches Verhältnis zwischen aufschiebender Wirkung und Anordnung der sofortigen Vollziehung, doch können daraus keine Schlüsse auf die zulässige Anzahl der Ausnahmen gezogen werden.

4. Art. 19 Abs. 4 GG fordert die Gewährung effektiven vorläufigen Rechtsschutzes, nicht jedoch den automatischen Eintritt der aufschiebenden Wirkung bei Anfechtung. Die vom Gesetzgeber gewählte Form des vorläufigen Rechtsschutzes in § 80 Abs. 1 und ihre Auslegung müssen jedoch den verfassungsrechtlichen Anforderungen an die Effektivität des Rechtsschutzes gerecht werden.

5. Die regelmäßige Anordnung der sofortigen Vollziehung ohne Interessenabwägung im Einzelfall ist weder ein erforderliches noch ein zulässiges Mittel zum Schutz der besonders gefährdeten Vollzugsinteressen bei Großprojekten. Sie widerspricht dem Sinn und Zweck des vorläufigen Rechtsschutzes.

6. Sinn und Zweck der Ausnahmeregelung des § 80 Abs. 2 Nr. 4 ist neben dem Schutz der am sofortigen Vollzug interessierten Beteiligten und der öffentlichen Interessen auch die Sicherstellung und Gewährleistung effektiven vorläufigen Rechtsschutzes für den Anfechtenden.

7. Aus Funktion und Systematik des § 80 läßt sich ein Vorrang des Schutzes des Anfechtenden gegenüber dem der übrigen Interessen im Rahmen des vorläufigen Rechtsschutzverfahrens entnehmen, wenn gleichwertigen widerstreitenden Interessen gleichermaßen Gefahr durch vollendete Tatsachen droht.

8. Für die verwaltungsbehördliche Entscheidung nach § 80 Abs. 2 Nr. 4 dürfen die Erfolgsaussichten des Rechtsbehelfs im Prinzip keine Rolle spielen. Lediglich die offensichtliche Erfolglosigkeit eines Rechtsbehelfs ist im Rahmen der Interessenabwägung zu berücksichtigen. Sie darf jedoch weder die Feststellung eines Aufschubinteresses noch die eines konkreten Dringlichkeitsinteresses noch die Interessenabwägung selbst ersetzen.

9. Der am Sofortvollzug interessierte Beteiligte hat nicht schon dann Anspruch auf die Anordnung der sofortigen Vollziehung nach § 80 Abs. 2 Nr. 4, wenn ein besonderes Sofortvollzugsinteresse festgestellt wurde. Dieses ist lediglich notwendige Voraussetzung für die Ermessensentscheidung der Verwaltungsbehörde.

10. Typische Vollzugsinteressen bei Großprojekten überwiegen nicht generell die Aufschubinteressen und rechtfertigen daher keinen grundsätzlichen Ausschluß der aufschiebenden Wirkung. Sie unterscheiden sich in der Regel allenfalls quantitativ, nicht aber qualitativ von den Vollzugsinteressen bei Normalprojekten.

11. Die mit der technischen Kompliziertheit und den hohen Kosten der Großprojekte begründete Notwendigkeit der Einhaltung eines Zeitplanes als typisches Vollzugsinteresse bei Großvorhaben rechtfertigt nicht die grundsätzliche Ausschaltung der aufschiebenden Wirkung von Klagen gegen die Genehmigung solcher Projekte.

12. Die Teilgenehmigungspraxis bei Großprojekten erfordert nicht den Ausschluß der aufschiebenden Wirkung durch regelmäßige Anordnung der sofortigen Vollziehung. Dies entspräche weder dem Sinn der Teilgenehmigung als einer Verfahrenserleichterung noch der Funktion des vorläufigen Rechtsschutzes.

13. Die „innere Rechtfertigung“ der automatisch eintretenden aufschiebenden Wirkung liegt in der Erfüllung ihres durch Art. 19 Abs. 4 GG aufgegebenen Schutzzwecks. Sie geht nicht durch regelmäßige Anfechtung der Genehmigung der Großprojekte verloren.

Die regelmäßige Anordnung der sofortigen Vollziehung läßt sich daher bei Großprojekten nicht mit dem Verlust der inneren Rechtfertigung der automatischen aufschiebenden Wirkung durch regelmäßige Anfechtung dieser Verwaltungsakte begründen.

14. Die Belastung mit der aufschiebenden Wirkung und die Forderung eines überwiegenden Sofortvollzugsinteresses als Voraussetzung der sofortigen Vollziehung ist dem begünstigten Adressaten der Genehmigung eines Großprojekts ebenso als Konsequenz des Rechtsstaatsprinzips zumutbar wie die Anfechtbarkeit und Aufhebbarkeit des Verwaltungsakts. Die rechtsstaatliche Anforderungen erfüllende gerichtliche Überprüfbarkeit und Aufhebbarkeit der begünstigenden Verwaltungsakte rechtfertigen die Absicherung durch die aufschiebende Wirkung.

15. Die große Zahl der potentiellen Anfechtungskläger gegen die Genehmigung des Großprojekts erhöht nicht die Instabilität der Genehmigung und die Belastung des Adressaten gegenüber den Normalfällen der Verwaltungsakte mit Drittwirkung. Der Schluß von der verfassungsrechtlich geforderten Überprüfbarkeit und Aufhebbarkeit des Verwaltungsakts auf die Zumutbarkeit der aufschiebenden Wirkung bei Anfechtung bleibt daher auch unter dieser Voraussetzung zulässig.

16. Die bei Großprojekten fast regelmäßig vorhandenen öffentlichen Interessen an ihrer baldigen Errichtung und Inbetriebnahme rechtfertigen nicht die regelmäßige Anordnung der sofortigen Vollziehung der Genehmigung.

17. Öffentlich-rechtlich organisierte Unternehmer von Großprojekten haben als Adressaten im Rahmen des vorläufigen Rechtsschutzes gegen die Genehmigung des Vorhabens dieselbe Stellung und denselben Schutzanspruch wie private Unternehmer. Sie sind den staatlichen Genehmigungsbehörden und -vorschriften unterworfen und haben einen Anspruch auf Rechtsschutz aus Art. 19 Abs. 4 GG.

18. Die öffentlichen Interessen an der Errichtung der Großprojekte sind an sich keine höherwertigen Allgemeininteressen, die grundsätzlich Vorrang vor den Aufschubinteressen der Anfechtenden genießen. Ob sie die sofortige Vollziehung der Genehmigung erfordern, kann vielmehr wie bei den übrigen Vollzugsinteressen nur aufgrund der Interessenabwägung mit den konkreten Aufschubinteressen im Einzelfall festgestellt werden.

19. Dies gilt auch für konkrete, besonders wichtige öffentliche Interessen, die durch die Verzögerung der Errichtung eines Großprojekts betroffen sind, wie das Interesse an der sparsamen Verwendung

öffentlicher Finanzen. Finanzielle öffentliche Interessen sind andererseits nicht als „bloß fiskalische Interessen" von der Berücksichtigung im Rahmen der Interessenabwägung bei § 80 Abs. 2 Nr. 4 ausgeschlossen.

20. Die Tatsache, daß mit der Errichtung zahlreicher Großprojekte sozialstaatlich begründete Aufgaben der öffentlichen Daseinsvorsorge erfüllt werden, rechtfertigt nicht die Zurückstellung des Rechtsschutzes des Anfechtenden durch generellen Ausschluß der aufschiebenden Wirkung.

II. Zum Versuch einer zeitlichen Begrenzung der aufschiebenden Wirkung bei Großprojekten

21. Eine generelle oder auch eine im konkreten Fall von vornherein festgelegte zeitliche Begrenzung der aufschiebenden Wirkung, die mit der zeitlichen Abstufung der Beschränkung der baulichen Nutzung des Eigentums durch die Veränderungssperre vergleichbar wäre, ist wegen des Sicherungszwecks der aufschiebenden Wirkung, dessen Erfüllung allein von der Dauer des Hauptsacheverfahrens abhängt, nicht mit der Funktion des § 80 zu vereinbaren.

III. Zur Forderung eines generellen Verzichts auf die Anordnung der sofortigen Vollziehung bei Großprojekten durch die Genehmigungsbehörden

22. Ein genereller Verzicht auf die Anordnung der sofortigen Vollziehung ist zur Gewährleistung effektiven Rechtsschutzes des Anfechtenden bei Großprojekten trotz der gesteigerten Gefahr vollendeter Tatsachen nicht erforderlich. Der effektive Rechtsschutz der Rechtsbehelfsführer vor der Gefahr vollendeter Tatsachen bei Großprojekten ist dann gewährleistet, wenn die Voraussetzungen der Anordnung der sofortigen Vollziehung nach § 80 Abs. 2 Nr. 4 strikt eingehalten werden.

23. Dazu gehört die Forderung eines wirklichen Dringlichkeitsinteresses und der Durchführung einer Interessenabwägung im konkreten Einzelfall als Voraussetzung der Anordnung der sofortigen Vollziehung. Die richtige Einschätzung der Gefahr für das Rechtsgut durch die sofortige Vollziehung und die entsprechende Gewichtung des Aufschubinteresses können die besonderen Gefahren für den Rechtsschutz des Rechtsbehelfsführers bei Anfechtung der Genehmigung eines Großprojekts im Rahmen der Interessenabwägung ohne generellen Verzicht auf die Anordnung der sofortigen Vollziehung sicherstellen.

24. Die komplizierte Sach- und Rechtslage bei Großprojekten muß bei der Entscheidung nach § 80 Abs. 2 Nr. 4 dem Rechtsbehelfsführer nicht zum Nachteil gereichen. Da Voraussetzung der Anordnung der sofortigen Vollziehung eine Interessenabwägung ist, muß die Anordnung unterbleiben, wenn die Interessenlage nicht aufklärbar ist.

25. Auch das Interesse der Unternehmer an möglichst rascher Durchführung der Rechtsschutzverfahren gegen die Genehmigung ihres Großprojekts erfordert keinen generellen Verzicht auf die Anordnung der sofortigen Vollziehung.

IV. Zum „richtigen" Maßstab der Aussetzungsentscheidung nach § 80 Abs. 5 VwGO bei Großprojekten

26. Der Maßstab für die gerichtliche Entscheidung nach § 80 Abs. 5 orientiert sich an dem der behördlichen Entscheidung nach § 80 Abs. 2 Nr. 4. Die Interessenabwägung zwischen Aufschub- und Vollzugsinteressen ist daher auch Grundlage der Entscheidung des Verwaltungsgerichts nach § 80 Abs. 5.

27. Gegen die Berücksichtigung offensichtlicher Erfolgsaussichten des Rechtsbehelfs im Rahmen der Interessenabwägung durch das Verwaltungsgericht bestehen weniger Bedenken als gegen ihre Berücksichtigung durch die Behörde. Offensichtliche Mißerfolgsaussichten des Rechtsbehelfs dürfen jedoch auch in der gerichtlichen Entscheidung nicht die Feststellung eines konkreten Vollzugsinteresses ersetzen.

28. Sinn und Zweck der Regelung des § 80 Abs. 5 bestehen wie die der § 80 Abs. 1 und Abs. 2 Nr. 4 in der Gewährleistung effektiven vorläufigen Rechtsschutzes des Rechtsbehelfsführers und in der Vermeidung ungerechtfertigter, weil etwa zum Rechtsschutz des Rechtsbehelfsführers nicht erforderlicher Zurückstellung wichtiger Vollzugsinteressen.

29. Aus der Funktion des § 80 Abs. 5 ergibt sich die Forderung nach einer raschen Entscheidung. Dies erklärt die Zulässigkeit der Durchführung eines summarischen Verfahrens, kann jedoch nicht die Unzulässigkeit einer eventuell zeitaufwendigeren Erfolgsaussichtenprüfung begründen.

30. Das vorläufige Rechtsschutzverfahren dient zwar der Durchsetzung materiellen Rechts, daraus läßt sich jedoch gerade nicht die Notwendigkeit der Prüfung der Rechtmäßigkeit der angefochtenen Genehmigung schon in der Aussetzungsentscheidung herleiten, da der Schutz des materiellen Rechts im Hauptsacheverfahren gesichert werden soll.

31. Die Sicherungsfunktion des vorläufigen Rechtsschutzes wird durch die Annäherung der Aussetzungsentscheidung an das Hauptsacheverfahren nicht verbessert, sondern in ihrer Wirksamkeit gefährdet.

32. Das vorläufige Rechtsschutzverfahren ist ein aliud und kein minus zum Hauptsacheverfahren, das durch gesteigerte Prüfung der Erfolgsaussichten des Rechtsbehelfs die Rechtsschutzfunktion des Hauptsacheverfahrens erfüllen könnte.

33. Die Annäherung des Aussetzungsverfahrens an das Hauptsacheverfahren verfehlte darüber hinaus den Zweck eines notwendigen vorläufigen Rechtsschutzes. Seine Konsequenz müßte die Einführung eines „vorläufigen, vorläufigen Rechtsschutzverfahrens" sein, wie es informell schon praktiziert wird.

34. Die vom OVG Lüneburg vorgeschlagene gesteigerte Prüfung der Erfolgsaussichten im Aussetzungsverfahren stellt eine zu unsichere Grundlage der Aussetzungsentscheidung dar und gefährdet dadurch den Rechtsschutz des Rechtsbehelfsführers, da Fehler bei der Einschätzung der Rechtmäßigkeit und ein Abweichen vom Ergebnis des Hauptsacheverfahrens nicht auszuschließen sind.

35. Der Rechtsschutzsuchende hat einen Anspruch auf die Rechtsschutzgewährung im richtigen, d. h. vor allem in einem dem Zweck der Entscheidung dienenden Verfahren. Dies ist für die gerichtliche Entscheidung über die Gewährung vorläufigen Rechtsschutzes das den Rechtsschutz im Hauptsacheverfahren sichernde Aussetzungsverfahren mit der Interessenabwägung und nicht das Hauptsacheverfahren selbst oder ein hauptsacheverfahrensähnliches Verfahren.

36. Der Versuch der inhaltlichen Annäherung der Aussetzungsentscheidung an das Hauptsacheverfahren birgt die Gefahr einer unerwünschten Präjudizierung des Hauptsacheverfahrens. Beruht die Aussetzungsentscheidung dagegen auf einer bloßen Interessenabwägung, entsteht ein wesentlich geringerer Druck, das Ergebnis des Hauptsacheverfahrens dem der Aussetzungsentscheidung anzupassen.

37. Die Forderung hinreichender Erfolgsaussichten des Rechtsbehelfs als Voraussetzung der Aussetzungsentscheidung bürdet dem Anfechtenden der Genehmigung eines Großprojekts das Risiko auf, daß sich Erfolgsaussichten feststellen lassen. Die Gewährung vorläufigen Rechtsschutzes als Sicherung der wirksamen Kontrolle der Rechtmäßigkeit der angefochtenen Maßnahme im Hauptsacheverfahren darf davon nicht abhängig gemacht werden.

38. Die gesteigerte Prüfung der Erfolgsaussichten des Rechtsbehelfs kann auch nicht mit einer Verbesserung des Schutzes der Unter-

nehmerinteressen vor besonderen negativen Auswirkungen des vorläufigen Rechtsschutzes bei Großprojekten begründet werden.

39. Die Gesamtdauer der gerichtlichen Verfahren um die Genehmigung, die den Unternehmer besonders belastet, wird durch die gesteigerte Erfolgsaussichtenprüfung eher verlängert als verkürzt.

40. Eine Aussetzungsentscheidung wird durch die Erfolgsaussichtenprüfung für den Unternehmer nicht leichter akzeptierbar.

41. Die Erfolgsaussichtenprüfung im Aussetzungsverfahren bietet keine verläßliche Grundlage für wirtschaftliche Entscheidungen über Investitionen vor Abschluß eines rechtskräftigen Hauptsacheverfahrens. Die gerichtliche Aussetzungsentscheidung kann durch eine gesteigerte Erfolgsaussichtenprüfung dem Unternehmer nicht die eigene Einschätzung und Berücksichtigung der Risiken einer sofortigen Vollziehung abnehmen.

42. Mit der Erfolgsaussichtenprüfung im Aussetzungsverfahren kann der durch die Teilgenehmigungspraxis verursachten Anfälligkeit der Zeitplanung bei Großprojekten nicht wirksam begegnet werden. Die durch Rechtsschutzverfahren gegen einzelne Teilgenehmigungen verursachten Stockungen im Ablauf der Errichtung müssen von vornherein bei der Planung des Projekts berücksichtigt werden.

43. Die Verwaltungsgerichte sind beim vorläufigen Rechtsschutz gegen Großprojekte nicht für die „plangemäße Durchführung des Vorhabens“ und dessen Realisierung verantwortlich, sondern für die Gewährung effektiven Rechtsschutzes, also für die Absicherung der wirksamen Kontrolle der Rechtmäßigkeit der Genehmigung des Projekts im Hauptsacheverfahren.

V. Zum zulässigen Umfang der Sachverhaltsermittlungen im Rahmen des vorläufigen Rechtsschutzes nach § 80 Abs. 5 VwGO

44. Der zulässige Umfang der Sachverhaltsermittlungen im vorläufigen Rechtsschutzverfahren gegen die Genehmigung von Großprojekten kann zwar entsprechend dem vorläufigen und summarischen Charakter der Aussetzungsentscheidung reduziert sein — statt der im Hauptsacheverfahren erforderlichen, jeden Zweifel ausschließenden Wahrscheinlichkeit reicht für die richterliche Überzeugung hier eine nur überwiegende Wahrscheinlichkeit aus —, der Funktion des effektiven vorläufigen Rechtsschutzes widerspricht es jedoch nicht, die Intensität der Sachverhaltsermittlung und der Beweiserhebung nach dem Grad der Gefährdung von Rechten Beteiligter durch die vollendeten Tatsachen auszurichten.

Literaturverzeichnis

Albers, H.: Gerichtsentscheidungen zu Kernkraftwerken, Argumente in der Energiediskussion, Hrsg. Volker Hauff, Band 10, Villingen-Schwenningen 1980

Bäumler, H.: Rechtsschutz gegen Flughafenplanungen — zur Anfechtbarkeit der luftrechtlichen Genehmigung, DÖV 1981, S. 43

Bender, B.: Aktuelles zur Problematik des gerichtlichen Nachbarschutzes im Baurecht, NJW 1966, S. 1989

Bettermann, K. A.: Sofortiger Vollzug und Erfolgsaussichten der Anfechtung, DVBl. 1976, S. 64

Bley, H.: Sozialrecht, 4. Auflage, Frankfurt 1982

Blümel, W.: Planung und Verwaltungsgerichtsbarkeit, DVBl. 1975, S. 695

— Raumplanung, vollendete Tatsachen und Rechtsschutz, Festgabe für Ernst Forsthoff zum 65. Geburtstag, München 1967

Böckenförde, E.-W.: Der praktische Fall, öffentliches Recht: Der Stellvertreterfall, JuS 1966, S. 359

— Entstehung und Wandel des Rechtsstaatsbegriffs, Festschrift für Adolf Arndt zum 65. Geburtstag, Frankfurt 1969, S. 53

Borggrefe, S.: Energieversorgung und Umweltschutz, Betriebsberater 1975, S. 157

Bosselmann, K.: Grundrechtsschutz und Reform des atomrechtlichen Genehmigungsverfahrens, eine Zwischenbilanz, KJ 1980, S. 389

Breuer, R.: Die Entwicklung des Atomrechts 1974—1976, NJW 1977, S. 1121

— „Mitlaufende Verwaltungskontrolle" — prozessuale Entwicklungen und Irrwege, NJW 1980, S. 1832

Brohm, W.: Verwaltungsgerichtsbarkeit im modernen Sozialstaat, DÖV 1982, S. 1

Brügelmann, H./*Förster*, H./*Friedrich*, H./*Grauvogel*, G./*Meyer*, H./*Pohl*, W./*Schriever*, H./*Stahnke*, S./*Vogel*, W./*Dürr*, H.: Kommentar zum Bundesbaugesetz, Bd. I, Loseblattsammlung, 40. Lieferung, 1983, Stuttgart - Berlin - Köln - Mainz
(zit.: Brügelmann/Grauvogel)

Büdenbender, U.: Energierecht, Handbuch Energie, Band 15, Köln 1982

Burmeister, J.: Vom staatsbegrenzenden Grundrechtsverständnis zum Grundrechtsschutz für Staatsfunktionen, Köln 1971

Czermak, F.: Rechtserwägungen oder Interessenabwägung?, DÖV 1966, S. 49

— Zur gerichtlichen Nachprüfung der Vollziehungsanordnung bei verwaltungsbehördlicher Fahrerlaubnisentziehung, BayVBl. 1976, S. 106

Degenhart, Ch.: Kernenergierecht, Schwerpunkte — Entscheidungsstrukturen — Entwicklungslinien, in: Recht, Technik, Wirtschaft, Band 23, Köln 1981

— Vollendete Tatsachen und faktische Rechtslagen im Verwaltungsrecht, AöR 103 (1978), S. 164

Erichsen, H.-U./*Klenke*, R.: Rechtsfragen der „aufschiebenden Wirkung" des § 80 VwGO, DÖV 1976, S. 833

Ernst, W./*Zinkahn*, W./*Bielenberg*, W., u. a.: Bundesbaugesetz, Kommentar, Band I, Loseblattsammlung, 30. Lieferung, April 1983, München (zit.: Bearbeiter, Bielenberg-Dyong)

Eyermann, E./*Fröhler*, L.: Verwaltungsgerichtsordnung, Kommentar, 8. Auflage, München 1980

Finkelnburg, K.: Vorläufiger Rechtsschutz im Verwaltungsstreitverfahren, 2. Auflage, München 1979

— Das Gebot der Effektivität des Rechtsschutzes in der Rechtsprechung des Bundesverwaltungsgerichts, in: Verwaltungsrecht zwischen Freiheit, Teilhabe und Bindung — Festgabe aus Anlaß des 25jährigen Bestehens des Bundesverwaltungsgerichts, München 1978, S. 169

— Zur aufschiebenden Wirkung beim Verwaltungsakt mit Doppelwirkung, DVBl. 1977, S. 677

Fischerhof, H.: Zum Baustop für Kernkraftwerke, Eine Anmerkung zu dem Beschluß des VG Freiburg v. 14. 3. 1975 in Sachen KKW Wyhl, ET 1975, S. 183

Forsthoff, E.: Lehrbuch des Verwaltungsrechts, Band I, Allgemeiner Teil, 10. Auflage, München 1973

Fromm, G.: Zum Suspensiveffekt in der Nachbarklage und in vergleichbaren Fällen, DVBl. 1966, S. 241

Gelzer, K.: Die Industrieansiedlung unter Berücksichtigung des Planungsrechts und des Immissionsschutzes, Baurecht 1975, S. 145

— Die sofortige Vollziehung von Genehmigungsbescheiden für industrielle Großanlagen und Kernkraftwerke, Baurecht 1977, S. 1

— Der vorläufige Rechtsschutz eines Dritten und des Begünstigten im Baurecht, NJW 1970, S. 1352

Geulen, R.: Die langsame Beseitigung des Rechtsschutzes im Umweltrecht, KJ 1980, S. 170

Goerlich, H.: Grundrechte als Verfahrensgarantie — Ein Beitrag zum Verständnis des Grundgesetzes für die Bundesrepublik Deutschland, Baden-Baden 1981

— „Schutzpflicht — Grundrechte — Verfahrensschutz", NJW 1981, S. 2616

Grunsky, W.: Der einstweilige Rechtsschutz im öffentlichen Recht, JuS 1977, S. 217

Guthardt, H.: Der Anspruch auf Anordnung der sofortigen Vollziehung eines Verwaltungsakts mit Drittwirkung, DVBl. 1972, S. 567

Häberle, P.: „Fiskalische" Interessen als „öffentliche" Interessen i. S. d. § 80 Abs. 2 Nr. 4 VwGO?, DVBl. 1967, S. 220

— „Gemeinwohljudikatur" und Bundesverfassungsgericht, AöR 95 (1970), S.260

— Öffentliches Interesse als juristisches Problem, Bad Homburg 1970

Häusler, D.: Vorläufiger Rechtsschutz im atomrechtlichen Genehmigungsverfahren, WiVerw 1977, S. 184

Heinrich, H.: Anmerkung zu VGH München, Beschl. v. 22. 11. 1974, GewArch 1975, S. 67

Hesse, K.: Grundzüge des Verfassungsrechts der Bundesrepublik Deutschland, 13. Auflage, Heidelberg 1982

Hoffmann, B.-F.: Die neue verwaltungsgerichtliche „Eilverfahrensordnung" — zur richterlichen Fortbildung des § 80 Abs. 5 VwGO, DÖV 1976, S. 371

Hoppe, W./*Schlarmann*, H.: Rechtsschutz bei der Planung von Straßen und anderen Verkehrsanlagen, 2. Aufl., München 1981

Ipsen, H. P.: Über das Grundgesetz — nach 25 Jahren, DÖV 1974, S. 288, 294

Jesch, D.: Unbestimmter Rechtsbegriff und Ermessen, AöR 1982, S. 163

Kimminich, O.: Kommentar zum Bonner Grundgesetz (Bonner Kommentar), Art. 14 GG, Drittbearbeitung, Loseblattsammlung, 35. Lieferung, April 1976 (zit.: Kimminich, BK)

Kopp, O.: Welchen Anforderungen soll eine einheitliche Verwaltungsprozeßordnung genügen, um im Rahmen einer funktionsfähigen Rechtspflege effektiven Rechtsschutz zu gewährleisten? — Gutachten B zum 54. Deutschen Juristentag, Verhandlungen des 54. Deutschen Juristentages, München 1982

— Verwaltungsgerichtsordnung mit Erläuterungen, 5. Auflage, München 1981 (zit.: Kopp, VwGO)

Kuhnt, D.: Prozeßrechtliche Probleme in der Rechtsprechung, 5. Deutsches Atomrechts-Symposium, 8.—10. Dez. 1976, in: Recht — Technik — Wirtschaft, Band 14, Münster - Köln - Berlin - Bonn - München 1977

Lange, K.: Probleme des Vertrauensschutzes im Verwaltungsrecht, WiVerw. 1979, S. 15

— Vertrauensschutz nach dem Verwaltungsverfahrensgesetz, Jura 1980, S. 456

Larenz, K.: Methodenlehre der Rechtswissenschaft, 4. Auflage, Berlin - Heidelberg - New York 1979

Leipold, D.: Grundlagen des einstweiligen Rechtsschutzes im zivil-, verfassungs- und verwaltungsgerichtlichen Verfahren, München 1971

Lerche, P.: Vorbereitung grundrechtlichen Ausgleichs durch gesetzgeberisches Verfahren, in: Lerche/Schmitt Glaeser/Schmidt-Aßmann, Verfahren als staats- und verwaltungsrechtliche Kategorie, Heidelberg 1984

Lorenz, D.: Der Rechtsschutz des Bürgers und die Rechtsweggarantie, München 1973

Löwer, K.: Die Änderung und Aufhebung verwaltungsgerichtlicher Beschlüsse im Aussetzungsverfahren, DVBl. 1964, S. 254

— Das subjektive Recht auf Anordnung des sofortigen Vollzugs, BayVBl. 1969, S. 268

Lüke, G.: Vorläufiger Rechtsschutz bei Verwaltungsakten mit Drittwirkung, NJW 1978, S. 81

Martens, W.: Öffentlich als Rechtsbegriff, Bad Homburg 1969

— Rechtsfragen der Anlagengenehmigung nach dem Bundes-Immissionsschutzgesetz, Festschrift für Hans Peter Ipsen zum 70. Geburtstag, „Hamburg/Deutschland/Europa", Beiträge zum deutschen und europäischen Verfassungs-, Verwaltungs- und Wirtschaftsrecht, Tübingen 1977, S. 456 (zit.: Rechtsfragen)

— Suspensiveffekt, Sofortvollzug und vorläufiger gerichtlicher Rechtsschutz bei atomrechtlichen Genehmigungen, in: Recht — Technik — Wirtschaft, Band 30, Köln - Berlin - Bonn - München 1983
(zit.: Suspensiveffekt)

Maunz, Th./*Dürig*, G./*Herzog*, R./*Scholz*, R./*Lerche*, P./*Papier*, H./*Randelzhofer*, A./*Schmidt-Aßmann*, E.: Grundgesetz, Kommentar, Band 1 und 2, Loseblattsammlung, Stand 18. Lieferung September 1980, München
(zit.: Bearbeiter, MDH)

Maunz, Th./*Zippelius*, R.: Deutsches Staatsrecht, 24. Auflage, München 1982

Merten, D.: Bestandskraft von Verwaltungsakten, NJW 1983, S. 1993

Meyer, H./*Borgs-Maciejewski*, H.: Verwaltungsverfahrensgesetz, 2. Auflage, Frankfurt 1982
(zit.: Bearbeiter, Meyer/Borgs)

Meyer-Ladewig, J.: Einstweiliger Rechtsschutz im Entwurf einer Verwaltungsprozeßordnung, DVBl. 1982, S. 117

Müller, F.: Juristische Methodik, 2. Auflage, Berlin 1976

Münch, I. v.: Grundgesetz, Kommentar, 2. Auflage, München 1981
(zit.: Bearbeiter, v. Münch)

— Verwaltung und Verwaltungsrecht im demokratischen und sozialen Rechtsstaat, in: Erichsen/Martens, Allgemeines Verwaltungsrecht, 6. Auflage, Berlin - New York 1983
(zit.: v. Münch, Erichsen/Martens)

Mutius, A. v.: Kommentar zum Bonner Grundgesetz (Bonner Kommentar), Art. 19 Abs. 3 GG, Zweitbearbeitung, Loseblattsammlung, 34. Lieferung, April 1975
(zit.: v. Mutius, BK)

Ossenbühl, F.: Die gerichtliche Überprüfung der Beurteilung technischer und wirtschaftlicher Fragen in Genehmigungen des Baues von Kernkraftwerken, DVBl. 1978, S. 1

— Welche normativen Anforderungen stellt der Verfassungsgrundsatz des demokratischen Rechtsstaates an die planende staatliche Tätigkeit?, dargestellt am Beispiel der Entwicklungsplanung, Gutachten für den 50. Deutschen Juristentag, Verhandlungen des 50. Deutschen Juristentages, Band I (Gutachten) Teil B, München 1974

Papier, H. J.: Einstweiliger Rechtsschutz bei öffentlich-rechtlichen Streitigkeiten, 1. und 2. Teil, JA 1979, S. 561, 646

— Rechtsfragen des Sofortvollzuges, in: Veröffentlichungen des Instituts für Energierecht an der Universität zu Köln Nr. 41/42, 1979, S. 86
(zit.: Rechtsfragen)

Redeker, K./*v. Oertzen*, H.-J.: Verwaltungsgerichtsordnung, Kommentar, 7. Auflage, Stuttgart 1981

Regierung von Oberbayern: Planfeststellungsbeschluß für den Flughafen München, München 8. Juli 1979

Renck, L.: Anmerkung zu BayVGH, Beschl. v. 26. 11. 1981 (FH Muc II), DVBl. 1982, S. 216

Renner, G.: Zur gerichtlichen Aussetzung des Sofortvollzugs im Verwaltungsprozeß, MDR 1979, S. 887

Ridder, H.: Die soziale Ordnung des Grundgesetzes, Leitfaden zu den Grundrechten einer demokratischen Verfassung, Opladen 1975

Roßnagel, A.: Die Interessenabwägung im Verfahren des vorläufigen Rechtsschutzes gegen mehrstufige Anlagengenehmigungen, GewArch 1980, S. 145

Sahl, W.: Resümee und Schlußwort, 5. Deutsches Atomrechts-Symposium 8.—10. Dez. 1976, in: Recht — Technik — Wirtschaft 14, Köln - Berlin - Bonn - München 1977

Sailer, Ch.: Sofortige Vollziehung von Verwaltungsakten „im überwiegenden Interesse eines Beteiligten", BayVBl. 1968, S. 86

Schäfer, A. W.: Begründungszwang bei der Anordnung des sofortigen Vollzuges, DÖV 1967, S. 477

Schenke, W.-R.: Kommentar zum Bonner Grundgesetz (Bonner Kommentar), Zweitbearbeitung Art. 19 Abs. 4 GG, Loseblattsammlung, 47. Lieferung, November 1983
(zit.: Schenke, BK)

— Rechtsschutz des Bauherrn gegenüber der aufschiebenden Wirkung einer Nachbarklage, NJW 1970, S. 270

— Gerichtliche Durchsetzbarkeit der sofortigen Vollziehung von Verwaltungsakten mit Drittwirkung, DÖV 1969, S. 332

Schmidt, W.: Die Aufrechnung mit einer in einem angefochtenen Leistungsbescheid konkretisierten Gegenforderung, BVerwGE 66, 218, JuS 1984, S. 28

— Einführung in die Probleme des Verwaltungsrechts, München 1982

Schmidt-Aßmann, E.: Institute gestufter Verwaltungsverfahren: Vorbescheid und Teilgenehmigungen, in: Verwaltungsrecht zwischen Freiheit, Teilhabe und Bindung — Festgabe aus Anlaß des 25jährigen Bestehens des Bundesverwaltungsgerichts, S. 569, München 1978

— Verwaltungsverantwortung und Verwaltungsgerichtsbarkeit, in: VVDStRL 34 (1976), S. 221

— Der Verfahrensgedanke in der Dogmatik des öffentlichen Rechts, in: Lerche u. a. (Hrsg.), Verfahren als staats- und verwaltungsrechtliche Kategorie, Heidelberg 1984
(zit.: Verfahren)

Schmidt-Bleibtreu, B./*Klein*, F.: Kommentar zum Grundgesetz für die Bundesrepublik Deutschland, 5. Auflage, Neuwied - Darmstadt 1980

Schmitt, L.: Die Anordnung sofortiger Vollziehung, BayVBl. 1977, S. 554

Schmitt Glaeser, W.: Die Position der Bürger als Beteiligte im Entscheidungsverfahren gestaltender Verwaltung, in: Lerche u. a. (Hrsg.), Verfahren als staats- und verwaltungsrechtliche Kategorie, Heidelberg 1984

Schnapp, F. E.: Gemeinden als Grundrechtsträger, Der Städtetag 1969, S. 534

Scholz, R.: Verwaltungsanordnung und Verwaltungsgerichtsbarkeit, VVDStRL 34 (1976), S. 145

Sellner, D.: Die Genehmigung nach dem Bundes-Immissionsschutzgesetz — Genehmigungstypen, Genehmigungsverfahren, Rechtsschutz —, NJW 1975, S. 801

— Immissionsschutzrecht und Industrieanlagen, München 1978

Selmer, P.: Anmerkung zu OVG Lüneburg, Beschl. v. 29. 9. 1966, NJW 1967, S. 2281, NJW 1968, S. 173

Siegmund-Schultze, G.: Die Bedeutung des Suspensiveffekts, DVBl. 1963, S. 745

— Die einstweilige Erlaubnis im Personenbeförderungsrecht und die Rechtsstellung vorhandener Unternehmen, DVBl. 1964, S. 950

Simon: Baugenehmigung und sofortiger Vollzug, BayVBl. 1966, S. 267

Steinberg, R.: Baurecht, in: H. Meyer/M. Stolleis (Hrsg.), Hessisches Staats- und Verwaltungsrecht, Frankfurt 1983, S. 240

Stelkens, P./*Bonk*, J./*Leonhardt*, K.: Verwaltungsverfahrensgesetz, Kommentar, 2. Auflage, München 1983
(zit.: Bearbeiter, Stelkens/Bonk/Leonhardt)

Stern, K.: Staatsrecht der Bundesrepublik Deutschland I, München 1971

Suhr, D.: „Eine grundrechtsdogmatisch aufschlußreiche Zwangsversteigerung wegen vermögenswerter Rechte", NJW 1979, S. 145

Tschira, O./*Schmitt Glaeser*, W.: Verwaltungsprozeßrecht (Kurzlehrbuch), 6. Auflage, Stuttgart - München - Hannover 1983

Ule, C.-H.: Verantwortung der Verwaltungsgerichte für wirtschaftliches Risiko?, GewArch 1978, S. 73

Ule, C.-H./*Laubinger*, H.-W.: Verwaltungsverfahrensgesetz, 2. Auflage, Köln - Berlin - Bonn - München 1979

Wahl, R.: Der Regelungsgehalt von Teilentscheidungen in mehrstufigen Planungsverfahren, DÖV 1975, S. 373

Weinsheimer, W.: Auslegung von Ausnahmevorschriften und Vorschriften mit „eindeutigem" Wortlaut, NJW 1959, S. 566

Wieseler, W.: Der vorläufige Rechtsschutz gegen Verwaltungsakte, Berlin 1967

Winters, K.-P.: Zur Entwicklung des Atom- und Strahlenschutzrechts, DÖV 1978, S. 265

Wolff, H.-J./*Bachof*, O.: Verwaltungsrecht I, 9. Auflage, München 1974

—/— Verwaltungsrecht III, 4. Auflage, München 1978

FSC
www.fsc.org
MIX
Papier | Fördert
gute Waldnutzung
FSC® C083411

Kolibri 360 GmbH
Ferdinand-Jühlke-Straße 7
99095 Erfurt, Deutschland
produktsicherheit@kolibri360.de

Druck:
CPI Druckdienstleistungen GmbH
im Auftrag der
Kolibri 360 GmbH
Ferdinand-Jühlke-Str. 7
99095 Erfurt